葛剑雄

著

江河流淌看中国

Jianghe Liutang

Kan Zhongguo

上海教育出版社
SHANGHAI EDUCATIONAL
PUBLISHING HOUSE

江河流淌看中国

导言：

江河孕育了人类文明，人类应该延续江河的生命

人类的起源、生存和繁衍都离不开水，在人的日常生活中，水也是须臾不可缺少的一种物质。在人类早期，当人还不具备自觉的文化意识时，水只是作为人所必需的物质而存在并起作用的，只是为了满足人的生物性需要。但当人类产生了物质生活和精神生活的需要时，水和其他生活必需品或非必需品一样，开始发挥更大的作用，并且参与了人类文化的构筑。

一切生命都离不开水，但是对其他生物而言，水只是一种必需品，即使某些高等动物一定程度上已经可以使用水，或拿水当娱乐的工具。只有人类，才将水看作一种文化的物质基础。

一、我与河流有与生俱来的缘分

我生在江南水乡，从小就离不开河水。那时，家里喝的用的水是从河里打来的，淘米、洗菜、洗衣、洗马桶都在河里，出门不到百米就得过桥，上小学的路上要过三座桥。镇上虽然已通公路，但主要的交通工具还是靠人力摇橹撑篙的木船。镇上的主要街道都傍河而建，白天河中都停满了大大小小的船只。其中最多的是客货混装的"航船"，早上从乡村某地摇往镇上，下午返回。家里在清明节上坟（扫墓）或去乡下吃喜酒，都是搭乘航船。即使是在夜晚，或在冷僻的小河上，偶然也会听到咿呀的摇橹声。镇边的河上停着一些渔船，渔民大多住在船上，被称为"船上人"。有的小渔船会沿河而行，卖新鲜鱼虾。除了各种鱼虾蟹外，还有菱角、莲蓬、藕、莼菜、螺蛳，一般都很便宜。当时有一种说法，"一百元（旧币，约等于1分人民币）可以买一碗荤菜"，因为螺蛳只要1分钱1斤。河水也给我们带来恐惧。每年夏天，几乎少不了有人溺水身亡的传闻，长辈都要告诫或禁止小孩去河里游泳。所以一个人到河边时会很害怕，据说"落水鬼"会出来找替身。

1950年春节，父亲带我回绍兴原籍，从南浔镇乘轮船去杭州。当我与岸上的亲人挥手告别时，突然发现他们飞快地后退，岸上的房屋和树木也一起在后退，接着是一座座桥、一条条河，而轮船两旁的河是那么长，直到当天傍晚船停在杭州，河还没有尽头。这是我第一次通过河流离开家乡，看到外面的世界。1956年夏天，我又乘着轮船进入黄浦江和苏州河，在第二天清晨到达上海。在以后的40多年间，我有机会遍历中国的大江大河，还看到了世界的一些大河。其中印象特别深的是，1986年在美国游密西西比河，1988年在流经黑河市的黑龙江中游泳，1990年乘火车经苏联横跨欧洲期间游历的大河，2000年在空中俯瞰亚马孙河，2003年溯尼罗河直到青尼罗河的源头，还有在南极乔治王岛上那些无名小河——昨天还是冰下的汩汩潜流，今天已成湍急的小河，只能涉水而过，明天可能又会被冰雪覆盖。

我与河流有与生俱来的缘分，但真正重视河流的作用还是在进入历史地理研究领域之后。我们固然可以在河流流域以外的地方发现早期文明，但只有形成于河流流域的文明才有可能壮大，并发展成为在时间、空间上都具有重大影响的文明。一条大河，从源头到河口，一般都流经高原、山脉、丘陵、平原，滋养了森林、草原和各种动植物，不可避免的水土流失和河水泛滥还造成了冲积平原和肥沃的土壤。先民无论是从事采集、农耕、养殖，还是从事狩猎、畜牧，都能在河流旁获得合适的场所。充足的水源使人们可以聚居，形成聚落，发展为城市。河流不仅为人类提供了生活、生产所必需的水源和物资，也是人类迁移的主要通道。在尼罗河下游和地中海沿岸，古埃及、巴比伦、亚述、腓尼基、希腊、罗马等多种文明交相辉映，世界其他地区望尘莫及。尼罗河三角洲每年泛滥留下的沃土，构成古埃及农业生产的基础，支撑了绵延数千年的古埃及、希腊、罗马、拜占庭、伊斯兰文明。

黄河在中华文明的形成和发展过程中起着无可替代的、最重要的作用。尽管考古发现已经证明，古代文明如满天星斗，遍布中国各地，但这些文明大多没有延续到今天，不是中断了，迁移了，消失了，就是被来自黄河流域的文明融合、替代，或者影响范围有限，发展程度不高。这是由于形成和发展于黄河中下游的文明具有巨大优势，较早成为中华文明的主体。而这一优势的物质基础正是黄河中下游的特殊地理条件——黄土冲积平原最适合早期的农耕，当时气候温和湿润，黄河及其支流水量充沛。这使华夏诸族得以拥有东亚最大的农业区，形成了最发达的文化。

当然，河流总会决溢泛滥，造成生命财产的损失。水上运输也有风涛之虞，免不了会有人葬身鱼腹。各个民族几乎都有洪水、水神、治水英雄的古老传说，还有大量防洪、治水的历史记载。在水网地带生活的先民形成"断发文身"的习俗，原因之一就是为了阻吓水禽，保障自身的安全。大禹治水，西汉贾让提出"治河三策"，东汉初王景治河，北宋时河工高超堵口合龙，元朝贾鲁治河，明朝潘季驯实行"束水攻沙"，清朝靳辅、陈潢治河，

江河流淌看中国

在黄河史上留下了重要篇章。另一方面，就像尼罗河每年的泛滥给埃及农民带来下一年的丰收一样，黄河挟带的泥沙也是两岸大量农田的基础。在人口稀少的古代，黄河下游没有堤岸约束，河道摆动，泛滥无常，先民也相应采用休耕轮作，充分利用淤泥形成的肥力。

河流因所处地势地形、地质地貌、流经地域、流速流量、河道河床等诸方面的差异，形成了不同的景观、河性、水情，造就了千姿百态的自然风光和丰富多彩的人文现象。世界上找不到两条完全相同的河流，同一条河流的不同流域或河段也各有特色。一方水土养一方人，也养成一方的风俗文化。

二、河流与人类文明

在探索文明的源流时，谁也不能无视河流的作用。这种作用在人类文明之初往往是决定性的，无可替代的。尼罗河、幼发拉底河、底格里斯河、恒河、黄河、长江，都孕育过伟大的文明，都是今天世界文明的重要源头。

河流是人类文明的起源不可或缺的条件，但并不意味着每一条河流必定会孕育出一种文明，更不意味着河流越长、流量越大、流域越广，孕育出的文明就越伟大。

就河流的长度而言，在世界排名前十的河流，尼罗河、亚马孙河、长江、密西西比河、叶尼塞河、黄河、鄂毕—额尔齐斯河、澜沧江—湄公河、刚果河、勒拿河（排名略有不同）之中，与古代世界最发达的几种文明联系在一起的，只有尼罗河、长江、黄河，而孕育了美索不达米亚文明的幼发拉底河和底格里斯河，孕育了古印度文明的恒河都不在其内，更不用说罗马文明发源地的台伯河、希腊半岛和西西里岛上那些更小的河。

亚马孙河是世界第二长河，流量最大，达每秒 21.9 万立方米，比尼罗河、长江和密西西比河三条大河的总流量还大几倍，大约相当于七条长江的流量，占世界河流总流量的 20%。它的流域面积约 700 万平方千米，占南美大陆面积的 40%，有 1.5 万条支流。但它在世界文明史上并没有与之相称的地位，连与它距离最近的印第安三大古老文明也没有处在它的流域范围。

那么，河流与人类文明之间究竟存在着什么关系呢？河流究竟是怎样孕育某一种文明的呢？

1．河流与人类文明的关系

每一种文明都是某一个特定的人类群体在一个特定的时间和空间范围内所创造的物质财富和精神财富的总和。

对任何一种文明来说，精神财富具有更重大的意义，特别是在发展到高级阶段。但在文明产生和形成的过程中，在文明的初级阶段，物质财富起着更重要的甚至是决定性的作用。或者说人类只有首先创造出必要的、足够的物质财富，才能利用物质财富所提供的条件，在此基础上创造精神财富。正如恩格斯在马克思墓前的演说中所指出的："马克思发现了人类历史的发展规律，即历来为繁芜丛杂的意识形态所掩盖着的一个简单事实：人们首先必须吃、喝、住、穿，然后才能从事政治、科学、艺术、宗教等等。"而人们要生存，要解决基本的吃、喝、住、穿，水是不可或缺的。

从最早的人类开始，要生存就需要基本的水量，如果不能摄入最低限度的水，生命就无法维持。在尚未具备生产能力时，人只能通过采集或狩猎获得植物、动物或某些天然物质为自己提供食物。这些动物、植物的生存同样离不开水。所以人维持生存所需要的水量，远远超过他们自己的饮水量，更多的是这些动物、植物带来的水量。正因为如此，最早的人群不得不走出非洲，走出东非大裂谷这个人类最主要的发祥地。如果人类还有其他起源，那里形成的人与水的关系也并无二致，因为他们也早已走出了自己的发祥地，决定因素也是水。

人类获得水的途径很多：（1）直接利用雨、雪、雹等天然降水；（2）利用冰、积雪融化的水；（3）提取地下水；（4）利用天然水体河、湖、沼泽、湿地、瀑、泉的水；（5）淡化海水、咸水；（6）采集某些动物、植物体内的水。在完全不具备生产能力或生产力低下的情况下，第五种途径基本不存在，第六种途径只适用于非常特殊情况下的少数人，第一、二种途径受到时间、季节和距离的限制。提取地下水需要工具，还要消耗能力，如打井、开引水沟、积水、汲水、运水，所以在水量和适用范围上都有很大局限。第四种途径即利用天然水体的水是最普遍、最有效、最便利的办法，其中河流具有最大的优势。一条水量充足、经流较长、流域面积较大的河流，就能满足一个较大的人类群体对水的需求。当然，一个同等水量的湖泊也可以满足同样数量人口对水的需求，但在其他方面的作用就无法与河流相比。

但人类的生存和发展不能仅仅依靠水，即使是简单的吃、喝、住、穿，也还得依赖其他条件。所以人们对河流的要求或选择，也不会仅仅看其水量。

首先是气候。在尚未能用人工手段有效地保暖、防寒、去湿时，人的生存环境，如气温、湿度、风力、降水量等都不能超出人体适应的上限和下限。在地球上，寒带和热带都不合适，只有温带。所以处于寒带和热带的河流，或者一条大河流经寒带和热带的河段对人类的早期起不了什么作用，更不可能孕育文明。黄河、长江、幼发拉底河、底格里斯河都处在北温带，尼罗河的中下游也都在北温带，恒河入海口以上也都在北回归线以北。就是在温带，其中一些气候条件恶劣的地方也不适合早期人类的生存，在那些地方的河流同样起不了积极作用。

其次是地形、地貌。海拔太高的地方空气稀薄，含氧量低，不适合人类生存。一些大河的源头和上游往往都在海拔三四千米的高原高山，早期人类不可能选择这样的环境。即使有些人因为偶然因素在那里生活，也不可能产生充足的物质财富。直到今天，中国人口的绝大部分还是生活在海拔1000—2000米的第二阶梯和海拔多在500米以下的第三阶梯，已经发现的古代文化遗址绝大多数分布在第二、第三阶梯。一条大河对早期人类起最大作用的一般不是它处在高海拔地区的上游，而是中游、下游。中华文明的摇篮产生在黄河中下游地区绝不是偶然的。流经沙漠、岩溶地貌、过于茂密的丛林、崎岖险峻的山区的河流或河段，一般也不会被早期人类选择。

再次是土地等初级资源，特别是土地。人类踏进文明门槛的前提是能够生产养活自己的食物，但无论是从事农业还是牧业，都需要一定量的土地，而牧业比农业需要更大面积的土地。并不是所有的土地都适宜农业或牧业生产，尤其是在只有简单的生产工具的条件下，对土地的要求更高。沙漠固然无法辟为农田，就是黏性土壤、盐碱土壤、贫瘠土壤也无法为早期人类所开发利用。在没有金属工具的条件下，高大茂密的植被无法被清除，它们所占据的土地也不能用作农耕。世界第一长河尼罗河有很长的河段流经沙漠，两岸很大范围内都没有宜农地，连牧地都极其稀缺。我曾经从阿斯旺溯尼罗河而上，到达苏丹的瓦迪哈勒法，再穿过努比亚沙漠，到达青尼罗河与白尼罗河相交的喀土穆，长500多千米的纳赛尔水库两边全是裸露的岩石，瓦迪哈勒法以上流域大多是沙漠直逼河岸，或者仅沿河有小片不毛之地，所以古埃及的农业区集中在尼罗河三角洲和卢克索一带。黄河的中下游流经黄土高原和由黄土冲积形成的平原，土壤疏松，地势平坦，连成一片，一般没有原始森林和茂密的植被，在四五千年前气候温暖，降水充足，是最适宜的农业区。

我们不妨在全球范围作一比较。南半球的温带区域面积有限，宜农土地更少。人类进入北美大陆的时间较晚，加上那里狩猎资源丰富，早期人类对农业的需求不大。北非与阿拉伯半岛大多是干旱的沙漠，不适合早期农业。欧洲的温带区大部分是海洋，陆地所处纬度较高，热量条件不如中纬度地区。在中国以外，早期农业集中在西亚那片狭窄的新月形地带，以后才影响到尼罗河流域、恒河—印度河流域和欧洲。而黄河中下游这片黄土高原和黄土冲积平原面积最大，开发利用的条件相对最好。

最后是河水被利用的条件。在完全依靠人工取水或灌溉的情况下，河水能否被有效利用往往取决于流经地区的一些自然因素，如有没有稳定而高差小的河岸、流量是否稳定并在安全的范围内、河水离需水区域的距离、用水区域的蒸发量和渗漏量，等等。最理想的条件就是能够实现天然的自流灌溉，或者利用比较简单的工程、花费不多的人力就能做到自流灌溉。如在岷江分水的都江堰、引泾水注洛水的郑国渠，固然是华夏先民的杰作，但河流本身的天然优势无疑是基本条件。古罗马人不得不耗费巨大的人力物力，修建长达数十千米石砌的暗渠、明渠和渡槽，正是因为河水被利用的条件不利。而这样巨大的工程，在人类的早期和文明之初是无法完成的。

一条河流的水量固然不是文明产生和发展的唯一条件，水量的多寡也并不与文明的高度成比例关系，但水量本身依然是一项重要因素。在某种生活、生产、生存方式下，一个特定的人类群体的最低需水量必须得到保证，否则这些人中的一部分只能迁离，或者从其他河流找到新的水源来弥补不足。台伯河有限的水量远远满足不了古罗马人的最低需水量，他们在不断寻找新水源的同时，持续地迁往他乡，迁出亚平宁半岛，扩散到环地中海地区。随着人口的增加，希腊半岛、西西里岛等岛屿上短而水量有限的河流无法维持他们的最低需求，促使他们跨越地中海向北非扩展。有些文明的萌芽还来不及成长就夭折，当地河流水量的不足往往是致命的原因。一般情况下，同样面积的土地，农业比牧业可以提供更多的食物，养活更多的人口，产生更多的物质和精神财富。但只有供水充足的土地才能发展农业，农田转变为牧地不会有什么困难，而牧地很难转变为农地，供水量是一个致命的障碍。

但如果水量过多，特别是在中游、下游短时间内或突然间的增加，往往会造成河水暴涨，泛滥成灾。很多民族都保留着对古代洪水的传说或记忆，都有各自的治水英雄或神灵，就是先民曾遭受特大洪水危害的反映。其中还包括水量的季节性、阶段性差异造成某一时段的水量剧增与另一时段的水量枯竭的交替。但在适当的条件下，这类周期性的变化也被人类利用，成为一种特殊的优势。古埃及人就是利用尼罗河三角洲每年泛滥留下的肥沃淤泥发展出发达的农业，为古埃及文明奠定了稳定的物质基础，支撑了绵延数千年的古埃及、迦太基、希腊、罗马、拜占庭、伊斯兰文明，也以此克服了平时经常性的缺水和缺乏耕地的困难。但黄河中下游地区降水的季节性差异太大，加上黄土高原和黄土冲积平原的特殊地貌，极端情况往往造成洪水泛滥引起的决溢改道和局部断流。

一条大河与其他大河、其他文明区的距离，也是一个起着经常性作用的因素。如果与另一条大河的距离较近，中间没有太大的地理障碍，就便于两个流域之间的来往、交流和互补，也可能引起不同利益集团间的竞争和冲突。

黄河和长江是地球上两条靠得最近的大河，黄河流域和长江流域在很多地段是直接相接的，它们的不少支流之间就隔着一道分水岭。多条运河的开凿和交通路线的开通，更使两个流域连成一体。更幸运的是，两个流域一直处于同一个政权，从公元前221年开始的大多数年代处于同一个中央集权政权的统治之下，使中国成为世界上唯一的完整拥有两条大河的国家。在两个流域产生的文明萌芽相互呼应，汇聚到当时自然条件更优越的黄河流域，形成早期的中华文明，以后又扩散到长江流域。黄河流域的人口一次次大量迁入长江流域，为长江流域的开发提供人力和人才资源。当长江流域获得了更有利的自然条件、经济文化的发展后来居上时，又反哺黄河流域，帮助它重建和复兴。

幼发拉底、底格里斯两河流域与尼罗河流域、小亚细亚、爱琴海、希腊、罗马以及它们彼此之间距离不是太远，两河流域的早期农业带动了尼罗河流域、环地中海地区的农业开发，美索不达米亚文明与古埃及、希腊、罗马等文明之间有密切、频繁、有效的交流、传播、传承和相互影响。印第安的印加文明、玛雅文明和阿兹特克文明产生在南美洲西部、中安第斯山区，影响范围北起哥伦比亚南部的安卡斯马约河，南至智利中部的马乌莱河，与世界上其他文明完全为大洋所隔。到目前为止，还找不到它们与外界文明有交流和影响的可靠证据。被外界发现时，它们已都成为废墟陈迹。

黄河、长江远离其他主要文明，中间还隔着在古代难以逾越的地理障碍；与距离相对最近的古印度文明之间，也隔着帕米尔高原、戈壁荒漠、青藏高原、喜马拉雅山脉、横断山脉、印度洋和南中国海，无论是陆路还是海路都极其艰难。少数印度和西域高僧前赴后继，经过几百年时间才将佛教传入中国，法显、宋云、玄奘等历尽千辛万苦才从印度取回真经；藏传佛教只传到青藏高原，到明朝中期才再传至青海、内外蒙古；南传佛教只传到云南边境，而印度教的影响只到达越南南部。另一方面，中华文明基本上没有主动与古印度文明交流，更没有积极传播，对古印度文明的影响微乎其微。

这样的地理环境，使中华文明在大航海和工业化之前，一直没有受到来自西方其他文明的武力入侵和经济、文化、宗教方面的压力。波斯帝国只到达帕米尔高原，亚历山大止步于开伯尔山口，阿拉伯帝国与唐朝只在中亚偶然遭遇一次交战，帖木耳还来不及入侵明朝就已身亡。伊斯兰教的东扩止于新疆，基督教只在唐朝有过短时间小范围的传播，十字军东征从未以中国为目标。直到16世纪后期的明代，利玛窦来中国传播天主教时，还不得不擅自修改罗马教廷的仪规，允许中国士人保留传统习俗。佛教被中国接受，也是以本土化和拥护皇权为前提的。粟特、回鹘、阿拉伯、波斯等"商胡"在中国的商业活动，也必须遵守中国的法律，尊重中国的风俗习惯，有时还必须接受"朝贡"的名义。所以，中华文明得以延续地、独立地发展，没有被外来因素干扰或中断。中国人可以从容、自主地选择接受外来的文化，并且一般都限于物质方面，在精神方面不会受到外来的强力影响。但是另一方面也使中国长期脱离外界的文明，根本不了解其他文明的实际，缺少摩擦、碰撞、挑战、竞争、交流的对象，更不会主动走出去介绍、推广、传播自己的文化。即使在相对最开放的唐朝，实际也是"开而不放，传而不播"，即允许外国人进来，却不许本国人出去；可以向主动来学习的人传，却不会主动走出去播，甚至也不向国内的"蛮夷"传播。

河流的出口或终点在哪里也是一项重要因素，在某种条件下甚至是决定性的。内陆河与入海的河不同；同样是入海的河，入不同的海又会有完全不同的作用。尼罗河的出口是地中海，黄河、长江的出口是太平洋。地中海有三项特点是其他任何海洋所不具备的，它是一个基本封闭的内陆海，中间有大量半岛、岛屿，周围集中了人类主要的文明，古巴比伦、亚述、埃及、希腊、罗马等多种文明交相辉映。在没有机器动力和导航设备的条件下，在这样的海中航行是最安全有效的，就近可以与其他文明交流或冲突。而在古代，太平洋是无法自主自如航行的。在中国航程所及的范围内不存在其他文明，在自己的文明圈中也属于边缘。正因为如此，同样是出海口和海洋，古埃及人、希腊人、罗马人、腓尼基人看作财富、机遇、希望、未来，古代中国人却当作天涯海角、穷途末路，将"海澨"（海滨）与"山陬"（深山）一样看成天下最穷困的地方。印加文明的地域内也有安卡斯马约河和马乌莱河，它们的出海口也在太平洋，显然也没有为印加文明提供发展为海洋文明的条件。

河流不仅为人类提供了生活和生产所必需的水源和物资，而且也是人类迁移的主要通道。高山密林往往能将人类阻隔，但河流却能穿越峡谷或荒漠进入另一个谷地，为人们找到新的开拓空间。特别是在生产力低下、地理知识贫乏的年代，要在榛莽未辟、禽兽出没或荒无人烟、寸草不生的陆地上作长途迁移是相当困难的，顺河流而下却要方便得多，并且不会迷失方向，便于保持与原地的联系，是人类拓展生存空间最有效的手段。溯流而上也不失为一种可行的选择，往往是一个群体、一种文明从下游向中游、上游延伸的主要途径。汇入海洋的河流为人类提供了更加广阔的天地，在内海和近海地区更是如此。非洲的东非大裂谷是公认的人类主要发祥地，在那里形成和繁衍的人类之所以能走出非洲，分布到世界大多数地方，一个重要的因素就是尼罗河的存在。基本南北向的尼罗河受地球引力的影响较小，河流顺直，水势平缓，成为早期人类外迁的天然途径。由尼罗河进入地中海后，又能在较短的距离内到达沿岸各地，再迁往欧洲、亚洲其他地方。中国历史上一次次大规模的人口南迁，利用黄河的支流进入淮河流域、长江流域，一直是移民的主要交通路线。

河流的交通运输功能支撑着文明的生存和发展。一个大的文明区域的内部必定需要大量的人流和物流，而一条大河所能提供的水运方式是最便捷和廉价的。直到今天，水运的优势还是难以替代。在古代，在工业化以前，内河运输往往是一个国家、一个地区唯一有效的手段。古埃及所建的金字塔、神庙、方尖碑的材料，是产于阿斯旺一带的花岗岩，要是没有顺流而下的尼罗河水运，这一切就都不可能发生。北非的古希腊、古罗马建筑大量采用希腊、罗马产的大理石，即使不是采于沿海地带，也得依靠河流的运输连接海运。西汉选择在关中的长安建都，但关中本地产的粮食供养不了首都地区的人口，必须从当时主要的粮食产地——太行山以东的关东地区运输，只能利用黄河溯流而上，穿越三门峡天险，再进入黄河的支流渭河运到长安。尽管要耗费巨大的人力物力，运费高昂，但是当时唯一的选择。

当关中的粮食需求超出了黄河水运的能力，隋朝和唐朝的皇帝便不得不带领文武百官和百姓迁到洛阳"就食"（就近接受食物救济），最终导致长安首都地位的丧失和首都的东移。长江及其支流更加优越的水运条件，也是长江流域的经济逐渐超过黄河流域的重要原因。徽商成功的因素之一，就是巧妙地运用了水运。他们将产于徽州价廉而质重的石材、木材装上船，从新安江、富春江、钱塘江顺流而下，再通过江南发达的水系，直接运到最近的市场，又从江南采购价高而质轻的绸布、百货、日用品等溯流而上运回徽州，实现商品利润的最大化。

同一条河流水系间的便捷水运，也为区域内的人员来往提供了条件。"朝辞白帝彩云间，千里江陵一日还"，在现代交通工具产生之前，长江水运是无可替代的。以尼罗河谷地为基础的上埃及与以尼罗河三角洲为基础的下埃及并不连接，上埃及和下埃及的统一，纸莎草与莲花的交接，完全依靠尼罗河这根纽带。中国自秦汉以降实行中央集权制度，政令的上通下达，公务人员的必须来往，军队和重要物资的调度，重要信息的传递，都是维持国家统一、政府正常运转和社会基本秩序的根本措施，所以要以很大的人力物力设置和维护庞大的驿递、调度和运输系统。其中依托水运，特别是依托同一条河流或水系的水运部分，都是最廉价和高效的。同一个流域内的统一，其基础更加稳固。即使出现短时间的分裂，统一也能较快恢复。

要共享一条大河的利益，要进行大范围的灌溉和大规模的农业生产，要防止和抗御大河不可避免的水旱灾害，要建设和维护大型水利工程，都需要氏族、部落、小群体之间的协调和联合，也需要日常的组织和运作，由此催生出统一国家和集权政权。古埃及的自然条件，决定了它的农业生产离不开人工灌溉。在尼罗河泛滥时，人们要疏通渠道，排除积水，而干旱无雨季节，又要从尼罗河引水灌溉。这样巨大的工程，绝非一家一户所能承担。因此早期就出现了联合，氏族联合为公社，公社又结合为40多个州。州之间发生过频繁的争夺，激烈的战争，但在公元前4000年左右最终形成上埃及、下埃及两个王国。我国的春秋战国时期，黄河下游还存在上百个大小诸侯国。面对黄河的漫流、泛滥、改道，小国无能为力，大国以邻为壑。以后，较大的国筑起堤防，但在灾害面前往往顾此失彼，更不可能共同修建水利工程，共享灌溉之利。秦汉的统一使整个黄河流域处于同一个中央集权的统治之下，黄河中下游地区成为国家的主体和核心部分，从此黄河水利的利用由各级政府实施和管理，同时也能举全国之力修建和维护水利与防灾工程。正因为如此，历朝历代在不得已时会放弃部分边疆，或割让缘边土地求和，但不会容忍黄河中下游地区的分裂割据。一旦出现这样的情况，总会不惜代价恢复统一，或者由下一个政权实现再统一。

河流对文明的作用不仅表现在物质方面，也显示于精神方面。

我们说"一方水土养一方人"，水的作用重于土。所谓"同饮一江水"，就是一个人类群体长期生活在同一条河畔，同一个流域，形成了相同的生活方式、协调的生产方式与和谐的生存方式，也会形成诸多共同的文化要素，进而形成共同的文化心态。语言是人际交流最重要的工具。在人口迁移或再分布的过程中，在地理障碍的影响下，原来使用同一种语言的人，由于分散在不同的小区域，没有交流和共同生活的机会，原来在语言上的微小差别演变为不同的方言。但在同一个流域，甚至在一条大河或其支流的不同流域，由于人际交流相对密切，即使相隔距离较远，也能保持同一方言。早在公元前 2 世纪，人们就注意到了"百里不同风，千里不同俗"的现象，即一种"风"（流行，时尚）一般只存在于一个较小的范围，多变，差异性大；而"俗"（稳定的习惯、传统）可以在一个大得多的范围内出现、形成、积淀、传承、长期延续。在丘陵山区、高原山谷、零散的平原和盆地，一般只能形成"百里"尺度的"风"区，大河流域则不难构成"千里"尺度的"俗"区。在秦汉统一以后，黄河中下游地区就以其"天下之中"的核心地位形成华夏文化圈中公认的"中原"，成为中华文明的基地。

像黄河、长江这样长达数千千米的大河，从源头到出海口，有多种多样的地形地貌，如雪峰、冰川、高原、峻岭、悬崖、峭壁、隘口、洞穴、湖泊、沼泽、湿地、峡谷、深沟、瀑布、激流、石林、土林、荒漠、沙漠、森林、草原、平原、沃野，栖息有各种飞禽走兽，生长着各类奇花异草，构成色彩斑斓、赏心悦目、俊秀雄奇、千姿百态、惊心动魄、磅礴浩荡的景观，不仅是丰富的旅游资源，而且是深厚的精神源泉。诗人抒发出激情，画家描绘着美景，哲学家在沉思中期待顿悟，艺术家在探索中寻找灵感，政治家在谋划大局，军事家在观察险要。芸芸众生日出而作，日落而息；英雄豪杰叱咤风云，惊天动地。一些特殊的景观或环境，会唤醒人性中的真、善、美，升华为对自然、对人类、对民族、对国家的感情、信念、信仰。经过杰出人物的阐发和推广，形成价值观念、传统文化或坚定的信念。它们本身，也因凝聚了历史、经历了沧桑，而演变为一种文化符号、精神象征、时代烙印、历史记忆。一条大河就是一首激情洋溢的颂歌，一篇气势恢宏的史诗，一部波澜壮阔的历史，一个光荣伟大的时代。

2. 人类与河流的互动

人地关系的理论和实践经验告诉我们，在人类早期，在文明初期，地理环境的作用往往是决定性的、本质性的。当时的人，没有办法突破地理环境的限制。但一个长期使人困惑的问题是，既然如此，为什么在大致相同的地理环境中会产生不同的文化？两条大致相同的河流为什么会孕育出不同的文明？

这里需要弄清一个基本的概念，地理环境的"决定"决定了什么，决定到什么程度。

其实，"决定"是极限，是一个上限或下限，超过或突破当然不可能，但如果是在这个极限之内，人就有相对无限的创造力和发展空间。如约旦河的供水量是有极限的，开发粗放的耗水农业只能维持有限的农田。以色列人用暗渠管道取代明渠水沟，以喷灌取代漫灌，同样的水量就可以灌溉更多的农田；当他们用滴灌取代喷灌时，灌溉面积又扩大了。随着节水和栽培技术的不断进步，在农产品更加优质高产的同时，离供水极限反而更远了。而且，人可以通过利用新的可利用资源，发现新的地理空间来突破这个极限。台伯河的供水量很有限，满足不了古罗马城不断增加的人口的需求。但罗马人找到了另外的水源，并建成长距离的水渠渡槽将水引入罗马城内。台伯河的供水量决定了罗马城的人口的上限，但并没有决定罗马城里的人不能从其他水源获得供水。希腊半岛上的水、土地和其他资源限制了古希腊人的发展，与希腊半岛相同地理条件的地方的确从来没有产生过一个如此发达的文明，如果希腊人固守半岛，那么即使将资源用到极致，也不可能使自己的文明达到如此高的水平，对世界产生如此大的影响。但希腊人早就扩散到周围的岛屿，并且越过地中海进入北非，渡过爱琴海到达小亚细亚，这才创造出希腊文明的奇迹。

河流孕育了人类文明，人类与河流互动。人类与河流不同形式或程度的互动，自然会在同样的地理环境下形成不同的文化，不同程度地塑造文明形态。

在人类早期和生产力落后的情况下，任何一个群体都不可能掌握全面的、准确的地理信息，对自己所处的地理环境也不可能完全出于自觉的、自主的、理性的选择。任何一种文明都不是事先规划好的、完全有意识发展的结果。因此，人类与河流的互动往往起着很大的作用。具体表现在：

（1）偶然性或偶然事件

当气候普遍变冷时，绝大多数群体都向南迁徙，但有个别群体迷失方向，往北迁徙。等到他们意识到越来越冷时已经来不及再往南走了。有的群体死亡灭绝，但有的群体偶然发现冰雪层可以隔绝冷空气，在冰洞雪屋中找到栖身地。通过猎取驯鹿、捕杀鲸鱼，以鹿皮、鱼皮取暖，以鹿肉、鲸肉为生。这支部族因此免于灭绝，并且从此在北极圈内生存繁衍。

在考察古格王国遗址时，我一直在思考一个问题，为什么当年古格人要选择在海拔 4000 多米地形崎岖、资源匮乏的地方建都？其实再往南几十千米，就是喜马拉雅山南麓，气候温和、雨量丰富、植被茂盛，而且在公元 9 世纪后相当长的年代里这一带并没有被其他人占据，迁入定居不会有什么阻力。原来这支吐蕃人是在政敌追杀下从前藏长途跋涉历尽艰辛迁来的，好不容易在象雄国的边缘地带落脚，而这一带正好有深厚的黄土堆积和水源，或者他们根本不知道不远的喜马拉雅山南麓的情况，或者来不及作全面的了解和比较。而一旦在这里建都，这种出于偶然性的选择就成了必然。

历史的进程、人类与自然的关系的确存在必然规律，但这只能体现在长时段、宏观意义上。而在这些规律允许的范围内，往往是偶然性因素产生的结果，河流与人类的关系同样如此。

（2）自然环境的变迁

河流所处的自然环境本身是在不断变化的，有其自身的规律。人类早期不可能了解这些规律，甚至连规律这样的概念也未必有。即使到今天，尽管已经有了很多科学的探索手段，人类对自然规律的了解还是相当有限的。但人类活动如果正好顺应了规律变化，就能获得意想不到的结果，或许正好奠定了某种文明的基础。

五六千年前，中国正经历一个气候温暖的阶段，黄河中下游地区的年平均气温估计比今天要高 2—3 摄氏度，气候温暖，降水量充足。加上原始植被未受到破坏，土壤保持着长期积累下来的肥力。黄土高原上水土流失轻微，自然堆积形成的大塬保持完好。而长江流域气温偏高，降水量大，沼泽湿地普遍，地面积水过多，形成湿热的气候，传染病流行，难以消除；加上原始植被高大茂密，土壤黏结，土地难以开发利用；海平面也不稳定，沿海地带受到海平面升高的威胁。迁入黄河中下游地区的先民，幸运地在这个黄金时代迎来了文明的曙光，大量土地的开垦和耕种，生产出足够的粮食，使一部分人得以专门从事统治、管理、防卫、建筑、祭祀、制作玉器等职业，形成以陶寺为代表的都城。有利的自然环境使这些早期文明得以延续发展，并吸引了周边其他群体的聚集，不断壮大，形成核心。聚居于长江下游良渚的先民就没有那么幸运。尽管良渚文化的年代不比陶寺晚，水平不比陶寺低，范围不比陶寺小，可以说各方面都有过之而无不及，却没有延续发展下来。一般推测，是由于气候变迁的不利环境，使良渚人的后裔不得不迁离或分散。

一条大河本身具备的优势，在有利的自然环境下能产生倍增效应；而在不利的自然环境中，如异常气候、地震、瘟疫等非河流本身产生的灾害，非但不可能发挥本身的优势，优势还可能变为劣势，早期的人类和文明的萌芽经不起这样的打击，有的就此灭绝，有的不得不迁离，有的出现倒退。

（3）杰出人物的作用

在一定数量的人群中都会有相对能干、优秀的人，数量巨大的群体中必定存在着超人、天才。杰出的天才本来就可遇不可求，但这样的天才能够有脱颖而出的机会，并且能掌握权力，成为领袖，概率就更低了。在同样的自然环境，在同样一条大河流域里，一个群体有没有产生天才，这个天才能否成为领袖并充分发挥作用，这个文明的进程和结果就可能不同。

在人类早期，一个人有体力、武力上的优势，就比较容易被发现，一般都有机会得到应用；但一个人的智力优势就未必能被发现，被发现后的结果很难预料，完全可能被当作妖魔、异类而招来杀身之祸。很多群体产生领袖的方式是通过占卜、抓阄，或由巫师祭司传达神的意旨，或者通过格斗或极端的测验，很难使天才有此机会。实行世袭制的话，非其家族的天才自然没有机会；就是在实行禅让、举荐制的群体中，即使过程和标准完全公正，也取决于候选人已经取得的政绩或声望，而天才未必具备积累的条件。根据尧、舜、禹禅让的传说，我们完全可以合理推理：如果舜被他的父母蒙上恶名，他就不可能成为尧的继承人；如果禹没有主持治水的机会，他也不会得到舜的禅让。无须推理的事实是，伯益已经获得推举，却被禹的儿子启以强力剥夺。

成为领袖的杰出人物能否充分发挥作用，还取决于本人的各种因素，如健康状况、性格性情、兴趣爱好、家庭生活、价值取向、宗教信仰等。如果亚历山大大帝在幼年就夭折，尼罗河流域未必会被希腊征服；如果他不是在 33 岁暴卒，印度河流域的文明类型肯定会不同。但无论如何，尼罗河流域和印度河流域的自然环境并没有变化。

（4）生产方式的选择

一条河流所提供的水量、土地和基本资源为不同的生产方式准备了条件，但在大多数情况下，人类并非没有选择的余地。只适合放牧的土地一般很难改成农田，但适合农业的土地也可进行牧业生产。但同样的土地，不同产业能创造的物质财富是不同的，甚至差别较大，间接形成的精神财富也不会相同。同样是农业，不同的作物、不同的品种、不同的耕作方式、不同的生产工具、不同的灌溉系统，创造的财富也会不同。同样有出海口的河流，开放外贸与禁止外贸、自由贸易与朝贡贸易，对经济和社会的影响也会有强烈的反差。正确的选择可以实现人类与河流的和谐共生，利益最大化；错误的选择不仅使人类得不偿失，还会伤害河流。但这种选择大多是随机的、非理性的、不得已的，人类往往只能将生存的需求放在首位，或者先考虑本群体的眼前利益。

三四千年前，黄河中下游的土地和环境宜农宜牧，农业、牧业并存。但随着以农耕为主的华夏人口的增加和农田的扩展，牧业区日渐缩小，以牧业为主的戎、狄、胡人不得不北迁。到西汉末年，黄河中下游的土地基本都已开发为农田，阴山山脉以南已经鲜有成片牧区了。这一区域的农业生产供养了 6000 万总人口的 70%，也支撑着汉朝强盛的国力。但中游的开发加剧了黄土高原的水土流失，造成下游的泥沙淤积，引发河水泛滥决口和多次改道。东汉以后，中游地区受战乱影响，农业凋敝，人口减少，牧业人口逐渐南迁，原来的农田或者因弃耕而荒废，或者变成牧地。水土流失因此而减少，黄河下游出现了持久的安流。这些变化的主要原因自然不在黄河本身。

（5）制度的选择

制度的选择同样如此。在不同的地理环境中，不同的社会制度、政治制度能找到最合适的物质基础，发挥最大的功能。但实际上，制度的选择也并非理性的、自然的、自主的结果，特别是在自由民主的制度产生之前。一个政权在其依靠武力夺取的土地上实行什么制度，首先考虑的不是这种制度是否适合当地的地理环境，而是保证自己的安全和占有，是自身利益的最大化。希腊半岛的地理环境固然适合分散的城邦制，但异族入侵后并不会顾及地理条件而延续城邦制。任何一种政治制度的统治范围、任何一个政权的疆域，都有一个相对合理的空间，地理环境，包括河流能提供的条件，应该是其中的主要条件。但历来的统治者都不愿意或不可能守住这个空间，强者要尽量突破扩张，弱者不得不部分放弃甚至完全丧失。

（6）外部因素

系统内的规律、规则，只适用于系统内部。一条河流与人类共生的关系，只是建立在本身的空间之内，依赖于自身的条件，应对外来因素、处理与相邻空间关系的能力是有限的。一旦出现不可知的、不可控的、强大的外来因素，无论是人类还是河流，都无法应对，更难以控制。蛮族入侵使欧洲退回黑暗、野蛮时代，在台伯河、莱茵河、多瑙河与它们的流域上找不到原因，也不是罗马人所能阻挡抗拒的。同样，蒙古军队的西征和四大汗国的建立，阿姆河、幼发拉底河、底格里斯河、伏尔加河及其流域本身并没有发生什么变化，但欧亚大陆居民却遭遇了史无前例的巨变。13 世纪的黄河中下游地区人口锐减 70%，是中国人口史上空前绝后的灾难，难道能在黄河找到原因吗？

我们应该全面地、辩证地认识黄河与中华文明的关系，用事实而不是想象来证明——

黄河孕育了中华文明，黄河是中国当之无愧的母亲！

三、水文化与河流文明

水文化就是以水为基础产生的文化现象，是指人以水为基础而进行的活动，在此类活动中人与水的关系，以及在水的影响下人与人之间的关系。水文化固然以水为核心，但却因人类的参与而升华了。

和其他文化一样，水文化应该包括三个方面——物质、精神和制度。

1．水的物质层面

作为一种物质文明，水已经不仅是人类赖以生存的一种必需品，还是生活的一部分。但在人类离不开水的同时，又必须与水保持一定的距离，以保证自身安全。

摄取水分，包括喝水，是人类的一种生活方式。摄取水分是人人需要的，但摄水的形式、用具、时间、地点、数量等却有较大差异，并非完全决定于生理需求。尽管其中已经包含了物质以外的因素，但主要还是物质上的需要。在此前提下，水成为食物和饮料必不可少的介质或载体，由此而产生酒、茶、咖啡等各种饮料和各种菜肴、食品。人们还不自觉地认识到以水为介质的一些微量元素或其他物质的特殊作用，品尝水味、水质，形成既具体又抽象的"水土"概念，并指出"一方水土养一方人"的事实。当人们认识到生物同样离不开水时，就将水用于浇灌植物和喂养动物。

水的稀释、负载功能也被广泛地运用于生活和生产之中。先民很早就掌握了由海水脱水制盐的技术，也知道利用流经岩盐的泉水制盐，或将水注入岩盐层形成卤水后制盐。此外，水还被用于洗涤和保洁，从洗自己的身体、衣服、饰物、用具、住处，到清洁街道、市场、建筑物和环境。

在炎热地区或季节，人们发现了水与冰的降温作用，水被用于人、生物或特殊场所的防暑降温，或在冬季将冰储存于地下，供夏季使用。早在2000多年前的春秋时代，周天子和北方一些诸侯国就设置专职官员"凌人"，专司集冰制冰的工作。甚至在当代，水还被广泛地运用为吸收或储存热量的介质。

水在一般情况下是以液体形态存在的。但水也不是到处都有，更不可能存在于人们随时需要的场所。首先，人们要找到合适的水源，如河流、湖泊、沼泽、湿地、泉水、地下水、冰雪等，然后再利用取水、盛水、输水或储水的容器、工具，如在水边建台阶、坡道，打井，修渠，开沟，垒坝，挖塘，发明制造了盛水器皿、绳索、管道、井台、支架、辘轳、闸门、隧道等。在寒冷的地区或季节，人们还利用水的固态——冰，进行运输和储存。冰雪具有隔热保温的特殊功能，这便可以解释为什么生活在北极圈内的因纽特人要在冰雪下挖洞穴居，顽强地生存和繁衍。

水被用于各种生产方式，农耕者广泛用水自不待言，渔业则无论捕捞还是养殖更依赖于水，游牧民族也要"逐水草而居"，手工业、冶矿业、林业、狩猎、驯养都少不了水。即使某些生产类型本身不需要用水，但生产者的生活用水也是不可或缺的。

水的浮力以及水面自然飘浮的物体使人产生在水上航行的愿望，从利用现成的漂浮物，到制作独木舟、木筏、竹筏和各种船只，从河流、湖泊到海洋，从水面到水中、水底，水给人类提供了航运之便。在古代，是否有水运条件是城市和地区开发的前提，水运至今还是最廉价的运输方式。4000多年前，古埃及人就利用尼罗河运输建造金字塔的巨石。为了改善或创造水运条件，人类在3000年前就开始整治水道。2000多年前，中国就出现了人工开凿的运河，7世纪初建成了当时世界上最长的运河，北京至杭州的大运河是元、明、清三代建都北京的根本保障。

水流动而产生的动力也为人类所利用,以水为动力的机械早就得到应用,世界上不少地方至今还能见到古代的水轮、水磨和水车。蒸汽机的动力推动了工业革命,也推动了连接世界各地的轮船和火车。水力发电提供的电力不仅节省了大量燃料,还使地球变得更加清洁。在治理黄河的过程中,明朝的万恭、潘季驯就采用了"束水攻沙"的办法,即通过修筑堤坝等措施缩小河道的截面,使河水集中,流速加快,冲刷沉积在河床的泥沙。近年黄河小浪底水库放水冲沙,就是"束水攻沙"在现代技术下的延续。

但另一方面,很多民族的先民都留下了大洪水的传说,这说明人类早期大多经历过可怕的洪水而幸存。所以,在人类离不开水的同时,又必须与水保持一定的距离,以保证自身的安全。考古发现,不少早期文化遗址,往往处于离水源不太远但地势高于水源的台地。当黄河下游两旁尚未筑堤、尚未形成固定的河道前,在相当大的扇形区域内一直没有形成固定的聚落。在低洼地区和经常受到洪水威胁的地方,先民还创造了干栏式建筑,用不同材质的立柱支撑,使住处高于水面,以保证安全。黄河下游地势较低的村落,往往筑有供村民躲避洪水的土台。湘西一带建于河边的吊脚楼,也是为了适应防御山洪的需要。当一个群体有了足够的人力、物力和组织能力时,就会采取长远性的措施,在江、湖、海边修堤筑坝。黄河大堤、长江大堤、江南海塘的建造,都曾是中国历史上的重大工程,有常设或专门的机构负责它们的经常性维修。

但趋避仅仅使人在洪水面前暂时获得安全。为了生存和发展,人们还必须将多余的或不需要的水引走排出。大禹治水的传说就反映了中国早期的历史事实:在经历了多年围堵洪水的失败,付出了巨大代价后,先民终于找到了根据地形地势,因势利导,将积水排入海洋的办法。此后,泄洪排涝与引水灌溉同样受到重视,两千多年前建成的都江堰就巧妙地设置了可以控制流量的"鱼嘴",既保证灌渠内有充足的水量,又能使多余的水顺利流往下游。

水流的巨大能量和洪水的破坏作用也诱发了人性的恶,"以邻为壑"成为春秋战国时一些诸侯国消除本国水患的办法。为了共同制止这种损人利己的行为,公元前651年,当齐桓公在葵丘与诸侯会盟时,就将"无曲防"作为盟约的内容之一。更有甚者,"以水代兵"成了中国战争史上常见的现象。公元513年(南朝梁天监十二年,北魏延昌二年),梁、魏在淮河对峙,梁出动20万人在钟离(今安徽凤阳西北)筑浮山堰,准备拦蓄淮河水淹北魏的寿阳（今寿县）。工程很不顺利，曾发生溃坝，加上当时传染病暴发，造成死者无数。516年，堰建成，拦蓄的淮河水泛滥几百里，冲垮寿阳城，魏军不得不放弃抵抗。但同年秋，淮水暴涨，浮山堰垮坝，沿河十几万人被漂流入海溺毙。1128年（南宋建炎二年）冬，宋将杜充为了阻止金兵南下，在滑县以上的李固渡（今河南滑县西南沙店集南三里许）以西人为决河，造成黄河南流，由泗水入河，形成黄河历史上又一次大改道。1232年，蒙古军队围攻金朝的归德（今河南商丘南），在归德凤池口（今商丘西北）决开河堤，河水夺濉河而入泗水。1245年，宋军进入开封，蒙古军南下，在城北二十余里的寸金淀决黄河以淹宋军，河水由此南流，夺涡河入淮河。1642年（明崇祯十五年），河南巡抚高名衡决黄河水灌李自成军，结果河水冲入开封城，城墙垮塌，城中居民与难民聚集百万户，逃脱的不足两万，城内建筑大多被淤泥埋没。1938年6月初，蒋介石企图利用洪水阻止日本侵略军西进，下令扒开郑州附近花园口大堤，黄河向东南泛滥于贾鲁河、颍河和涡河之间，洪水沿淮河泻入洪泽湖、高宝河，汇入长江，受灾面积达54000平方千米，死亡和失踪89万人，历时九年半，后果极其惨重。

更有甚者，为了自己的私利，对洪水泛滥故意不加治理。如公元前132年（西汉元光三年），黄河先后在顿丘（今河南清丰西南）、濮阳瓠子（濮阳以北的瓠子河堤，在今河南濮阳县西南）决口，流入巨野泽（在今山东巨野东北一带），又南入淮水、泗水，泛滥16个郡。当时的丞相、外戚田蚡因为自己的封邑在黄河北岸，就向汉武帝提出黄河决口是天意，"塞之未必应天"，一直不采取堵塞措施。有时不治理洪水泛滥则因出于现实的考虑，以权衡利弊，两害相权取其轻。如南北大运河与黄河下游河道相交，在黄河洪水泛滥时，运河的水量丰富，漕运得到保障。因此为了保障南方的粮食能及时运到北京，往往暂时不堵塞黄河决口，在客观上延长了黄河水患。

2. 水的精神层面

水文化的精神方面内容非常丰富。各种形态、各种环境下的水和水体给人以精神上的印象、感觉、情趣，形成相应的概念、观念、思想以至哲学。人类在利用水的物质方面的同时，也获得了精神方面的不同感受。以水为载体的各种饮料，如茶、咖啡、酒等，早已构成人类文化的一部分，产生了无数文学艺术作品，对人类的精神影响难以估量。

常态的水无色透明，气态的水无质无形，固态的水坚硬晶莹，这些都被用来比喻人类社会的各种现象、各类人物或事物。江河、湖泊、沼泽、湿地、海洋、波涛、潮汐、泉水、瀑布、地下水、暗河、雨、冰、雪、雹、霰、雾、露、霜、气等，形成各种地理景观。人们也注意到了水流动的各种形态，以汩汩、涓涓、潺潺、淙淙、哗哗、滚滚、浩浩、汤汤、滔滔等形容，融入人们的主观情感，成为物质和精神碰撞的产物。

正因为如此，以水为基础的各种比喻广泛存在于从日常生活到伦理、经济、政治、军事，以至哲学领域，如"人往高处走，水往低处流""好雨知时节""久旱逢甘雨""逝者如斯夫，不舍昼夜""在水一方""知者乐水，仁者乐山""君子之交淡如水""水清无鱼""水可载舟，亦能覆舟""防民之口，甚于防川。川壅而溃，伤人必多""覆水难收""天下莫柔弱于水，而攻坚强者，莫之能胜""上善若水，水善利万物而不争，处众人之所恶，故几于道"；而水的负面作用也产生了完全不同的概念，如"洪水猛兽""水火无情""水深火热""人情如水""逆流""浊流""祸水""掺水""水货""浑水"，这或许能汇集世界上种种不幸、无能或凶恶。

在人类早期，对水的恐惧和敬畏更多于依赖和喜爱。在自然环境优越、人口稀少、水资源相对丰富的条件下，要获得水一般并不困难。受认识的局限，先民认为人能用水是理所当然的，以致有些人至今还不知道珍惜水源和节约用水。而水的破坏和水的祸害无法预见，更难以避免。过度的水量不仅会形成吞没一切的洪水，还会遗留下低洼潮湿的环境，滋生传染病或地方病。但当农业生产发展到一定程度，人口密度增加到一定数量时，水量不足同样困扰着这些地区的居民。特别是大范围的持续干旱，往往造成"赤地千里""颗粒无收""饿殍载道"以至"人相食"的惨象，人们对水的期盼和祈求也会达到极点。在特殊条件下，人们也会形成对周期性洪水泛滥的依赖，像尼罗河三角洲的栽培农业就离不开每年尼罗河水泛滥所形成的淤泥堆积带。

在人类的知识还不足以科学地解释这种种现象时，人们很自然地将恐惧、敬畏、期盼、祈求变成信仰和崇拜，各地从而产生诸多的水神、河神、海神、雨神和与此相对的妖魔鬼怪，如水怪、旱魃、落水鬼，并衍生出降魔治水、保佑一方平安或丰收的神灵。

在中国，黄河、长江、淮河、济水被尊为"四渎"，都有相应的神灵，受到高规格的定期祭享。在发生重大灾害和特殊事件时，人们还会举行特别的典礼和祭祀。直到清朝中期，人们还认为河神应该居于河源，他们认为如果在河源建庙致祭，最能为河神接受，得到回报。1781年（乾隆四十六年），黄河在江苏、河南决口，次年乾隆皇帝就派阿弥达再次探寻河源，以便更直接地向河神表达尊敬和祈求。阿弥达的探险结果确定卡日曲是黄河正源，代表了当时勘测河源的最高水准。尽管河神对此并不领情，黄河的水患也没有得到消除或减轻，但当时人对黄河的敬畏可见一斑。在这种情况下，人们也不敢对黄河肆意妄为，客观上利于对黄河的合理利用。

一条河流，一片水体，一个与水关系密切的地方，只要与一定数量的人口存在利害关系，就会产生相应的神。最直接、最基本的是河神，或是无名无姓的抽象的神，或是曾与此河或本地有一定关系的人格化的神。如李冰父子是四川一带的治水神，其子还被演化为"二郎神"，具有广大的法力。许真君是江西一带的治"蛟"神，善于对付不时暴发的山洪。相传宋朝福建林总兵的女儿，因溺水而成为保佑海上平安的神——"妈祖"；妈祖信仰随着福建移民的足迹扩大到东南沿海地区和台湾，并且被人们赋予了不少新的功能。

在求雨时，人们除了向司雨的雨师、风伯和雷公、电母祈求外，也希望得到地方神特别是城隍老爷和土地公公的怜悯，或者说是众神的庇佑。人与神的交流离不开祭品，早期的祭品往往就是人。西门豹制止"河伯娶亲"虽然在中国史上传为美谈，但实际上，以河伯娶妻为名将女子溺毙河中，只是长期以来用人作为祭品的习俗的延续。随着人类文明程度的提高，人体祭品逐渐为某些形式的物或纯粹抽象的仪式所取代，如在屈原投江后人们将粽子投入江中的本意，是希望以这类食品代替祭品，使江中的神灵鬼怪不致享用屈原的遗体。

对各种与水有关的神灵的信仰、崇拜，必定导致对相关水体的保护。一定的禁忌形成一定的规范和传统，如要保持水体的清洁，不能改变水源地的环境，不能在周围砍伐树木，不能随便动土。尽管这些传统利弊兼有，但总的来说，是有利于人与水、人与自然环境的和谐相处，在现代科学技术产生以前尤其如此。

3. 水的制度层面

水文化的制度方面产生于人对水的管理和分配，以后又扩大到抵御水灾、兴修水利以及协调水与整个社会的关系。水文化的制度层面绝不是简单的制度，而是一种文化。

在干旱或缺水地区，即使人口稀少，也需要进行协调和分配，才能尽可能地满足一个群体的需要。在极端条件下，为了争夺水源和水量，人们往往往会发生争斗，甚至不惜一战。但在多数情况下，则是通过宗族势力、乡规民约、宗教或法律的权威进行日常管理，或处理相关的重大问题，并由此形成惯例、规则、契约、法规、法律，建立并维持相应的管理人员或机构。在水源充足的地区，对水源的保护、水量的调节和分配、天然或人工的供水系统的维护、应对异常因素造成的水量短缺等，也需要进行管理。而在水量过大，或经常发生洪涝水灾的地区，管理则主要在于水的宣泄排放、水灾的防范、水灾发生后的应急措施和灾后的互助救济。

　　在突尼斯西南的沙漠绿洲，我看到村口有一座小屋。这里唯一的泉源被引入屋中，每天清晨，村民们都会聚集在小屋外面，等待领取自己应得的份额。负责分配的"伊玛目"首先以手按着《古兰经》起誓，然后尽其全力进行公正的分配。而在利比亚沙漠深处的古城古达美斯，城中的水房供给每家的生产用水，轮流值班的分配人员由公认德高望重的长者担任。水房底下是由总水源引来的泉源，由此再流向每家每户门前的明渠。分配者以一把底部凿有小孔的铜壶来控制时间，以一满壶水流尽的时间为一个单位，当某一户的配额用尽后，他会在底下的泉流中放下一根草标。当这根草标流到该户人家的门前时，主人就会自觉地堵断自家的水口，让水流向下一家使用者。在摩洛哥的凯鲁万古城，一座使用了一千多年的水房还在象征性地运转，忠实的骆驼不停地围着水轮打转，将地下水源源不断地汲取，满足城内居民的生活所需。尽管这里显然并不缺水，但集中汲取地下水，避免了水的浪费和水源的污染，也是长期形成的因地制宜的管理方式。

　　古代中国的大部分地方并非像北非撒哈拉沙漠边缘那样极端的干旱地区，特别是在人口密度还不高的情况下，生活用水和生产用水一般不会如此紧缺，所以对水的管理更多在于水利设施的经常性维护、农业灌溉用水的调节和分配，以及在特殊情况下如遭受旱涝灾害时的应急措施。在工业化以前，由于技术方面的原因，这一类管理的范围不可能很大，不可能覆盖一个水系、一个流域，一般只限于某一水利设施的受益范围，或某一水系、某一流域中一个不大的范围。由此形成的制度适用的范围相当有限，大多是在一县之内，少数扩大到相邻的若干县或小流域，但因此也更具有丰富的地域性特点。这类制度大多有文字记录，形成契约性文书，甚至刻于石碑，尽管目前幸存下来的已经很少，但在北方的河南、山西等季节性缺水或部分缺水地区以及南方水利发达地区仍有一定的实物可见。

当然，这些成文的制度未必都能得到执行，制度形成以后发生的变化，制度实际所起的作用，往往不见于文字记载，或者当事人不愿为外界所知。所以对水的制度文化的了解和研究，还应注意这些制度文字记载以外的内容，才能复原这些制度实际的运作和演变的真相。

由于从公元前221年开始，秦朝就建立了中央集权制度，而此后的中国也以中央集权为常态，分裂为变态，因而中国的水制度文化就具有高度集权的特点。同时，由于从秦朝以降的中原王朝幅员辽阔，人口众多；由于中国的大部分地处北温带，主要的农业区处于黄河、长江等大河的中下游，既离不开人工灌溉，也不得不经常应对水灾；经常需要并且能够在水利工程的建造与维护方面投入巨大的人力物力，水利制度也成为国家制度的重要组成部分。

例如，由于黄河的安危事关国计民生，历来备受统治者重视，对黄河水情的观测、记录和汇报，对堤防及附属工程的日常维护和定期整治，对所需资金、物资和人力的调拨、运输、储存、使用和核销，对灾害的预防以及灾害发生后的对策、灾民的救济与安置，对河神和相关神祇的祭祀及神庙的维护等，已经形成一套不断完善的制度，并有相应的习惯做法和民间习俗与之配合。

又如从元朝开始贯通南北的京杭大运河，由于承担着首都地区和一些军事要地的粮食供应，一直是国家最优先关注的事项之一。为了保证运河的畅通，特别是每年漕运的完成，沿运河设有一系列维护和运行机构，集中了大批人员和物资。在经常缺水的山东段，还有一系列保障运河用水的制度和法规。像黄河和运河这样涉及全局的大工程，必须得到中央集权制度与国家雄厚的人力物力支持，并借助其他方面的设施和制度。倘若要将黄河沿河水尺测得的水情及时上报朝廷，离不开高效率的驿传系统。要在大旱时让山东农民"涓滴不许入田"，将一切能动用的水源都汇入运河，必须由地方官严格执行如此残酷的法律，以各种强制手段和刑罚为后盾。在治黄与保运发生矛盾时，只能由朝廷决策——一般都是首先保运，以便漕粮按时进京。

水制度是中央集权制度不可或缺的一部分，也是中央集权制赖以存在和延续的一个重要因素，而中央集权制度及按照这一制度运行的帝国又保证了水制度的实施。

水的制度文化并不单纯取决于自然环境，或者完全取决于一个地方的干旱程度、能够获得的水量的大小丰俭。出乎很多人意料的是，中国用水最浪费的、每单位水量创造价值最低的地方，恰恰是内陆河流域的干旱地区。但同样处于干旱地区的以色列，通过对全国水源制度化的科学管理，运用先进的灌溉和水处理技术，不仅满足了全体国民的生活用水，还能大量出口水果、蔬菜、花卉和先进节水设备。以色列的水制度可以说是管理与技术的产物，但这样的制度得以制定，并能有效实施，就离不开以色列人的资源、环保、法治观念，也离不开他们的哲学观念和文化素养。这也说明，水文化的制度层面绝不是简单的制度，而是一种文化。

四、河流孕育了人类文明，人类应该延续河流的生命

作为一种新的理论、新的观念，河流伦理必定还需要作深入的讨论和研究。我认为，河流伦理的基础是河流文明，只有充分认识了河流文明，才能进一步认识人与河流的关系，人应该与河流建立一种什么样的关系。在这方面，黄河是一个绝无仅有的例证。

第一，黄河孕育了中华文明，也为世界文明作出了无可替代的贡献。

在中国历史上，在人类文明史上，黄河不是两个简单的汉字，也不仅仅代表一条河流，而是一种文明的代表，是人类文明一个重要的组成部分。

在世界所有的大江大河中，像黄河这样一条基本上由一个国家、一个民族所拥有的大河，而且至少持续了2000多年的历史，我认为是唯一的。当然还有长江，但比较起来，黄河对中国早期的贡献要更大些。世界上其他大河，无论是尼罗河、密西西比河、亚马孙河，还是著名的幼发拉底河和底格里斯河，或者印度的恒河，它们或者是被一个民族、一种文化所拥有的时间太短，或者是分属于不同的民族、不同的国家或不同的文明，而且往往是不延续的，或者已经历过多次兴衰。黄河流域孕育的民族，已经发展成为世界上人口最多的民族。黄河文明的影响不仅已经普及东亚，而且已经影响到世界。

近年来，随着中国考古研究的进步，不少新的文化遗址被发现、被确定。加上各地普遍重视地方文化，十分关注本土文化的来源。有些学者提出这样的观点，说中国文化、中华文明犹如满天星斗，遍地开花。我们经常可以在媒体上看到这样的报道：某地发现了几千年前的文化遗址，对黄河文明提出了挑战；或者说某种文化的发现已经改写了中华文明的历史；也

有人认为，黄河作为中华民族的母亲，黄河流域作为中华文明的摇篮的观念已经动摇了。

我不赞成这样的观点，因为到目前为止，没有任何事实可以证明这一点。尽管我们在黄河流域以外的确已经发现了很发达的早期文明，比如长江流域，就有良渚文化、河姆渡文化等，它们的规模和发达程度超出了我们原来的想象，比起黄河流域的文化来毫不逊色。四川的三星堆遗址、金沙遗址，长江中游的古城遗址、稻作文明，的确使我们耳目一新。北方也是如此，在内蒙古、辽宁等黄河流域以外的很多地方，的确发现了很多与黄河流域早期文明不同的文化遗址。岭南也发现了5000年前或者更早的文化遗址。但是为什么这些发现没有能动摇我们对黄河文明的信念或者改变这个事实呢？因为所有这些文化、这些早期的遗址，至少到目前为止，我们还没有能够证明它们是延续的，是从古延续到今的。比如良渚文化、河姆渡文化，它们的早期是很发达的，但是以后出现了衰落和断裂，最后不知所终。照理说，遗址文化层所反映的文明应该是逐渐进步的，但这些遗址中往往出现这样的情况，在几千年前的一段时间里的确是进步的、发展的，但到了某一阶段却退步了，再往后就消失了。而黄河中下游的遗址大多是延续的，可以从最早阶段连接到先秦、秦汉。

我们还可以看一看今天中国大部分地方，包括长江流域、淮河流域、珠江流域、辽河流域、松花江流域，甚至包括一些少数民族聚居区，那里的人口和他们所拥有的文化是从哪里来的？是从黄河流域迁移过去的，传播过去的。比如说岭南，大部分人都说来自南雄珠玑巷，再往前追溯就都出自黄河流域的中原地区了。又如西南，四川省和重庆市的大多数人都是"湖广填四川"移民的后裔，十之八九自称来自湖广麻城孝感乡。而他们的麻城祖先又大多出于江西，是所谓"江西填湖广"的产物。但江西的人口又是以前从中原迁出的，所以还是源于黄河流域。今天在东北和内蒙古的汉族人，基本上都是100多年来山东、河北、山西、陕西等地移民的后代，他们的祖先自然更离不开黄河流域了。当然有关移民发源地的说法并不完全是事实，但至少说明长期以来绝大多数汉族人认同黄河文化，承认自己的祖先来自河洛，来自中原。甚至出现这样的现象，明明是当地的少数民族，如土家族、白族、彝族、纳西族，他们居然把自己祖先的来源也追溯到黄河流域，有的还自称是某汉族名人的后裔。

当然，现代遗传基因的研究已经证明这些并不都是事实，因为中国的北方人与南方人在基因上有明显差异。根据这一前提可以肯定，南方人中的大多数并非来自北方的黄河流域，而是当地人的后代。但它却说明一个现象，中国的绝大多数汉族人包括一些少数民族，他们在文化上只认同黄河文明。这是由于在三四千年以前，至迟在周代，黄河流域的文明已经处于相对先进的地位，并且保持了相当长的阶段，直到唐宋之际才被长江流域的文明取代。所以从黄河流域迁出的移民，拥有文化上的优势，他们把这些先进的文化传播到各地。移民迁入地的原住民接受了相对先进的文化以后，就会自觉或不自觉地产生文化认同。在政治、经济、文化各方面的压力之下，一些在经济上有了相当实力、社会上有了一定地位的家族，为了使自己取得与外来移民同样的社会地位，而不得不编造出自己的祖先同样来自黄河流域的故事。近年来还有另一种情况，为了迎合外界对少数民族文化的兴趣，发源于黄河流域的汉族文化被有意无意地包装成少数民族的、原住民的文化。比如媒体曾炒得很热的纳西古乐，连它的"发现者"也承认，实际是明朝初年随着军事移民传播到纳西族地区的。所以更确切地说，是比较早的黄河流域的文化传播到长江流域以后，再传播到云贵高原的。这并不是否定各地的本土文化，各种文化在中国的发展过程中所拥有的地位没有改变，也没有动摇，而是更加丰富。当然我们也承认，在这个过程中黄河文明也吸收了各种外来文明，黄河流域也吸收了各种外来的人口，但是他们都融入了这个整体。从这个意义上讲，到目前为止，世界上还没有哪一个文明可以跟黄河文明相提并论。

第二，每条河流都有自己的自然特点，为人类文明的产生和发展，提供了物质条件和人文条件。

人类的创造力也赋予在同样条件下产生各种不同文明的可能，以及丰富多彩的文明。人类的创造力不能脱离当时的自然条件，不能脱离河流赋予的条件，但在同样的环境里面也可以产生出丰富灿烂的不同的文明。只要人类没有违背客观规律，一条河流所能提供的条件也可以理解成为相对无限的。我有幸到过很多河流，以及很多河流的上游。去年（2003年）我到非洲，从尼罗河三角洲一直走到青尼罗河的源头——埃塞俄比亚高原上的塔纳湖。我把尼罗河跟黄河稍微作了一下比较，发现早期的文明很明显受到自然条件的制约和影响。比如说世界上的大江大河中大多数是东西流向的，所以地球的自转对于河流河床的形成，对于流水的侵蚀与切割起了很大作用。但尼罗河基本是南北流向，所以尼罗河相对比较平缓，流向比较顺直，洪水比较有规律，一年一度的泛滥成为尼罗河早期开发的基础。但黄河不拥有这样的条件，我到过壶口，到过黄河上游，像这样的景观在尼罗河上是很少看到的。尼罗河上有六大瀑布，我到了其中最著名的第三瀑布、第四瀑布。所谓瀑布，实际上水的落差只有90厘米，或者70厘米，这就是尼罗河的瀑布。正因为如此，尼罗河给古人的迁徙提供了最有利的条件。今天我们看到的神庙，重达数百吨的巨石，就是当年用简单的工具在阿斯旺一带所采，然后顺流而下，而这样的条件黄河很难具备。当年黄河的漕运，从关东将粮食运到关中平原，是一项非常艰巨的工程。黄河流经世界上面积最大的黄土高原，特别是黄河中游。而尼罗河两岸都是沙漠，在纳赛尔水库，也就是阿斯旺高坝的上面所见全部是裸露的花岗岩的山岭，看不到一棵树，昼夜温差非常大，所以尼罗河的文明完全聚集在绿洲和三角洲，不像黄河，从中游以下都是黄土高原或黄土冲积的平原。今天我们在抱怨水土流失的时候，可能很少有人想到，正是长期水土流失形成的这片黄土地，在早期人类缺少工具的情况下是最便于开发的。黄河文明为什么能够形成和延续，主要得益于黄土地容易开发，有利于农业生产，并且有足够大的面积。如果黄河流域都是黏土，都是茂密的森林，中国早期的农业就不会在这里发展了。当然也得益于自然环境，根据竺可桢等科学家的研究，三四千年前黄河流域的年平均气温比今天要高，所以气候温和，降水量比较丰富。当时的长江流域却过于湿热，疾病流行，人都活不长，而黄河流域以北地区又过于寒冷干燥。尼罗河流域没有这样的平原，只能依靠每年一度的泛滥，才能够在淤泥上面种植。

　　早期的人类完全根据自然条件选择生产和生活。比如，中国古代的建筑都是土木结构或者砖木结构，所以无法长期存在，不用说秦汉的宫殿，就是唐宋的建筑也基本消失了。但是在埃及，从古埃及到希腊、罗马、腓尼基、拜占庭以及阿拉伯那些建筑，现在大多数还能看到，有的还非常完整，因为这些建筑全部是由大理石、花岗岩，至少是砂岩、火山岩建造的。我想这不是他们民族的特色，主要也是自然条件。阿斯旺一带有非常好的花岗岩，还可以利用地中海把西西里岛、希腊、罗马出产的大理石运到埃及，却很难找到廉价的木材。然而在黄河流域，要在黄土覆盖下采集优良的石材并不容易，相反早期还残留不少天然的森林，当然会以土木结构的建筑为主。古埃及人对太阳神的崇拜非常单一，而黄河流域由于相对复杂的地理环境，居民除了崇拜太阳神以外，还产生了多神崇拜，所以中国人没有形成一种统一的宗教观念，却对各种自然神、英雄神、地方神广泛崇拜。黄河流域由于它的外界相对封闭，也使中国文化有很强的延续性，相对缺少开放性。中国古代的对外开放，一般都是人家送上门来的，比如说向达研究过唐代长安与西域文明，主要是西域人送上门来的，而中国对外主动寻找文明的事几乎没有。尼罗河流入地中海，地中海周围古代文明像灿烂的群星，所以古埃及文明很自然会与周边的其他文明进行交流，结果是埃及没有一种延续的文化。今天的埃及人没有像我们这样把祖宗追溯到几千年前的心态和习惯，因为今天的埃及人并不是当年法老的后代，他们的早期崇拜早已被伊斯兰文明、伊斯兰教取代。这并不是说他们先天就有这样的开放态度，而是地理环境使然。古埃及人如果寻找新的文明，可以从尼罗河进入地中海。而在中国古代，更多的是朝鲜半岛、日本列岛、东南亚的人到中国来寻求先进的文明；中国人既没有可能，也没有必要到海外去，更不会越过太平洋到美洲去。

把河流作为一个整体来认识、来研究，对文明的多元性、多样性会有更深刻的认识，也可以避免未来只是人为地用某一种文明来取代其他文明的不现实的欲望，为人类的和平、稳定和文明持续的发展作出我们的贡献。

第三，人类和河流的关系应该从历史地理的视角作充分的认识，其中既有经验，也有教训。

世界上主要民族都有关于洪水的传说，表达了古代人对洪水的敬畏。他们的生命离不开河流，但又害怕过多的水量，因为洪水会导致生命和文明的毁灭。

在黄河流域，先民经历过不同的阶段。比如在战国以前，黄河下游是漫流的，所以黄河在非常大的冲积扇上不断地摆动。这样的好处就是在黄河下游不存在泛滥决口，因为它可以在不同的时期选择不同的河道，在相对宽广的地域自由流动。但是到了战国时期，一方面，由于人口增加，居住和生产区域扩大，已经不允许黄河下游继续保留大片泛滥区了；另一方面，有的统治者以邻为壑，利用河水的破坏作用来达到军事上所不能达到的目的，所以各国纷纷在黄河两岸建筑堤防。建筑堤防有它的合理性，同时也造成对水道的约束，增加了决溢泛滥的可能性。又比如黄河在东汉以后，曾经出现近800年的安流——相对的安流，谭其骧先生认为这是因为中游地区由农变牧，相当多的土地恢复为牧区，或者荒芜了，所以水土流失变得相当轻微。我知道水利学界对这个观点是有争议的，但是这些年来，对黄

江河流淌看中国

河的认识至少使我们可以同意，中游的水土保持对下游的安流起了非常大的作用。又比如说现在大家充分肯定南北大运河对中国的贡献，但是很少看到不利的一面，这条运河也影响了所有跟它相交的河流，客观上造成黄河与海河、淮河之间灾害的互相影响。比如海河水系的河流原来都是分流入海的，但是由于曹操开挖人工运河，使它们演变为合流入海，一些原来就较小的河流下游就淤塞了，而我们今天治理海河实际上就是把合流改为分流。在清朝，为了保持漕运，经常推迟堵塞黄河的决口，因为黄河决口后运河的水量充足，便于航运。

实际上，对黄河的治理古人已经有相当深刻的认识，但是他们往往只是侧重某一个方面。近几年利用小浪底水库的蓄水对黄河进行了调水调沙试验，就是明清以来"束水攻沙"理论的一次实践。"束水攻沙"，就是用人工的办法收窄黄河水道，提高河水的流速，以便冲刷河道中的淤沙，只可惜当时没有充分的工程措施来实行。这些都值得我们好好地总结。人类对自然应该保持适度敬畏，对还没有认识的自然现象应该留有余地，从征服自然的观念变为与自然和谐相处的态度，是一次非常大的进步。记得我们小时候听到的宣传、看到的宣传画里，对现代化的描绘少不了大坝、高压电线。1958年"大跃进"时流行一首民谣："天上没有玉皇，地下没有龙王，我就是玉皇，我就是龙王，喝令三山五岳开道，我来了！"为中华人民共和国成立十周年献礼的歌曲也突出三门峡大坝，当时这是一项非常重大的成就。

当然现在大多数人已经不这样想了，但是对人与自然的关系，实际上我们还是过分重视人类的影响，正反两方面都有。迄今为止，有记载的黄河中游最大的洪水应该是道光年间，是36000立方米/秒的洪水。为什么道光年间会发生这么大的洪水？你能说当时人口比现在多？当时水土流失比现在严重？或者当时环境污染比现在严重？我想我们对自然的规律还没有充分了解，造成道光年间的大洪水更多的是自然本身的原因。既然如此，我们怎么能够根据我们现在对自然不完整的了解，考虑一切都用科学技术的手段来治理、来对付呢？古代人对黄河和其他河流的敬畏，尽管看来有些可笑，但是在当时人们是极其认真的。清朝皇帝派专人去调查河源，不是为了科学考察，或者治理黄河，而是为了祭河神，因为当时人认为黄河之所以灾害不断，是河神没有得到应有的供奉。河神应该住在河源，所以只有找到黄河正源，才能与河神沟通。我们是讥笑他们呢，还是觉得这也反映了当时人对黄河敬畏的心态？如果他脑子里有一位河神，至少不敢对黄河为所欲为。到了我们这个时代，当然不需要再有这样一个虚幻的河神，但是我们要尊重自然规律。河流伦理框架的构建以及它的实现，至少避免了我们在对自然规律还没有充分了解的情况下贸然行动，至少能为我们的未来、为我们的子孙留下发展的空间和余地。

第四，河流伦理和河流文明的研究不仅是为了黄河，而且是对人类文明的多样性作贡献。

由于黄土高原的作用，即使流入黄河的泥沙得到进一步控制，黄河也不会是蓝色的。现在有些人很担心长江的变化，经常听到德高望重的人在那里呼吁，有人甚至说长江已经变成了第二条黄河。但是从科学的角度讲，长江永远不会变成黄河，长江流域的地形地貌与黄河流域根本不同。正因为如此，即使将来黄河能与人类和谐相处，它也不会丧失本身的地理特征，不会改变它的本性。我们现在更多的是从物质文明观察，觉得黄河已经衰老了。如果我们看到精神文明，看到人类文化遗产的话，对黄河就会充满信心。黄河流域的 GDP 的确不如长江流域和珠江流域，但是黄河流域所拥有的人文资源、历史遗迹、文化精华，是长江流域或者其他流域不能替代的，在文化传承中所起的作用是任何其他文明所不能替代的。

从人类的精神追求来讲，如果真的把壶口瀑布变得和黄果树瀑布一样，那么它的价值就丧失了。相反，壶口瀑布的特殊景观和它所象征的精神正是我们所需要的。正因为如此，我想作为一个研究人员，既要讲究科学，也要追求人文，要把两者圆满地结合起来。在考虑自然因素的时候，要充分顾及民众的利益，把民生放在首位。现在有关建造大坝的争论，有的片面宣传有利的方面，有的又过于夸大有害的方面。在这个过程中，各种不同的利益集团、各种不同的人群会有不同的声音。只有经过充分考虑，作出的决定才能真正造福当代和后代。我们大家应该本着一种诚实的态度对科学负责，对人类负责，把科学知识与我们的信仰结合起来，才能把对黄河的认识和对其他河流的认识，提高到伦理的、哲学的高度。

江河流淌看中国

黄河：

中华民族的根和魂

中华民族的母亲河

几千年前，中华大地形成了裴李岗文化、仰韶文化、良渚文化、红山文化、马家窑文化、大汶口文化、龙山文化等众多的文明雏形，考古学家将此形象地比喻为满天星斗。其中，能延续并发展成为中华文明主体的都集中在黄河中下游地区，这绝不是偶然。

一、黄河是中华民族的母亲河

黄河中下游地区绝大部分属于黄土高原和黄土冲积平原，地形平坦，土壤疏松，大多为稀树草原地貌，是早期农业开发极其有利的条件。在尚未拥有金属农具的条件下，先民用简单的石器、木器就能完成荒地开垦、土地平整、松土、播种、覆土、除草、排水、收获等。

黄土高原和黄土冲积平原地处北温带，总体上适合人类的生活、生产和生存。5000 年前，这一带的气候正经历一个温暖期，3000 年前后有过一个短暂的寒冷期，然后又重新进入温暖期，直到公元前 1 世纪才转入持续寒冷。因此在 5000 多年前，这一带气候温暖，降水充沛，农作物能获得更多热量和水分，物种丰富，成为当时东亚大陆最适宜的成片农业区。

这片当时北半球面积最大的宜农土地，足以满足不断扩大的农业生产和持续增长的人口的需要。这片土地中间没有太大的地理障碍，函谷关、太行山以东更是连成一片的大平原。黄河及其支流、独立入海的河流、与河流相通的湖泊，形成天然的水上交通网。交通便利，人流、物流和行政管理的成本较低。这样的地理环境，使一些杰出人物萌发统一的理念，逐步形成大一统观念，并由政治家付诸现实。"中国"的概念由此产生。

中华文明的起源和早期发展阶段呈现多元格局,并在长期交流互动中相互促进、取长补短、兼收并蓄,最终融汇凝聚出以二里头文化为代表的文明核心,开启了夏商周三代文明。黄河文明是早期中华文明的核心和基础,黄河中下游地区是中华文明的摇篮,黄河是中华民族的母亲河。

二、黄河是中华民族的魂

中国历史上的统一时期,政治中心都在黄河流域(包括历史时期黄河改道形成的流域)。宋代以前,全国的经济中心和大多数区域经济中心都处于黄河流域。春秋战国时的黄河流域是文化最发达的地区。齐鲁地区是儒家文化的中心,儒家学说的创始人孔子是鲁国曲阜(今山东曲阜市)人,他曾周游列国,晚年回到曲阜,致力于儒家典籍的整理和教学,他的众多学生主要来自鲁、卫、齐、宋等国,主要传承人孟子、曾子等也都在这一带。战国时百家争鸣,几种主要学派的创始人和主要传播地区集中在黄河流域。墨家创始人墨子(墨翟),道家创始人老子和道家学派代表人物杨朱、宋钘、尹文、田骈、庄子,法家商鞅、韩非,儒家荀子(荀况),以及其他各家的代表人物,都不出黄河流域的范围。

秦汉时代,黄河中游已是名副其实的全国政治中心,其影响远及亚洲腹地。黄河下游是全国的经济中心,是最主要的农业区、手工业区和商业区,黄河流域的优势地位由于政治中心的存在而有所加强。两汉时期见于记载的各类士人、各个学派、官方选拔的博士和孝廉等的分布,绝大多数跨黄河流域,"关东出相,关西出将"的说法反映了当时人才分布高度集中的实际状况。

从公元 589 年隋朝统一至 755 年安史之乱,黄河流域又经历一个繁荣时期。隋唐先后在长安和洛阳建都,关中平原和伊洛平原再次成为全国政治中心。唐朝的开疆拓土和富裕强盛还使长安的影响远及西亚、朝鲜、日本,成为当时世界上最大最繁荣的城市。尽管长江流域和其他地区已有很大发展,但黄河流域在农业、手工业、商业以及国家财政收入中仍占据很大份额。唐朝这一阶段的诗人和进士主要分布在黄河流域,显示出这一地区是文化重心之所在。

从河源到出海口,中华各族人民在黄河流域生活、生产、生存。他们或农,或牧,或工,或商,或狩,或采;或住通都大邑,或居茅屋土房,或凿窑洞，或栖帐篷，或依山傍水，或逐水草而居。他们的方言、饮食、服饰、民居、婚丧节庆、崇拜信仰，形成丰富多彩的地域文化。

总之，中华文明的源头是黄河文明，是中华民族的先人在黄河流域创造的。中华民族早期主要的生活方式、生产方式、行为规范、审美情趣、礼乐仪式、伦理道德、价值观念、意识形态、思想流派、文学艺术、崇拜信仰，都是在黄河流域形成的，或者是以黄河流域所形成的为主体、为规范，然后才传播到其他地区。

黄河，不愧为中华民族的魂！

三、黄河是中华民族的根

大量历史事实证明，黄河曾经哺育了华夏民族的主体，曾经哺育了中华民族的大部分先民，她的儿女子孙遍布中华大地，并已走向世界各地。

夏朝的建立和长期存在形成了由各个部族融合成的夏人，又称诸夏。在商周时代，人口的主体是夏、诸夏，他们被美誉为华夏（华的本义是花，象征美丽、高尚、伟大），以后常被简称为夏或华。华夏聚居于黄河流域，通过周朝的分封和迁移，扩散到更大的地域范围，并不断融合残留的戎、狄、蛮、夷人口。到秦始皇统一六国时，长城之内的黄河流域，非华夏族都已被融合在华夏之中。

秦汉期间，华夏人口从中原迁入河套地区、阴山南麓、河西走廊、长江两岸、巴蜀岭南、辽东朝鲜。在两汉之际、东汉末年至三国期间、西晋永嘉之乱后至南北朝后期、安史之乱至唐朝末年、靖康之乱至宋元之际，一次次大规模的人口南迁使华夏人口遍布南方各地。一部分人口主动或被动迁入匈奴、乌桓、鲜卑、突厥、吐蕃、南诏、回鹘、契丹、渤海、党项、女真、蒙古等族聚居区，在与这些民族融合的同时，传播了华夏的制度、礼仪、文化、技艺、习俗、器物，扩大了中华文明的影响范围，促进了中华民族大家庭的逐渐形成。到了近代，成百上千万的内地移民闯关东、走西口、渡台湾、迁新疆，开发和巩固了祖国的边疆。至 20 世纪初，从黄河流域迁出的人口与他们的后裔，已经遍布中国大地。

在向各地输出移民的同时，黄河流域也在大量吸收其他地区的移民，特别是来自周边地区的非华夏移民。匈奴、东瓯、闽越、乌桓、鲜卑、西域诸族、昭武九姓、突厥、粟特、吐谷浑、吐蕃、党项、契丹、奚、女真、蒙古等族先后迁入黄河流域，这些民族的整体或大部分人口在这里融合于中华民族的主体之中。

尽管今天全国各地的汉族人口并非都来自黄河流域，在南方一些地区和边疆地区其实是世代土生土长的人口占多数，但绝大多数汉族家族，甚至一些少数民族家族都将中原视为祖先的根基所在。显然，他们所认同的不仅是血统之根，更是文化之根，而这个根就在黄河之滨，黄河流域。

黄河，不愧为中华民族的根！

中华文明中的黄河几字弯

习近平总书记在给中国社会科学院中国历史研究院成立的贺信中说了这么一段话："历史是一面镜子，鉴古知今，学史明智。重视历史、研究历史、借鉴历史是中华民族 5000 多年文明史的一个优良传统。当代中国是历史中国的延续和发展。新时代坚持和发展中国特色社会主义，更加需要系统研究中国历史和文化，更加需要深刻把握人类发展历史规律，在对历史的深入思考中汲取智慧、走向未来。"习近平总书记还指出："历史研究是一切社会科学的基础。"我们今天讲黄河几字弯的历史文化，包括讲它的自然环境及变迁，都要用马克思主义的历史唯物论来看待问题，即从历史角度来认识黄河几字弯和中华民族、中华文明。

黄河几字弯有什么特点呢？

它处于黄河上中游相交的地方。一般来说，像黄河这样的大河，特别是上游是在高原上面的，比较适合文明发展的是中游跟下游，包括它的土地资源各方面条件。几字弯正好是处于上游跟中游相交的地方，地理上划分上中游的界线就在内蒙古托克托县的河口，这是地理上的位置。那为什么定在这一点呢？当然是根据各方面特别是自然条件综合出来的，也就是我们今天讲的几字弯的中界。所以，这个几字弯一部分是属于黄河上游，一部分是属于中游。

长期以来，这是农牧相交的地方。我们以前老是辩论，长城到底是不是农牧分界线，界线到底在哪里。其实，界线是受自然人文多方面条件影响的。但是不管什么条件，这也得正好是相交，有的时候是生长了向北扩展，但有的时候生长了向南扩展，这中间除了季风、降水这些条件以外，也跟人口的分布有关。比如说，长城南面的人口增加了，他们需要寻找新的生存空间，可能原来不太适合开发农业的地方，也去开发了；相反，如果长城南面出现社会动乱，人口减少，那北面的人口就会向南扩展。随着生产技术进步，有些原来不能利用的地方也可以辟为农田，比如说在明末清初，来自美洲的新作物引入中国，原来一些不太适合农业生产的地方，因为有了这些作物就变成了农田。对内蒙古影响最大的就是土豆，对西南地区影响比较大的除了土豆以外，还有玉米、红薯、辣椒，这些东西中国本来都没有，都是从美洲引种进来的。你看内蒙古很多地方要种小麦、种水稻，包括几字弯这一带，可能不合适，但可以种土豆。所以，这个界线不是绝对的。但是如果向北扩展过头了，也会造成社会诸多损失，比如我们一度"大办农业"，把不适合开辟成农地的草原都去开发，最后造成土地退化沙化，得不偿失。那如果牧业过度向南扩展，当然牧业的适应性比较强，但问题是，农田减少之后，总的人口供养也会减少。所以这里的特点是经常处于此消彼长，交替界线不断在这一带移动。正因为这样，这个地带也是华夏与其他民族相交的地方。

它同时也是中央王朝和边疆政权相交的地方。中原王朝衰落的时候，它的边界就后退，边疆政权民族政权就往南扩展，甚至少数民族可以入主中原，成为中原的主人或者统一整个中国。他们的统一从什么地方开始呢？往往就是从几字弯这一带往南推进。到中原王朝特别强盛的时候，它也可以越过阴山，推展到蒙古高原，甚至西伯利亚。但是我们可以发现，在这个时候，阴山北面往往不像阴山南面那样建立行政区，因为那些地方平时没有固定的人口，直到清代在蒙古地区建立盟旗制度才解决了这个矛盾。它不是像内地一样，建立县、州、府、省，而是一个一个的旗，然后根据这些旗每年的活动，建立盟，这个盟旗制度是从清代开始的。这些情况发生在几字弯这一带，经常是中原王朝跟边疆之间交界，有的时候这里就是边疆，有的时候往北推，有的时候往南推，这也是一类相交。

这个几字弯地区也是人口迁移、人类文化传播的集散地。内地的人，黄河南边的人继续往北迁移，往往首先要在几字弯这里站住脚跟。首先要在东河，就是包头这一带站稳脚跟，然后才可以扩展到蒙古，甚至到俄罗斯。从秦汉开始，中原向北方的移民往往要在几字弯这一带先开发落脚，然后才有可能再扩散，所以中原文化对外传播，以及外来文化传入中原，往往把这一带作为集散地。

这些特点我觉得就体现在几字弯它本身文化形态的多样性、民族的多元化，以及它对整个黄河流域、中华文明能够产生一些独特的作用。下面举几个比较突出的例子，来跟大家交流一下，看看以上这些特点是怎么体现在具体的事例里的。

我举的第一个例子，历史上很有名的"胡服骑射"在这一带发生的情况。刚才讲到，马传入中国以后，在蒙古高原以北的那些民族是把马用来骑的，所以很自然就产生了骑兵，加上他们的射箭技术，所以北方的胡人主要的战争手段是骑兵加上射箭。但马传到中原，是用来拉车，不是用来骑的，当然也就没有骑兵。大家一定注意到，孔子教学生六门主干课程，称为"六艺"，其中有一门"御"。御就是赶车，赶马车。因为当时对有学问、为贵族服务或者自己要成为贵族的人来讲，这是一项基本技能，比我们今天考驾照还重要。孔子本身就是赶马车的一把好手，史书上有记载。赶马车非常重要，因为士人要周游列国、要出行，出去要赶马车，要会这个技术。贵族出行要坐马车，天子出来要六匹马拉车，要为贵族服务，甚至要为天子服务，你要把这六匹马调教好，既保持尊严又保证安全，赶马车技术要求很高。那么打仗呢？中原是用战车，不是步兵，也不是骑兵，就是将领站在车上，前面有人给他赶着马，他拿着长武器这么打，下面有步兵保护这个马，保护这个车的，是进行车战。所以我们看春秋和战国初期，都是讲兵车，如一百辆兵车。兵车的战斗力受道路和御手赶马的影响。没有好的道路，没有现成的道路，兵车没办法行驶，骑兵可以过去的地方，兵车就不一定过得去，兵车转弯、倒退行动都不是很灵活，所以战斗力是有限的。那时中原人还不知道马有用来骑或者骑马射箭的这种作用。等到战国初年赵武灵王开疆拓土，往北扩展，扩展到河套，他亲自到前方考察，就看到胡人骑兵射箭，机动性强，突击性强，对道路的要求低，射箭也延伸了打击半径。赵武灵王亲身感受了骑射的威力，他回国以后就在赵国推行骑射。那么骑射就要改变衣服，为什么还要改成胡服呢？因为胡人为了适应在马上的生活和战争，他们的衣服是窄袖紧身，有的还用皮制衣，有一定防御功能。而中原华夏宽袍大袖，上衣下裳，男人也是穿连衣裙，下面不穿长裤，你说穿这一身服装作战怎么骑马？没有办法骑的。赵武灵王下令，从现在开始，要穿胡人的服装。他推行骑马射箭比较容易，推行胡服很难，他没有办法，找他的叔父帮忙，说你明天上朝换一身胡服带个头，那么大家才能改变，结果被拒绝。其他事可以依你的，这个服装是老祖宗传下来的，不改。所以这个改革受到了很大阻力。之后，赵武灵王只能妥协，战士推行胡服，其他人还照样穿原来的服饰。这个推广使赵国的战斗力大大加强。后来其他诸侯国看到了骑马射箭的优势，不久之后兵车就陆续被淘汰，到了战国后期，主要的战斗力就是骑兵。一直到 1949 年开国大典阅兵的时候，还有骑兵，这就是骑兵部队。当然，随着武器的进展，现在骑兵已经退出了战斗序列，成了礼仪性的。但是这个过程对中国的历史，对中国部队战斗能力的发展都起到了非常重要的作用。而这恰恰是华夏跟胡人学的，就在几字弯这个周围。赵武灵王就是到了河套亲眼看到了胡人的骑射，然后才学习，学习之后强大，使赵国进一步向北推进，后来把中山国灭了。

第二个例子就是汉朝跟匈奴曾经有一个和平相处、互相帮助的阶段。现在讲汉匈关系，往往只是讲汉武帝几次打败匈奴，讲卫青、霍去病，特别是霍去病怎么勇敢。但是这只是历史的一面，历史上还有另一面，那就是出于汉朝的主动，跟匈奴曾经有 60 多年和平相处的阶段。汉武帝虽然几次打败匈奴，但始终没有完全解决问题。匈奴是游牧民族，主要的兵力是骑兵，汉朝守着漫长的边界，经常是这边刚打败匈奴，突然匈奴又到另外的地方侵扰掠夺。大家不要把长城本身的防御估计过高，如果没有部队驻守，长城最多是延缓时间。明朝以前好多段长城是土垒的，翻过长城或在长城上开个口子，并不是太难的事。所以汉朝边境经常顾此失彼，防不胜防。当年张骞通西域不是为了做买卖或者友好交流，而是汉武帝希望他找到已经西迁到今天阿富汗的月氏，迁到今天哈萨克斯坦的乌孙，原本希望把它们找回来，和汉朝东西两路夹击匈奴。但是到了汉宣帝的时候，蒙古高原发生持续的自然灾害，匈奴自己内乱，其主要的一支呼韩邪单于走投无路要投降汉朝。这个时候汉朝内部大多数人主张，天赐良机，应该趁机消灭匈奴；还有一些人认为不要理睬他，匈奴跟我们不是一家人，他投降我们不接受，让他自己在内乱中消亡。但是汉宣帝有自己的主张，他认为不仅应该接受，还应该帮助他们生存下去，这样才能够维持汉朝和匈奴之间的和平，才是有利于汉朝长治久安的。所以他就临时提供粮食物资，援助他们生存。呼韩邪单于提出要到长安朝拜，用什么礼仪呢？他接受了汉朝的封号，当然是臣子，要求他以臣子礼见，给他多高的礼节呢？一个投降的匈奴首领按理不能给他较高的级别，但是汉宣帝居然规定，他是外面的，天子不臣，不是我自己的臣子，给他的地位是在诸侯之上，仅次于皇帝。朝见以后送他回去，并派军队护送他，而不是把他当人质留下来。因为当时匈奴内乱，没有保护他站不住脚，同时不断地供应他粮食物资。因为汉宣帝认识到这个民族不是汉朝可以轻易统治的，帮助他能够自立存在，跟汉朝保持友好关系，这样对大家都有好处。这个见解我认为在历代统治者处理政权关系的方式中，最明智，非常重要。双方约好，长城以南天子有之，长城以北单于有之，互不侵犯。长城北面是你的，我们帮助你去统治。后来汉朝有一个使者到了匈奴，匈奴人要求他用匈奴的习俗一起祭天，一起发誓，他居然同意了。双方就祭天，然后宣誓，大家互相和好。回来以后，一些人要追究他的责任，你居然跟蛮夷匈奴平起平坐，还用他们的习俗，这个人应该杀头。但皇帝说，尽管他违背了礼制，但实际上有好处，无罪。所以从汉宣帝一直到西汉末年，汉朝跟匈奴的边界是安定的，交流是频繁密切的，边疆的城门到天黑还不用关，牛羊遍野。到王莽执政时，王莽认为不应该跟匈奴平等，首先要改变称呼，把单于称为"恭奴"，甚至骗他们要把皇帝原来赐给他们的印都换掉，重新挑起了汉匈之间的矛盾。从此边境大乱，一直到东汉初年，边境好多郡县都被迫撤退还恢复不了。而这一切，也就发生在这一带。当时有几个重要地名，如高阙、鸡鹿塞等，汉朝的使者、粮食物资就通过这里运往蒙古高原，所以这一带见证了汉朝跟匈奴60多年的和睦相处。这是我讲的第二个例子。

第三个例子就是北魏的孝文帝主动汉化。历史上鲜卑族是唯一自觉地融合进华夏的民族，其他几乎都是被动的或被迫的，但它是积极的、主动的。鲜卑早期的历史，到现在很难查考，但是有一个非常重要的证据，就是在北魏建都平城（山西大同）以后，曾经派使者到东北去祭祀自己的祖先，就是在呼伦贝尔的嘎仙洞。这个洞是内蒙古的专家米文平先生发现的，上面刻的字居然跟《魏书》上的原文几乎完全一致。的确，当年北魏承认这个地方是他们的发祥地。也就是说，我们大致可以认定，北魏拓跋鲜卑族的确是从呼伦贝尔这一带发源的。

然后在盛乐，就是今天的和林格尔，鲜卑族建立了都城。以后强盛了，又从盛乐迁都平城。北魏孝文帝为了进一步统治中原，为统一打下基础，同时也有意进一步汉化，所以迁都洛阳。其中重要的转折点就发生在从盛乐到平城，也就是这个几字弯一带。当时他要汉化有很多阻力，比如说他迁都洛阳以后，很多人不愿意，找各种借口要回平城，甚至要回盛乐，连他的儿子都对此不满。他的儿子身材高大，长得很胖，一到夏天就受不了洛阳的热，在其他人的挑唆下，竟然要擅自逃回北方。后来孝文帝痛下狠心，为了巩固他的措施，把他儿子杀了，又打击了保守的贵族势力。他的汉化彻底到什么程度呢？他迁都洛阳其实大臣都是反对的，他的借口是要平定南方，带着几十万大军一路南下，当时连天下雨，道路泥泞，到了洛阳之后，他居然说继续南下，所以大臣跪在他面前说皇上不要南下了，这样不行的。然后他说，我既然做了这么多，总要有个结果吧，你们既然不愿意南下，那么我就迁都洛阳。这样逼着大臣们都同意了。因为当时洛阳也是废墟，需要重建的。迁都洛阳以后，他不断地实行汉化措施，比如他规定衣服全部换成汉装，他规定50岁、40岁以下的大臣在公众场合不许再讲鲜卑话。当时大臣们往往还想死了以后葬回北方，他就下令死了以后就葬在洛阳，并把籍贯全部改掉，本来都是北方人，也给改成河南洛阳人。现在河南洛阳籍贯里有好多都是鲜卑人改的。改籍贯的同时还改姓，他自己带头，拓跋改姓元。元是什么意思？大哉乾元，元是老大，皇帝就改姓元。唐朝时候，宰相有元载，诗人有元稹，姓元的其实都是鲜卑人。金朝时，北方最有名的诗人元好问，就是拓跋后人。皇帝带头，所有的北方那些鲜卑族、其他族通通改姓，所以你不要以为张王李赵都是汉人的专利，有的就是胡人、鲜卑人改的。姓改了，籍贯也改了，接下来更加彻底地要求自己的皇室成员重新和汉族通婚，他自己拓跋家族带头和汉族四个大姓通婚。当时的一些大姓如清河崔氏、荥阳郑氏等，他选四家跟他的家族通婚。这一号召，鲜卑人和汉族大臣们纷纷通婚，以后这个民族就完全融合进汉族了。当时，鲜卑贵族大臣对这些做法有争议，难道我们自己这个民族的传统就不要了？孝文帝曾经跟他们讲，你们以为我愿意这样做吗？这是不得已的。你们是想永远在沙漠里面，永远没有文化好，还是我们现在这样比较好？所以作为一个民族，鲜卑族已经完全融合于汉族了。我们中华民族就是这样，以华夏为基础，融合大量的其他民族。所以，今天的汉族是人口最多的单一民族，不只是来自黄帝，也有很多这样的源泉，其中比较明显的就包括鲜卑。其他民族大多也是如此，比如匈奴，我们现在56个民族有没有匈奴？匈奴到哪里去了呢？除了少量人西迁，其他早就融合进华夏了。内迁的匈奴从东汉以后，首先从蒙古迁到内蒙古和陕西北部，然后再迁到山西北部，他们后来起兵的时候就宣称自己姓刘。为什么姓刘呢？说我们祖先曾经跟刘邦是结拜兄弟，我们也姓刘，以后就姓刘了。到了孝文帝时，匈奴基本上都改姓了。以后的契丹族、女真族都如此，更不要说匈奴、鲜卑、羯、氐、羌。羌人还有一点，其他的包括契丹、女真都到哪里去了？其实主要的人口都融合到汉族了。其中最彻底、最主动的就是鲜卑，这也发生在几字弯一带。

第四个例子是音乐舞蹈。到现在我们都有这个体会，虽然汉族传统舞蹈看起来雍容大度，但是老实说缺少震撼力，缺少张扬。少数民族，包括人口很少的民族，他们的音乐舞蹈往往都有很强的感染力，甚至震撼人心。其实这是必然的。因为其他民族有的没有文字，有的很晚才有文字，因为没有文字，他们的语言非常单一，没有那么多花样，但是他们同样是有七情六欲的，需要表达、宣泄自己的感情。儒家经典《乐记》里面很早就注意到这个现象了，语言不足，那怎么办呢？通过声音、肢体的动作，同样可以表达、宣泄自己的感情，甚至非常强烈的感情，这种行为就形成了原始的音乐舞蹈。加上每一个群体都会有一些天才人物，有天赋的人把它提高、创造，所以形成了他们自己丰富的音乐舞蹈，包括乐器。我们现在所赞扬的华夏正音、盛唐乐舞，基本上都不是华夏人自己创造的，都是引进的，特别是从今天的新疆往西，中亚西亚那里引进的。我们现在有些人把我们的民乐叫作国乐，但是要知道今天我们民乐队中的乐器可能 90% 都是外来的，不是本地的。在古代，挂上个钟，放上个石头，即钟磬，这是我们的。比如现在被称为"中国小提琴"的胡琴，即胡人拉的琴，二胡、京胡、板胡、高胡这些，包括马头琴什么的，都不是华夏发明的，都是游牧民族、少数民族发明的，但是他们同样有强烈的表现能力，甚至有更强的感染力。有一个例子大家可能不大注意。西晋末，匈奴的军队包围了晋阳城，即今天的太原，守将刘琨曾经在北方生活，他学会了匈奴人的长啸。怎么长啸，现在也没有留下录音。我想象，就是像胡松华、腾格尔唱歌时那些没有词的音调。还有一种说法，他自己学会了演奏胡笳，而且还调教了一支胡笳乐队。他守在城里面，援兵没来，马上就要弹尽粮绝。他心急如焚，趁着月色走到晋阳城楼上，看到城外面都是匈奴人的营帐，把这里包围得死死的，这个时候他开始长啸。随着他的啸声的传播，不断地有匈奴人走出营帐，侧耳细听，听着听着，有不少人流泪了，他们想念草原上的故乡。再啸下去，匈奴人纷纷骑上马拨转马头回去了，凭他的长啸解除了晋阳城的包围。你看匈奴的音乐具有多么强大的感染力。还有一个因素就是前面已经提到的，胡人为了适应生存和战斗，他们的衣服一般都是紧身的，而华夏汉人，无论男女，尤其是上层贵族，都是宽袍大袖，所以即使表演音乐舞蹈，形体的美、肌肉的美是显示不出来的。我们在史书上经常看到这样的记载，皇帝贵族特别喜欢看胡人的女人跳舞，为什么呢？通过她们的舞姿，欣赏她们形体的美。

总而言之，在音乐舞蹈方面，游牧民族、少数民族有很伟大的贡献，正是这些音乐舞蹈被华夏吸收，才形成了我们国家的传统音乐舞蹈。应该承认，这些方面的好多过程也就是在几字弯周围发生的。汉胡继承，中原华夏包括蒙古、包括外来的，这应该说是我们今天中国文化的一个很重要的源头，一个良性的过程。

如果说前面四个例子还只是跟一部分人有关，那么，接下来讲的第五个例子——胡床作用的演变——跟我们今天每一个人都有关。我们今天有沙发，有凳子，有各种坐具。要知道，孔子的时代是没有的，那个时候的人都是坐在席子上面。孔子上课，看《易经》，编《春秋》，都是坐在一张席子上面。要么长跪膝盖着地，要么盘腿而坐，最后去世了，也是一张席子一卷。总之，这一辈子离不了一张席子。我们有个成语叫"席地而坐"，就是把地当成席。有很多词跟席有关，比如我们称领导人叫"主席"，在历史上就是他坐的席子在主要位置。"酒席"就是盘腿坐在席子上面，前面的酒菜放在一张案上面，这叫"酒席"。什么时候开始有凳子坐呢？这个概念也是跟胡人学的，因为北方的胡人平时是骑马的，不骑马的时候怎么办呢？他们习惯于保持骑马的姿势，就是蹲在那里。那么，都蹲在那里有什么特殊情况呢？比如说年纪大的，比如说首领等，所以匈奴人就给首领一个坐具。开始汉人是不知道的，等到了魏晋南北朝时期，汉人看到胡人们的首领是坐在床上的，他们把这叫作"胡床"。大家要注意，这个"床"不是只供躺的，坐具也是叫"床"的。史书上记载皇帝坐的叫"御床"，这个"床"不是用来躺的，它只是比平地、比席子稍微高一点，或者把席子铺在上面，这叫"御床"，都是床。我小时候念李白的诗，就不理解"床前明月光"，躺在床上怎么举头？怎么低头？后来我就明白，这个"床"不是躺的，李白是坐着的，他可以"举头望明月，低头思故乡"。随着胡人大量南迁，更多汉人见到了"胡床"，甚至可能有人试坐了胡床，感到比坐席子上舒服，而且做一个胡床并不麻烦。于是贵族、官员、富人学胡人的样子，用胡床作为坐具。以后又在胡床的基础上制作出各种坐具。到唐朝的时候，普通人都已经有坐具了。事实证明，坐具适应了人类生活的需要，这个概念得到了普及。所以，要是华夏汉人不向胡人学习，那么到现在还是像日本人、韩国人一样坐席子的。所以我们不要一直以为汉族、华夏什么都比别人先进。在这一点上，胡床比席子先进。所以，我们牧业民族和农业民族是相互学习的。

再举第六个例子就是婚姻制度与人口。汉朝跟匈奴接触以后，就感觉匈奴很野蛮。怎么野蛮呢？就是不断要求妇女改嫁。比如王昭君嫁给单于，单于70岁了，王昭君嫁给单于以后给他生了孩子。不久单于死了，根据匈奴的规定，她要嫁给新的单于。单于跟其他夫人生的孩子继位了，辈分上是她的儿子，但她要嫁给他，嫁给他之后又生了孩子。如果第二个单于死了，当然史书上没有记载，如果说她还活着的话，那还得继续嫁。汉朝人认为太野蛮，甚至有点乱伦了，但匈奴人理直气壮，我们就用这个办法保证种姓的繁衍。其实背后的原因是什么？当时匈奴的生存条件非常艰苦，他们的生活方式受到生存条件限制。他们没有粮食，起初自己一点都不种的，后来学汉人开始种一点，但是肯定满足不了需要，食物主要是肉、乳制品，而且也不是很充分。这种情况下，人均寿命短，人口没有办法增殖，所以匈奴千方百计增加人口。不仅对女人这样，对男人也是这样的。有一段历史我们应该注意到，匈奴无论是对俘虏的还是扣留的，或者他打败的汉人，都是不杀的，留下来赶快找女人结婚，跟她生孩子。比如张骞通西域，第一次出去，因为河西走廊被匈奴占据着，所以离开汉朝不久就被匈奴扣留了。匈奴一问，什么话，你要穿过我的地方，找人来帮你们汉朝置我于死地，不许走，留下，马上找女人结婚，跟她生孩子。所以张骞第一次被匈奴扣了十年，在这期间成家生了孩子。但是因为他不忘使命，十年后找到带出来的向导，又走了。等到出使一年，无功而返，他希望躲避匈奴，故意从羌人地区走，结果被羌人抓住了，送给匈奴。照理这样一个坚持与匈奴为敌的人，应该杀他，但是还是没杀他，还留着，希望他最好再帮他们生一个孩子。等到一年以后，匈奴自己发生内乱，他才逃脱。这不是孤立的，还有一个例子就是苏武。苏武是汉朝的使节，被匈奴扣留，不让他回去，因为他坚贞不屈，不肯投降，把他流放到北海，一般认为就是今天贝加尔湖这一带，跟他讲什么时候公羊生了小羊，才能回去。后来据说他把信件绑在鸿雁的脚上将信息传到汉朝。后来汉朝和匈奴和好，汉朝把他要回去了。但他很不幸，回去以后不久，他的儿子犯了谋反的罪。根据汉朝法律，谋反罪要灭三族，所以他家里其他人都被杀了。他因为功劳很大，皇上特别赦免了他，但他没有后代了。皇帝有一次见到他，问，你在匈奴这么多年有没有生孩子？可见这个事很普遍，汉宣帝知道他在匈奴有两个儿子，一直还来往的，所以特批，可以把孩子要回来继承香火。苏武才用钱把他的儿子赎回来。他的儿子是他的匈奴太太生的，取名苏通国，以后就继承他的爵位。所以我跟一些姓苏的朋友讲，你们老是讲苏武是你们的祖先，不要忘记你们老奶奶是匈奴人，你们都是汉匈友好的产物。匈奴就是这样的，女人嫁给自己儿子辈的，还不止嫁一次，匈奴认为很正常，但汉朝接受不了。是不是这个办法就是落后、野蛮呢？到了北朝的时候，因为经常打仗，人口下降，特别是前方的将士，得不到结婚的机会，皇帝曾经下令在太行山东面那些地方征集寡妇，支援前线。寡妇没有丈夫，到前线配个将士，让他们及时结婚，满足他们的性需要。如果说这是战时特例的话，还可以举一个例子。到了贞观年间，唐太宗下令全国所有寡妇限期改嫁，所有的鳏夫限期重新结婚，并且把这作为地方官政绩的考查指标。你说匈奴的制度野蛮，那唐太宗的这个制度就不野蛮吗？这是行政命令，而且还要考查的，什么原因呢？唐朝初年经过战乱，人口太少，特别是突厥南侵，唐朝人口不够，人口不够哪里来武力？唐太宗继位不久，突厥军队甚至打到长安城下，唐太宗不得不亲自出城，骑马跟突厥的可汗对话才把他们劝了回去。所以他痛感人太少，兵力不足。怎么办呢？当时又没有其他办法，所以动脑筋，寡妇可以利用。而且唐朝的公主几乎都改嫁，改嫁一点儿不丢脸。你去看《唐书》里面的公主传，那些公主嫁了几次，有人查过，最多的嫁了五次。一方面这是因为现实需要，另一方面这种观念已经被唐朝接受。唐朝接受的不是从孔子、孟子传下的观念，也不是从东汉开始讲的女人要守节的观念，而是来自少数民族的促进人口增长、突破原来文化观念束缚的这样一种观念。为什么到了宋朝、明朝、清朝越来越强调贞节观念呢？的确，从宋朝开始已经不是这样了。最有名的是，宋朝的学者讲，女人饿死事小失节事大。饿死了，不过是小事，但失节的罪就大了。女人不能改嫁。你看包括元朝在内，明朝、清朝政府不断地表彰节妇，给她建贞节牌坊，立牌坊的对象都是丈夫死后，一直守寡到老，培养儿子成才的。有的甚至未婚夫死了，也要为他守节。最极端的例子，童婚——小时候指定的，这样对方死了也要为他守节。那么中国人的观念发生那么大的变化，是不是凭空而来的？根据马克思主义的历史唯物主义观点，你要看看社会，社会的情况是什么样的。唐朝的人口最多不到8000万，宋朝突破一亿，明朝突破两亿，清朝突破四亿，在这么大量增加的人口面前，还要寡妇改嫁干什么？所以在这种情况下，寡妇要守贞节、女人要守贞节的观念，正好符合当时社会的实际需要。所以这样看起来，婚姻制度不是农业民族和牧业民族、文明与野蛮的分歧，这是社会实际需要。当匈奴人的这种习俗对汉人有益的时候，汉人也会采用，甚至皇帝用行政命令的方式将它固定下来。而这个变化又是与我们几字弯这一带密切相关。北朝时首先实行的要求寡妇改嫁，主要婚配对象就是驻守在这一带的将士。以后随着人口的南迁，这个习俗才传到南方，最后唐太宗采取了这个措施。唐太宗采取这个措施，为什么社会上没有强烈的反对，是因为大家在人口迁移传播的过程中不自觉地接受了这个观念，所以唐朝的公主就可以改嫁。这背后不是一个简单的意识形态，就像恩格斯讲的，繁芜丛杂的意识背后是什么？是基本的社会需要。

下面我讲第七个例子，就是元朝蒙古统治者建立的行省制度。我们知道，现在我们中国的一级行政区划是省或者相当于省的自治区等。这个制度从元朝开始实施，因为它有优越性，它符合中国的实际情况。明朝、清朝、中华民国、中华人民共和国，一直延续。那么元朝为什么要建立这个行省制度呢？那也是因为蒙古人在南下的过程中，在这一带遇到的是金朝，那边是西夏。金朝虽然统治者是女真人，但基本上人口还是汉族，是华夏，所以金朝的制度除了一小部分是自己创造的，大部分还是延续前面的宋朝、辽朝的制度。但是金朝有它的特殊情况，特别是到金朝晚期，国内经常发生大的社会动荡。比如金朝曾经有一个将领带领十几万人的军队叛变，投奔宋朝；还有几次大的灾害；金朝晚期又面临蒙古人南下。在这种情况下，金朝曾实行一项临时的制度，因为本来想派一个官员到地方去，代表朝廷处理重大问题，到这个时候派一个官员已经不够了，所以开始派一组官员，就像我们今天不是派一个人，是派一个工作组。金朝就从它的中央机构中书省派一批官员，分别代表中央的不同部门，到地方处理问题。蒙古人南下，就学到了金朝这个办法。蒙古人还碰到了一个更大的问题，就是政治中心远离地方。一开始，蒙古的首都在今乌兰巴托这一带，之后首都在内蒙古，之后迁都北京。但其统治的地方已经包括中国的南面、缅甸的北部，一度打到越南北部；西边就包括新疆，甚至再往西。在这种情况下，光靠朝廷常驻在地方上的一些地方官或者派一些官员没有办法统治，所以在金朝晚期办法基础上进一步制定新的制度，这个制度就是派"行中书省"。中央机构叫"中书省"，相当于我们国务院，然后派一些官员到地方去，叫"行中书省"，就是"中书省"的工作组、"中书省"的代表。比如，把今天的湖北、湖南、江西、广东平定了，建立一个湖广行省，就从中书省里选一批官员到那个地方去，在那里建立行中书省。"行中书省"简称"行省"，这个制度实施下来很好，所以元朝在其统治的地方，除了西藏——西藏这个地方比较特殊，直接归中央宣政院管——其他地方都分成一个一个的"行中书省"，简称"行省"，这就是我们今天省级制度的来源。现在我们的省有省长，但是也有省政府，省政府里面各机构基本跟中央各部是对应的。而在元朝以前，比如说从秦始皇开始，一个郡就派一个郡太守，不派其他人。元朝在地方执政的不仅仅是一个省长，而是组成跟中央对应的一个省政府，这就是行省制度。明朝朱元璋认为这个制度很好，只是改了名，称为"承宣布政使司"，强调是奉皇帝命令，实施中央制度、命令的一个机构。但是一般人，包括一般官员，在非正式场合还是叫行省或者省。清朝也不用这个名称，还是叫行省，简称"省"。到中华民国，正式定名为"省"。我们现在就是省。一个制度，它的构成存在那么长的时间，就证明了这个制度是适应社会现实需要的。当然，这个制度的创立者包括蒙古族、女真族、汉族、契丹族等在内，汇集了大家的智慧，也成为现实的原创。这个也发生在农牧民族相交之处，几字弯地区也是重要的部分。

下面我要举的第八个例子是康熙决定不修长城。长城修得最大、保留下来最多、看起来最壮观的是明朝。大家知道，任何突破长城南北的政权是不修长城的；相反，如果守不住，就拼命地修长城。盛唐时期，长城内外都是其统治区，不需要修长城；安史之乱以后，长城南面好些地方不是其统治区，修不成长城。明朝建立的时候元朝还存在，元顺帝离开大都后，东北、内蒙古一带继续叫元朝，他继续当皇帝。数十年以后，他们主动放弃皇帝称号，重新回到蒙古的部落时代。到了康熙年间，有大臣报告，很多地方的长城多年不修了，建议好好修一下，康熙皇帝就批评他们说："你们太糊涂，蒙古就是我的长城，我修长城干什么？长城内外都是一家，都是归我们统治的。蒙古就是长城，给我守着边疆，我还修长城干什么？"从今天保护长城的角度，我们多少有些遗憾，但是从中国统一角度，不修长城才真正巩固了中华民族之间的团结，巩固了我们的家园。要是康熙修长城，要是清朝还把长城作为边界，能有我们今天的中国吗？这是康熙的远见卓识，也是他认真总结中国历史经验的结果。同时，他有他的优势，因为清朝以前，中国历史上牧业民族跟农业民族什么时候能够成为一体，什么时候才有中国的大一统。所以刚才我讲汉宣帝，他就已经开始突破这观念了，长城以北让匈奴自己统治，然后双方友好，实际上扩大了中国的范围。明朝初年开始修长城，有些地方还是里三层外三层，但是没有用处，由于双方保持敌对的关系，蒙古军队动不动就到长城里面来了。清军入关时，很快就攻破了长城，包围了北京，长城没有多少用处。所以当长城不再作为中国内部

江河流淌看中国

的边界，那么就是一个统一的时期。

尽管各民族之间有过冲突或者战争，甚至互相仇杀，但是最终融为一体。像康熙的措施，就顺应了历史的潮流，这是一个自然发展的结果。边疆和内地、农业和牧业、华夏与少数民族在这个地方逐渐融合，最终才形成汉族和其他民族你中有我、我中有你，相互离不开的格局。在这个过程中，黄河几字弯发挥了很关键的作用。康熙不修长城象征着中国的统治者已经自觉地破除界限，两方面合为一体。在融为一体的时候，我们祖先大一统的梦想才能够成为现实。

我们对几字弯应该有一个正确的认识。几字弯是黄河的一段，所以我们重视它，必须把它放在全黄河来看，因为它毕竟是黄河以及黄河流域重要的一部分，它的作用、贡献、重要性离不开整条黄河。同样，我们开发利用黄河，也离不开上、中、下游。我们今天看几字弯，看它的文化，应该放在中华文明中间来认识，有些历史的事件和人物发生在这里，但其背景和作用离不开整个中华文明。即使是在这里发明创造产生的新事物，其之所以能够存在到今天，也是因为它在整个中华文明中间发挥了重要作用，因为它影响了中原、边疆和整个国家。元朝的行省制度不只是在这一带实施，它的意义在于推广到了整个中国。历史上民族之间的摩擦和冲突也是客观存在的，作为研究，我们不能回避，要汲取历史上的经验教训，这对我们今天处理民族关系很重要。今天我们弘扬传统文化，我们的眼光不能受到局限，几字弯的历史文化必须放在整个中华文明中来认识。

黄河记忆

一、山水的记忆

黄河之水天上来，奔流到海不复回。

30多年前，当我沿着蜿蜒在山西和陕西间的黄河峡谷中的公路溯河而上时，一股滚滚浊流在丛山中奔腾。每当两岸的山岭紧锁，但见水自岩石间涌来，又从山脚下消失。而峰回路转，眼前豁然开朗时，又看到在赭黄色的群山与灰蒙蒙的天空融合的地方，飘游着一根土黄色的带子。当我最终站在壶口瀑布前，在震荡山谷的喧腾水声中仰望倾泻下来的黄河之水时，再也不会怀疑李白的诗句是过分夸张。黄河之水要不是来自天上，何至于有如此巨大的力量？

从遐想回到现实，我不禁想到这样一个问题：当李白写出这壮丽诗篇时，他是否知道黄河究竟来自何处？

中国最早的地理名著之一《尚书·禹贡》对黄河是这样记载的：

> 导河积石，至于龙门。南至于华阴，东至于厎柱。又东至于孟津，东过洛汭至于大伾。北过降水至于大陆。又北播为九河，同为逆河入于海。

尽管对中间一些地名学者有不同解释，但对当时龙门以下的黄河经流还是记载得比较清楚的。从龙门以上，却只提了"积石"，显然作者所了解的黄河源就是积石。在相当长一段时间内，今甘肃、青海交界处循化附近就是人们心目中的积石——小积石山。609年（隋大业五年），隋炀帝在今青海省兴海县东南黄河西岸的赤谷城设置河源郡，显然是因这一带为黄河源头所在。

1280年（元至元十七年），元世祖令都实与阔阔出寻找黄河源头。他们的实地考察加上吐蕃人的地理知识，将黄河正源确定在今星宿海西南百余里处。1782年（清乾隆四十七年），乾隆皇帝派阿弥达率队寻访黄河源，实地考察的结果肯定了流入星宿海的卡日曲是黄河正源。1978年，青海省人民政府组织了对河源地区综合考察，再次肯定黄河的正源为卡日曲，并据此测定黄河全长是5464千米。

千百年来，人们只能通过亲历者的记录，想象星宿海的奇异景观和黄河源头这片纯洁的土地，有幸目睹、亲身感受的人屈指可数。而随着国家对三江源的保护，在可以预见的未来，这里将是一片禁区。所幸摄影家郑云峰先生在数十年前留下了黄河源的大量照片，使我们能随着他的镜头，近距离、高清晰、大范围地认识河源，并且能见到一些稍纵即逝的罕见景观。

黄河源于山，依托于山，亲近于山，也塑造着山，直到流出小浪底山谷才与山揖别。但小浪底以下这片大平原也离不开黄河的滋养，因为它本来就是黄河的产物。

在遥远的地质年代，至迟在240万年前，大风就不断将北方高原上的沙尘吹来，持续覆盖广袤的大地，年深日久，在新生代第四纪形成了世界上面积最大、覆盖最厚的黄土高原。流水和降水长期的侵蚀作用，逐渐形成一些河道。水量充沛、落差大的河道产生更强烈的侵蚀和下蚀作用，终于在高原和山岭中切割冲刷成黄河干流，并形成一道道险峻的峡谷。

山西吉县和陕西宜君间的黄河干流上的壶口瀑布，据郦道元在《水经注》中记载，正处孟门山下。287年后，据唐朝李吉甫所著《元和郡县志》所记，瀑布离孟门山已有一千步（约1475米）。而今天的瀑布已离孟门山5000米，从公元6世纪至今，平均每年后退三米多。由于形成瀑布的水流不断冲蚀河床，下切作用造成了泥沙的流失和岩石的破碎崩落，瀑布的后退是一种普遍现象。但壶口瀑布后退速度之快，却是世界罕见的。

"三十年河东，三十年河西"是黄河在山陕间南部河道频繁变迁的真实写照。1569年（明隆庆三年），黄河直逼朝邑县（今大荔县东朝邑镇）东门，县东三十里的大庆关所在地成了河东。第二年黄河突然东移到蒲州府城（今山西永济市蒲州镇）西门，大庆关回到河西。可是黄河忽然又转向朝邑县，在大庆关与县城间穿过，大庆关又变成了河东。到1598年（明万历二十六年）黄河再次向西摆动，大庆关被隔在河西，只能在朝邑县东七里设置新大庆关。30年间，大庆关在河东河西间变了多次。

黄河水从黄土高原挟带走巨量泥沙，成为世界上含沙量最高的河流。据20世纪50年代实测，黄河多年的平均输沙量达到16亿吨，每一立方米水中的平均含沙量约37.5千克，高时可达590千克，最高时甚至达900千克以上。从黄河形成之日起，泥沙就开始在下游淤积。有史以来记录的黄河下游的大小决徙超过1500次，黄河故道曾北至今天津，南至今淮河故道。可以肯定，华北平原就是来自黄土高原的泥沙在黄河下游不断淤积的产物。

数百万年的沧桑凝练成的黄河山水，依然保持着旺盛的生命力，即使没有人类活动的干预，也还在缓慢却实实在在地演变着。尽管郑云峰先生的镜头记录的只是一个瞬间，却留下了黄河山水的雄奇清秀、浩荡粗犷、瑰丽多姿、似真若幻、朴实平淡、难以名状的恢宏，无法言传的美丽。

留下吧，黄河山水的记忆。

二、往日的记忆

人类的早期历史、世界上的文明古国，大多是与河流联系在一起的。就像古埃及离不开尼罗河、古巴比伦离不开幼发拉底河和底格里斯河一样，中国的早期文明、中华民族的主体和中国的形成都离不开黄河。

但是，一条河流对一种文明、一个民族或民族群体、一个国家产生如此巨大而长远的影响，一条河流孕育一种如此灿烂的文化、一个如此幅员辽阔的国家，那就只能数黄河了。

"中华文明探源工程"成果证明，距今5800年前后，黄河、长江中下游以及西辽河等区域出现了文明起源迹象；距今5300年以来，中华大地各地区陆续进入了文明阶段；距今3800年前后，中原地区形成了更为成熟的文明形态，并向四方辐射文化影响力，成为中华文明总进程的核心与引领者。

其中在黄河流域的山西襄汾的陶寺遗址和陕西神木的石峁遗址，分别发现了面积在280万乃至400万平方米的巨型城址。这些城址内社会分化严重，高等级的建筑周围有高墙围绕。这一时期，墓葬中反映的阶级分化非常明显，小墓一无所有，或者仅有一两件武器；而大型墓葬的随葬品达上百件，不仅制作精美，而且有表明等级身份的钺。

江河流淌看中国

位于洛阳东郊的偃师二里头遗址，距今 3700 年左右，是夏代后期的都城。在该遗址的中部，发现了内有多座宫殿的宫城。在与此宫城仅一路之隔的区域发现的另一个围墙围绕的区域内，发现了制作铜器和绿松石等高等级物品的作坊，生产的铜器非常精致，仅在较高等级的墓葬中随葬，表明这些高等级物品的生产已经被王权控制，成为表明持有者等级身份的象征物——礼器。此时，中国的青铜文明已经进入到一个新的阶段。

从黄河上游到下游，已经被考古学家发现并命名的有河南新郑的裴李岗文化、河南渑池的仰韶文化（包括西安的半坡遗址、临潼的姜寨遗址、河南三门峡的庙底沟遗址）、甘肃临洮的马家窑文化和半山—马厂文化、山东的大汶口文化和龙山文化，等等。

早期文明如满天星斗，分布于中国各地，黄河、长江中下游以及西辽河等区域都是重要的文明起源地，但黄河流域无疑是最重要、最集中的，最终成为主体。黄河流域不愧为中华文明的摇篮，黄河不愧为中华民族的母亲河。

从旧石器时代到新石器时代，黄河流域始终处于最发达的地位，并非出于偶然。在人类的生产力还非常原始的条件下，自然环境起着决定性的作用。当时黄河流域的气温比现在偏高，原始环境没有受到破坏或干扰，因此大多数地方具有适宜人类生存和生产的条件：地势适中，气候温和，降水充沛，或接近水源但又足以躲避洪水，植被良好但不过于茂密，有足够的动植物供狩猎或采集，土地肥沃而疏松。而在黄河流域之外，尽管在局部地区也不乏如此乐土，却缺少大范围、成片的、拥有综合优势的区域。

夏朝统治的范围基本没有超出黄河流域。商人在取代夏朝之前已经生活在黄河流域，以后的主要统治区也在此范围，晚期才扩展到淮河流域。周人发祥于关中平原，文王（姬昌）以丰邑（今西安沣水西岸）为都城，武王都镐（今西安市西），与丰相近。周武王灭商后，大规模分封诸侯，其子成王初年又分封了一次，周族及其联盟的人口扩散到各地，周天子的统治区也随之扩大。但除了少数诸侯被封在淮河流域，其余的封地都在黄河流域。公元前 770 年，周平王东迁雒邑（今河南洛阳），周人由关中平原向伊洛平原进行了最大的也是最后的一次迁移。到公元前 3 世纪末，秦朝的疆域已经扩展到珠江流域、辽河流域，但直到 12 世纪中叶，全国性的政治中心才离开黄河流域。

从周边向黄河流域的移民始终持续，特别是从北方、西北和东北。匈奴、鲜卑、乌桓、羯、氐、羌、丁零、突厥、回鹘、昭武九姓、高丽、百济、契丹、奚、女真、党项、回回、蒙古、满族等，都有大量人口内迁，有的甚至基本内迁，并最终融入汉族和其他民族。如随着北魏孝文帝迁都洛阳，大多数鲜卑上层家族定居洛阳一带，都改了汉姓，此后就以河南洛阳为籍贯，死后也葬于洛阳。

与此同时，黄河儿女不断迁往四方，最多的是南迁淮河流域、长江流域、珠江流域。从战国后期、两汉之际、东汉末至三国、永嘉之乱至东晋、安史之乱至唐末，直到靖康之乱至南宋末，一次次大规模的南迁将华夏文明越传越广，越传越远，改变了中国的人口、经济、文化、民族的分布和结构。到了近代，黄河儿女又迁往东北、台湾和海外。

五千年的文明在黄河流域的大地上留下了无数城市聚落、宫阙陵墓、雄关长城、寺观塔窟、文物瑰宝、艺术珍品，也留下了寻常巷陌、普通民居、田地阡陌、百工作坊、道路津梁。它们有的经历风霜，巍然独存；有的倾圮凋零，已成废墟；有的高原陵谷，深藏地下。但先人的记忆永不磨灭，与山水同在，因后人的记忆而长存。

三、我们的记忆

19 世纪末，中国经历了"三千年未有之变局"，黄河也经历了她形成以来未有之变局。

轰鸣的机器声从新建的厂房中传来；电线杆上的电线传来电力；电报电话取代了"八百里加急"；官道被改成公路，驶来的汽车超越了所有人力、畜力车辆；铁路通过大桥跨越黄河，也沿着黄河驶往关中；刀枪弓箭换成洋枪洋炮；洋人出现在穷乡僻壤；大清皇帝让位于民国总统。

天上来的黄河水照样奔流入海，但这片黄土地和生活在黄土地上的人变了，无论他们是否知觉，无论他们是否愿意。

多数人还是日出而作，日落而息，却也有人在深夜劳作；多数人还是春种夏耕，秋收冬藏，一些人已走进工厂，下了矿井，开动机器，驾着车辆，挥起锤镐；依然种着五谷杂粮，也增加了棉花烟草、花生甜瓜；牧民还在逐水草而居，也有人赶着牛羊北上，原来的牧地种上了庄稼。

闯关东的人浩浩荡荡，走西口的人络绎不绝，往西北的远迁新疆，更有人迁往异国他乡，水、旱、蝗灾民流落四方，也有人进了城镇工矿，还有人当兵吃粮。

男人剪去辫子，年轻妇女不再缠小脚。多数人依然粗布衣褂、布鞋土袜，也有人换了西服洋装、皮鞋洋袜。洋油洋灯取代菜油灯草，火绳蜡烛换成洋火洋烛。土纱土布敌不过洋纱洋布，机器产的针头线脑深入穷乡僻壤。

一种生产方式改变了，不仅使一群人离开工作场所或居住地，也意味着这一工作场所的改变或拆除，一种或多种产品消失，特殊的工具不再需要，专门的技工和技艺断绝。

一个村子的人迁走了，不仅他们的田园会荒芜，住房会倾圮，也许他们拜的菩萨会离开人间，他们爱看的戏班会解散，他们原来说的话渐渐无人听得懂，他们祖上的来历无人知晓。

河上造了铁桥，河里通了机船，羊皮筏子没有人坐了，扎筏子的师傅老了死了，扎筏子的手艺无人传了。何止是扎筏子手艺？当一种手艺派不了用场，挣不了钱，没有人愿意学，父亲传不了爷爷的手艺，孙子已经不知道爷爷的手艺。

当人们解决了温饱，步入小康，突然发现祖辈的传说已经找不到根据，家园的故事已经残缺不全，儿时的记忆依然美好却模糊不清。当他们想到要保留保存时，这一切却行将消失，或已经不见踪影。

人们并非想回到过去，也不会真的迁回故乡，更不会放弃今天的幸福生活，但都希望过去留下一点实物，哪怕已经残缺，或者只剩下一处遗址、一段文字、一张照片。在对往事的回忆中，人们自然会滤去苦涩，扩大温馨，让回忆慰藉乡愁，让回忆滋润生活，让回忆连接明天。

20世纪80年代起，郑云峰先生就跋涉在大河上下，徜徉于河东河西，在拍摄黄河自然风貌的同时，也拍下了黄河的人文景观，记录了世世代代生活在这片由黄河水滋润的土地上的人，他们的衣食住行、婚丧节庆、喜怒哀乐。也许当时他并没有意识到这一切正在消失，更肯定没有预料到这一切会消失得那么快。如果他料到了，一定会拍得更多，拍得更全，拍得更细。但就是这些照片，今天已不可能重拍，尽管它们的图像始终会保存在当事人的记忆中。只是那些人中的一部分已经离开，其余的人也在逐渐逝去，而郑先生拍的这些照片将借助现代技术而永存，我们的记忆也得以在这些照片中保存。

黄河之水天上来

"黄河之水天上来，奔流到海不复回。"当李白写出这壮丽的诗篇时，他是否知道，黄河究竟来自何处？

这就得从我们的祖先探寻黄河之源说起。

一、导河积石

中国最早的地理名著之一《尚书·禹贡》中有一部分内容称为"导水"。"导"应该解释为溯源，所以"导水"就是叙述河流的起讫和流向。其中对黄河是这样记载的：

> 导河积石，至于龙门。南至于华阴，东至于厎柱。又东至于孟津，东过洛汭至于大伾。北过降水至于大陆。又北播为九河，同为逆河入于海。

尽管对中间个别地名学者有不同解释，但对当时黄河自龙门以下的经流记载得非常清楚。然而从龙门以上，只提了"积石"，很明显，作者所了解的黄河源头就是积石。《禹贡》成书于战国后期，这反映了当时人们的地理知识。

至于积石在什么地方，现存史料中还没有发现当时有过具体说明，现存最早的说法要数郦道元《水经·河水注》中的"（积石）山在陇西郡河关县西南羌中"。河关县置于公元前 60 年（西汉神爵二年），西晋后就废了。但河关县在西汉时属金城郡，要到东汉时才划归陇西郡，所以《水经注》中的记载反映了东汉以后至西晋期间（约 1 世纪至 4 世纪初）人们的认识。河关县的故地约在今青海省贵德县西南一带，该县的西南就应该在今青海东部与甘肃交界处，可能就是指循化县附近的小积石山。

609 年（隋大业五年），隋炀帝出兵征服以青藏高原东北部为基地的吐谷浑，在那里新设置了一个河源郡，治所赤水城在今青海兴海县东南的黄河西岸，该郡的辖境大致相当于今共和、兴海、同德一带。可见在隋代人的眼中，这里就是黄河源头所在，这一认识至少已经非常接近真正的黄河源头了。

到了唐朝，积石山已有大小之分，并且都有了具体所指。李吉甫《元和郡县志》在河州枹罕县下记载："积石山，一名唐述山，今名小积石山，在县西北七十里。按河出积石山，在西南羌中，注于蒲昌海，潜行地下，出于积石，为中国河。故今人目彼山为大积石，此山为小积石。"在鄯州龙支县下也说："积石山在县西九十八里。南与河州枹罕县分界。"小积石山介于枹罕与龙支二县之间，就是今循化县东北黄河北岸的小积石山，而大积石山就是今天的阿尼玛卿山，黄河绕着山脉的东段拐了一个大弯。看来当时人对黄河源的认识就到此为止了。

二、重源伏流

比《禹贡》成书稍晚的《山海经》对黄河的源流又有不同的说法。《北山经》认为黄河发源于昆仑山东北的敦薨山："又北三百二十里曰敦薨之山……敦薨之水出焉，而西流注于泑泽。出于昆仑之东北隅，实惟河源。"然后河水就潜入地下了，《西山经》说："又西北三百七十里曰不周之山……东望泑泽，河水所潜也，其原浑浑泡泡。"又在积石山冒出："又西三百里曰积石之山。其下有石门，河水冒以西流。"研究《山海经》的学者一般认为敦薨山就是今天山东段，敦薨水就是今新疆的开都河，泑泽就是今罗布泊（也有人认为是博斯腾湖）。按照《山海经》作者的见解，这条发源于天山东段的开都河，经博斯腾湖、孔雀河注入罗布泊，这就是黄河的正源。但黄河在罗布泊潜入地下，要到积石山再冒出地面，以下就是《禹贡》所记载的积石以下的黄河了。

公元前 138 年（西汉建元三年），张骞奉汉武帝之命出使西域。由于往返时都被匈奴扣留，13 年后才回国复命。张骞向汉武帝报告了他的亲身经历和听到的情况，以后由司马迁在《史记·大宛列传》中作了记载，其中有关黄河的内容是这样写的：

于阗之西，则水皆西流，注西海。其东水东流，注盐泽。盐泽潜行地下，其南则河源出焉。多玉石，河注中国。……盐泽去长安可五千里。

到公元前 115 年（西汉元鼎二年），张骞第二次出使，汉朝与西域的交通从此开通，汉使往返于西域各国更加频繁，汉使的报告更肯定了河源所在，并由汉武帝确定了河源的山名。《大宛列传》说：

而汉使穷河源，河源出于阗，其山多玉石，采来。天子案古图书，名河所出山曰昆仑云。

于阗即今新疆和田一带，流经于阗的河流就是发源于昆仑山北麓的喀拉喀什河和玉龙喀什河，合为和田河，下游为塔里木河，注入罗布泊，也就是当时的盐泽；也可能包括塔里木河上游同样发源于昆仑山北麓的另一条支流叶尔羌河。昆仑山的名字自从汉武帝确定后就一直沿用，至今没有改变。

班固的《汉书》成书于 1 世纪后期，其中《西域传》也有关于河源的记载：

西域……南北有大山，中央有河……其河有两原（源）：一出葱岭山，一出于阗。于阗在南山下，其河北流，与葱岭河合，东注蒲昌海。蒲昌海，一名盐泽者也，去玉门、阳关三百余里，广袤三百里。其水亭居，冬夏不增减，皆以为潜行地下，南出于积石，为中国河云。

与《史记》相比，《汉书》对今塔里木河水系的叙述更加清楚具体了。中央的大河即塔里木河，它的两源就是叶尔羌河（葱岭河）与和田河（于阗河），南山就是昆仑山，蒲昌海即罗布泊。叶尔羌河虽然也发源于昆仑山，但因西北流经葱岭（今帕米尔高原）的边缘，所以使当时的人产生发源于葱岭的误解。

总之，至迟到 1 世纪后期，人们对今新疆的塔里木水系和今青海循化小积石山以下的黄河径流都已经有了比较准确的了解，却硬要将两条完全无关的河流用"潜行地下"联系在一起，形成了黄河"重源伏流"的观点。

从张骞通西域开始到公元 1 世纪后期这期间，中原人到过西域的已经不少，人们关于西域的地理知识还可能追溯到更早的西周时代。为什么对黄河源的了解会产生如此大的错误呢？这还得从当时的交通路线寻找原因。

由于青藏高原海拔高，地形复杂，气候恶劣，人烟稀少，交通困难，所以古代中原与西域的来往一般都取道河西走廊，进入今新疆后再分道前往中亚各地。张骞第一次出使时，是从陇西（今甘肃东南一带）出发，经过匈奴地区时被扣留的，而河西走廊当时就在匈奴控制之下。以后他从匈奴逃脱至大宛（今乌兹别克斯坦费尔干纳盆地）。回国时，张骞为避开匈奴，想从南山（今祁连山）以南的羌人地区通过，但还是被匈奴抓住，一年多后才逃回汉朝。很明显，张骞往返的路线都经由河西走廊。以后河西走廊成为汉朝的疆域，人员来往自然也都走此道。所以人们对从河西走廊至今新疆、中亚的地理状况已经有相当深入的了解。

另一方面，聚居在河湟谷地的羌人曾经广泛分布在今西北地区，小积石山就在他们的聚居区，黄河的上游有积石山的事实通过羌人传播出来，成为《禹贡》作者的根据。但是人们也知道积石山下的黄河还远不是它的源头，而对积石山以上的黄河又缺乏了解，所以只能想象它应该在遥远的西方。有人将黄河源与西王母、昆仑的传说和西域的水系联系起来，这就产生了今天的塔里木水系是黄河上游的假设，并通过"潜行地下"圆满地解决了两者毫不相连的矛盾。这又成为比《禹贡》晚出的《山海经》的根据。

张骞与以后的汉使尽管亲历西域，直接考察了塔里木水系，却没有机会到达积石山上游的黄河，但他们沿途又从未见到使黄河与塔里木水系相连的任何河流，在既没有发现真正的河源，又缺乏足够的理由来推翻成说的情况下，张骞只能将事实与想象、亲身经历与文献记载结合，对汉武帝作了河源的报告。而一旦汉武帝对河源所在作出了判断，并且引经据典地命名了昆仑山，那些见识远在张骞之下的汉使自然奉为圭臬了。

西汉中期开始，羌人不断受到驱赶，公元前 81 年（始元六年）设置金城郡，辖境包括今青海东部的湟河流域和贵德、尖扎段黄河，来自中原的移民在这里定居。到这时，黄河并不始于积石山更得到证实，积石山以上的情况却依然无从了解。但《禹贡》的地位已经由于儒家学说得到尊崇而大大提高，"导河积石"成了不可动摇的结论，"伏流重源"说十分得体地弥补了《禹贡》的漏洞。

应该承认，要探寻积石山以上的黄河确实存在相当大的困难。然而在县治已经设到小积石山旁的条件下，当地人不可能不知道黄河之源还远远没有到达，更不会相信在积石以上的黄河是从地下流出来的。但如果复原到当时的状况，设身处地思量，我们也就不难理解了：在设立郡县之前，土著人口极少，其中绝大多数又处于游牧或狩猎状态，尚未掌握识读和书写文字的能力，与来自中原的官员和移民之间最多只能有简单的交流。一方面他们未必知道本地以外黄河的经流情况，另一方面即使知道也无法或意识不到应该告诉那些外来人。最初由中原迁来的移民大多是贫苦农民、流民、罪犯，定居后首先要解决自己的生存问题，没有余力或兴趣远离定居地去了解黄河的来源。少数官员忙于郡县草创和移民安置，无暇做更大范围的地理调查。即使偶尔得到一些地理信息，也不可能传递到中原或首都。

实际上，学者中也有人对重源伏流说这种荒谬的说法提出过怀疑，如唐朝的杜佑就不相信，认为"蒲昌海为西域自行自止之水，不与积石河通"。但这种说法一旦已成为由皇帝裁定的结论和儒家学说的信条，就大大束缚了人们的思想和行动，他们不仅不再致力于探求真正的河源，而且会无视明明白白的事实，千方百计为成说辩护。这就毫不奇怪，为什么在对河源的实地考察已经进行过的清代，学者们还会为《禹贡》中的"导河积石"注上重源伏流的各种证据。如徐松是一位曾经在新疆进行过实地考察并对历史地理很有见地的学者，但他在《〈汉书·西域传〉补注》中也摆脱不了这一束缚，他写道：

> 罗布淖尔水潜于地下，东南行千五百余里，至今敦煌县西南六百余里之巴颜哈喇山麓，伏流始出……东南流为阿勒坦河，又东北流三百里，入鄂敦塔拉中，（其）泉数百泓，即《元史》所谓火敦脑儿，译言星宿海者也。

可见作者已经完全接受了河源在星宿海以上的事实，却又要维持重源伏流的谬论，就只好继续杜撰这根本不存在的"千五百余里"地下水了。甚至到清末，陶保廉在《辛卯侍行记》中还说："河有重源，均出昆仑，稽古证今，一一吻合。"

三、亲历河源

从现存唐朝以前的记载中，我们还很难确定有谁真正到了河源。但唐朝人到达河源的记载却已经不是个别的了，主要有：

公元 635 年（唐贞观九年），将领李靖、侯君集、李道宗等追击青藏高原东北部的吐谷浑，到达赤海，进入河源地区。《旧唐书·吐谷浑传》和《侯君集传》有这样的记载（大意）：侯君集和李道宗从南路进军，翻越了汉哭山，在乌海给马饮水，经过了两千多里荒无人烟的地方。当时虽然是盛夏却仍然有霜，山上还有积雪，路上缺乏水和草，将士只能化冰饮用，马只得吃雪。又经过星宿川，来到柏海。在那里北望积石山，看到黄河发源的地方。

从他们的进军线路和沿途所经过地区的自然景观看，乌海就是今青海的苦海，柏海就是扎陵湖和鄂陵湖，星宿川就是星宿海。尽管他们不一定注意到黄河的正源卡日曲，但已经看到扎陵湖以上的星宿海，离真正的黄河源已经近在咫尺了。

641 年（贞观十五年），文成公主入藏与赞普松赞干布成亲，护送并前往主婚的还是那位追击吐谷浑时到过河源的李道宗。据《旧唐书·吐蕃传》记载，松赞干布率领部下军队到达柏海，在河源一带迎亲。文成公主入藏和松赞干布迎亲的具体路线虽然不太清楚，但肯定经过了河源地区。

安史之乱以后，吐蕃占有唐朝的陇西和河西走廊，这固然使中原与河源地区更加隔绝，但在信息传递方面却产生了相反的结果：一方面唐朝为了对付吐蕃，加强了对吐蕃地区包括河源地区的了解；另一方面吐蕃军队不止一次攻入关中平原及唐朝的首都长安，大批唐朝的军民被吐蕃掳掠至青藏高原。这些都使有关河源的知识和见闻得到传播和收集。798 年（贞元十四年），迄今所知历史上第一部包括黄河河源地区状况的专著《吐蕃黄河录》由贾耽完成了。

贾耽，字敦诗，沧州南皮（今河北南皮县）人，是一位有重大贡献的地理学家、地图学家，曾任鸿胪卿，主持与各族往来和朝贡事务，熟悉边疆山川风土，勤于搜集相关资料。他参考西晋裴秀创立的"制图六体"，以一寸折地百里的比例尺绘制了一幅高三丈三尺、宽三丈的《海内华夷图》。这幅图的原物虽然早已失传，但宋朝人参考此图绘成的《华夷图》和《禹迹图》在 12 世纪 30 年代刻在石上，保存至今。从石刻《华夷图》上可以看到，黄河的画法与现代采用等距离法绘制的地图已经非常相似。

据《新唐书·贾耽传》记载，贾耽爱好读书，晚年更加勤奋，特别精通地理。凡是遇见从边疆或境外来的人以及出使归来的人，他都要详细询问各地风俗，因此对全国和境外各地的人文和自然地理状况了如指掌。当时正值吐蕃强盛，占有陇西，而以往当地州县的地理状况，有关方面已经不掌握了。贾耽就将陇右（即陇西）、山南（今甘肃南部和四川西北）九州绘成地图，并详细记录了黄河流经地区的情况。另外又将这一带原来驻军、交通、道路、地形、河流、险要等编成《别录》六篇，河西吐蕃等族的情况编成四篇，上报皇帝，受到赏赐。据贾耽自己给皇帝的表文，他编这部十卷（篇）的《吐蕃黄河录》的原因之一，是因为"黄河为四渎之宗"，具有重要地位。他在书中说"诸山诸水，须言首尾源流"，较详细地记载了黄河的源流，而且绘有地图，内容应该相当丰富。可惜的是，这部著作没能流传下来，也没有留下其他间接的资料。

唐朝后期，821年（长庆元年），刘元鼎奉命出使吐蕃，到达逻娑（今拉萨），《新唐书·吐蕃传》记录了他的见闻（大意）：刘元鼎渡过湟水，到了龙泉谷……湟水是从蒙谷发源的，到了龙泉谷流入黄河。黄河的上游，从洪济梁向西南有两千里。河道越来越狭，春天可以步行过去，秋天和夏天才能行船。黄河的南面有三山，中间高而四面低，叫紫山，通向大羊同国，就是古时候所称的昆仑山，吐蕃人称为闷摩黎山，向东离长安有五千里。黄河就发源于这山间，开始流速很慢，水很清，渐渐汇合了不少支流，水色变红。再往下，又有其他河流注入，水变浑浊了。

紫山或闷摩黎山就是巴颜喀拉山，刘元鼎所经过的地区就是巴颜喀拉山南麓的黄河发源地，他对黄河上游水文状况的描述是迄今最早的记载。至于从洪济梁以上黄河自西南而来的流向，则是因为只记了开始的一段，而没有记黄河折过积石山（阿尼玛卿山）以后自西北而来的流向，失之简略。刘元鼎作为唐朝的使者，往返都经过河源，自然比侯君集、李道宗行军作战或仅仅护送文成公主至吐蕃边界有更多观察了解的机会，他的见闻当具有更高的价值。

四、探寻河源

但从刘元鼎以后，中原与吐蕃的人员交往很少。宋朝以后，一方面吐蕃陷于长期分裂，没有与中原交往的条件；另一方面宋朝也无暇顾及西北边疆，仅1071—1108年（北宋熙宁四年至大观二年）在河湟地区有过开拓，没有进入河源地区的可能。所以，至今尚未发现任何有关的记载。

总之，直到元朝之前，尽管已经有了几种亲身经历黄河源头的记载，但都是因事途经者的见闻。这些人并非以考察河源为目的，当然不会有全面的了解。加上他们本人都没有留下直接记载，后人的间接记录难免有遗漏和误解。对河源的考察一直未能进行，这固然与河源地区险恶的自然条件有关，但这一地区始终处于中原王朝的疆域之外也是一个重要原因。

1254年（蒙古宪宗四年），蒙古军队进入吐蕃，镇压不服从的贵族，完全控制了吐蕃地区，后又将该地划归掌管全国佛教事务的机构总制院（后改名宣政院）管辖。吐蕃地区成为元朝疆域的一部分，这就为河源考察铺平了道路。1280年（元至元十七年），元世祖召见都实和他的堂弟阔阔出，对他们说（大意）：黄河进入中国，从大禹治水以来，都知道是从积石山而来，但汉朝、唐朝都没有能查清它的源头。现在那里成了我的领土，我要一直查到黄河发源的地方，在那里建一座城，供吐蕃商人与内地做买卖，并在那里设立转运站，将贡品和物资通过水运到达首都。古人没有办过的事，我要办到，让后世受益无穷，只是找不到合适的人。都实，你是我的老部下，又通晓各族语言，派你去执行。

于是授都实招讨使，佩戴金虎符，又让阔阔出与他同行。当年四月，他们从河州（今甘肃临夏市东北）启程，四个月后到达河源，冬天返回，将城和转运站的设计位置画成地图上报。元世祖大喜，命都实为吐蕃等处都元帅，筹集工匠和物资，后因故停止。

1315年（延祐二年），阔阔出与潘昂霄一起奉命宣抚京畿西道，将此事经过告诉了潘昂霄。当年八月，潘著成《河源记》一文，我国第一次对黄河源的考察成果得以流传后世。

同时，由于吐蕃归入元朝版图，吐蕃人（藏族的先民）对黄河的了解也开始为元朝人所知，地图学家朱思本从八里吉思家里得到了帝师（西藏宗教领袖）所藏的梵文图书，翻译成汉文后发现与《河源记》互有详略。这两方面记录由《元史》作者综合后载入《地理志》，大意是：黄河源在土（吐）蕃朵甘思的西边，在方圆七八十里的范围内有一百余个泉眼。由于积水和淤泥，无法走近观察。从高山上往下看，在阳光下就像群星灿烂，所以称为火敦脑儿，"火敦"就是星宿的意思。（朱思本：从地下涌出的水像井一样，有百余口，向东北流出百余里，汇成一个大湖，叫火敦脑儿。）很多股水奔流而下，大约五七里后，汇集为两个大湖，名叫阿剌脑儿。由西而东，不断汇入水源，经过一天的路，形成了河流，名叫赤宾河。两三天后，亦里出河由西南方流入赤宾河。又过了三四天，忽阑河从南面注入。又有也里术河从东南方流入赤宾河，至此才形成一条大河，被称为黄河。但水还清，人可以步行渡过。一两天后，河道分为八九股，称为也孙斡论，意思为"九渡"，共宽五至七里，可骑马渡过。再过四五天，水变得浑浊了，当地人抱着皮袋，骑在马上渡河。当地的居民还用木条扎成船的样子，在外面蒙上牦牛皮用以渡河，大小只能容两人。从这里开始，两岸山峡约束，河宽一二里至半里不等，水已深不可测。

以下还具体记载了黄河经过今青海、甘肃、宁夏的河道。《河源记》接着指出（大意）：汉朝的张骞出使遥远的西域……以为已经到达了河源，其实哪里看到了什么河源呢？史书上说黄河有两个源头，一个出自于阗，一个出自葱岭。于阗的河流向北，汇合了葱岭河，汇入蒲类海（应作蒲昌海，即罗布泊）后就不再流了，潜入地下直到临洮才流出地面。现存的洮水是从南方流来的，很明显不是从蒲类（蒲昌）海来的。询问了当地人，说于阗河和葱岭河流到下游后都消失在沙漠中了。又有人说黄河是与天上的河相通的，在源头找到过织女支纺机的石头，也是胡说八道。

这些记载充分证明，都实等人对河源的考察，加上吐蕃人对河源的了解，已经将黄河正源确定在星宿海西南百余里处。他们对黄河最上游的水文、地形、地貌和人文景观的考察和记录都已相当具体准确。更可贵的是，他们并不迷信史料，而是尊重事实，对前人不符合实际的记载大胆予以否定，比那些死抱住经典与陈说不放的人要高明得多。

元人陶宗仪在他所著的《南村辍耕录》中收录了《河源记》，并附有一张《黄河源图》。这张地图的画法与《河源记》所记述的内容完全一致，显然是出于都实等人之手，或者是别人根据《河源记》画成。这是目前传世的最早的黄河源地区地图。

明朝初年曾多次派遣使者去西藏，其中有一位叫宗泐的和尚在1382年（洪武十五年）从西藏归来时经过河源，他在《望河源》诗后记道：

河源出自抹必力赤巴山，番人呼黄河为抹处，犁牛河为必力处，赤巴者，分界也。其山西南所出之水，则流入犁牛河；东北所出之水，是为河源。

抹必力赤巴山即巴颜喀拉山，犁牛河即通天河（长江上游），说明当地藏族人了解巴颜喀拉山是长江和黄河的分水岭，黄河发源于巴颜喀拉山的东北，也说明当时已将黄河称"抹处"（今译玛曲）。

从16世纪后半期开始，随着藏传佛教在蒙古人中流传，蒙古和西藏的关系已经非常密切。蒙古和硕特部首领固始汗率军进入西藏，协助达赖喇嘛统治西藏，又共同遣使者朝见清朝皇帝。在这些交往过程中，人们了解到在黄河上源有"古尔班索罗谟"，即三条支河。为了证实这一情况，1704年（康熙四十三年），康熙皇帝派拉锡和舒兰二人前往河源探寻，拉锡等在当年六月到达鄂陵湖和扎陵湖，又在星宿海西部作了考察。他们将结果绘成《星宿河源图》，舒兰又写成《河源记》。《星宿河源图》在渣凌诺尔（扎陵湖）以西绘了三条河，中间一条绘得最长，并注上"黄河源三河名固尔班索尔马"。

在测绘全国地图的过程中，1717年（康熙五十六年）又派喇嘛楚尔沁藏布兰木占巴和理藩院主事胜住等往河源地区测绘地图。在次年绘成的全国地图《皇舆全览图》中，绘有黄河源的三条支流，中间一条注为阿尔坦必拉，这显然是根据他们实测的结果。

1761年（乾隆二十六年），齐召南著《水道提纲》，就是以《皇舆全览图》为主要资料来源的。其中有关河源的论述是这样写的：

> 黄河源出星宿海西、巴颜喀喇山之东麓，二泉流数里，合而东南，名阿尔坦河……又东流数十里，折东北流百里，至鄂端塔拉，即古星宿海，元史所谓鄂端诺尔也。自河源至此已三百里。……阿尔坦河东北会诸泉水，北有巴尔哈布山西南流出之一水，南有哈喇答尔罕山北流出之水，来会为一道（土人名此三河曰古尔班索尔马），东南流，注于查灵海。

这证明从1704年开始，中国的河源考察已经取得了正确的结果：河源的三支河，北支是扎曲，西南支是卡日曲，西支是约古宗列曲。这些与现代考察的结果是一致的，只是《水道提纲》将约古宗列曲（阿尔坦河）定为黄河的正源。

1781年（乾隆四十六年），黄河在江苏、河南决口。当时认为黄河之所以泛滥成灾，是由于没有找到真正的河源进行祭祀的缘故，于是乾隆帝在次年派阿弥达再次探寻河源。阿弥达调查的结果是：

> 星宿海西南有一河，名阿勒坦郭勒，蒙古语阿勒坦即黄金，郭勒即河也。此河实系黄河上源，其水色黄，回旋三百余里，穿入星宿海。（《钦定河源纪略》）

这条河就是卡日曲，这说明阿弥达的调查重新肯定了卡日曲是黄河正源。但由于乾隆皇帝坚持黄河重源伏流的教条，纪昀在编纂汇集河源考察资料的《河源纪略》时，依然将塔里木河和罗布泊说成是黄河的真正源头，从地下潜流后至卡日曲复出，并以卡日曲水色黄证明"大河灵渎，虽伏地千里，而仍不改其本性"。科学的考察结果硬被纳入唯心的谬误体系，反映了专制统治与教条主义结合造成的恶果。

五、测定正源

从阿弥达以后，中国长期没有再进行黄河源头的考察。19世纪中叶开始，西方国家的"探险队"无视中国主权，擅自进入河源地区。有的还不顾历史事实，无耻地宣称是他们第一个发现了黄河源，而实际上并没有取得任何新的成果。

中华人民共和国成立以后，在1952年派出黄河河源勘查队，对河源地区作了四个多月的考察，行程5000千米，获得了丰富的资料。这次考察的结果确认历史上所指的玛曲是黄河正源；对扎陵湖和鄂陵湖的位置提出了与以往不同的看法，加以对调；对黄河的长度也沿用了传统的数字。

1978年，青海省人民政府组织了对河源地区的综合考察，结果再次肯定黄河的正源应该是卡日曲，对扎陵湖和鄂陵湖也恢复了传统的名称。根据卡日曲的长度重新测定的黄河全长是5464千米。

1985年，水利部黄河水利委员会根据历史传统与各家意见确认玛曲为黄河正源，并在约古宗列盆地西南隅的玛曲曲果竖立了河源标志。

2010—2012年，我国开展了第一次全国水利普查，普查对象包括了境内所有河流湖泊、水利工程等。根据调查结果，黄河干流全长修订为5687千米。

近年来，对应该以哪一支作为黄河正源依然存在争论，有的学者主张仍应取玛曲，也有学者提出还有比卡日曲更长的源头。但这些更多的是对确定河源标准的不同意见，可以说，对黄河源头的状况已经基本清楚了。

从《禹贡》的作者提出导河积石起，经过两千余年，中国人民最终认识了这条与中华民族息息相关的黄河的真正源头。如果李白生在今天，在写下"黄河之水天上来"这样豪放的佳句的同时，或许能为真正的河源赋上一首更传神的诗篇。

大禹的后人

世界上很多民族都有早期洪水的传说，也都有战胜洪水的英雄。汉族的前身华夏诸族所流传的洪水故事就产生在黄河，最杰出的治水英雄是大禹。

其实，先民与洪水的斗争早已开始了，在禹之前就有共工治水的事迹。共工相传是炎帝的后裔，他的氏族居住地共，可能在今河南辉县一带。这里濒临黄河，土地肥沃，水源充足，适宜生活和生产，但因处于黄河的开阔河段，经常发生洪水泛滥。共工的氏族承担了治水的任务，据说他们采取了"壅防百川，堕高堙庳"的办法，也就是从高处把泥土石块运来，填在低处，又筑起堤坝抵挡洪水。尽管他们使用的只是非常原始的方法，但还是取得了成效，受到各氏族的赞扬。有一次在部落首领的会议上，尧要大家推举一个人帮助他执政，兜就提出共工治水有功，可以担当。以后共工这一族成了治水的世家，"共工"也成了水官的代名词。

相传在尧的时代，黄河流域经常发生很大的洪水，史书上描述当时的景象是"汤汤洪水方割，荡荡怀山襄陵，浩浩滔天。下民其咨，有能俾乂""洪水横流，泛滥于天下"。尧召集各部落首领商议，大家推举鲧主持治水。

鲧的居住地在崇，可能在今河南嵩山一带。他接受了治水的任务后，沿用了共工的老办法，主要是"障"，也就是堵。据说他筑起三仞（每仞八尺）高的城，大概是要把居住区和田地用堤岸围起来，以隔绝洪水。可是看来那时的洪水比共工所遇到的大得多，所以鲧治了多年还是没有成功。鲧因治水失败而被杀，洪水依然在肆虐，尧的继承人舜又任用了鲧的儿子禹继续治水。

一、大禹治水

大禹有感于自己的父亲因为治水失败而受到处罚，下决心征服洪水。据说他的妻子刚生了儿子启，他顾不上亲抚爱子就出了门。在外治水的13年间，禹多次经过自己家门，却从来没有进去过。他亲自拿着工具参加劳动，不怕艰苦，处处作百姓的榜样。由于整天光着脚在野外劳动，他连腿上的汗毛都被磨光了。韩非子曾感叹：就是干苦役的奴隶也没有那样辛苦啊！

大禹治水的方法与共工和鲧的不同之处在于，他采用了疏导的办法，"高高下下，疏川导滞"，即根据水从高处向低处流的自然趋势，顺着地形把积聚的洪水引入经过疏通的河道或低地，然后再引向大海。在疏通河道、增加河流宣泄能力的同时，禹也充分利用湖泊和低地分洪，将一部分洪水拦蓄起来，以减轻对居住区和河道的威胁。经过禹的治理，洪水全部归入河槽，原来洪水泛滥的地方又适宜从事农耕和蚕桑了。人们纷纷从高地迁回平原，恢复了正常的生活和生产。据说在治水过程中，禹还发明了最初的测量工具，并且开始运用数字。由于禹的巨大功绩，他被确定为舜的继承人，成为中原部落联盟的最高领袖。

大禹治水的故事既反映了先民与洪水所作的长期艰苦的斗争，也体现了他们征服洪水、向往幸福生活的理想。禹的事迹，实际上是当时人的集体活动的个人化和神化。因此，大禹被塑造成一位无所不能的英雄，在大河上下到处都能发现他的遗迹。上游贺兰山下的青铜峡、中游山陕峡谷中的龙门和支流伊水上的伊阙（在今河南洛阳南），据说都是大禹开凿的；千古闻名的三门峡的砥柱石和神门、人门、鬼门这三门自然也由大禹劈开，而且当年大禹骑马跃过三门时曾经马失前蹄，在石头上留下了深深的印记。

成书于战国后期的我国第一篇地理著作《禹贡》也托名大禹，把当时学者对未来统一后的国家行政区划的蓝图说成是大禹时代已经存在过的行政区域。由于《禹贡》是以后成为儒家经典的《尚书》中的一篇，在封建社会长期被奉为真理，即使其中只代表公元前三四世纪时人们的地理知识水平的内容，也受到封建统治者和儒家信徒的竭力维护，这大概是《禹贡》的作者们始料不及的吧！

《禹贡》中所记载的黄河经流被称为"禹河"，长期以来被认为是大禹时代的黄河河道。当然现在我们已经肯定，它的下游部分只是战国以前就存

在的无数河道中的一条。但从它特别得到重视，并被学者所著录来看，应该是一条经常流经的主要河道，而且已经存在了很长的时间，尽管不一定真的是从大禹时代就开始。

二、战国筑堤，河道固定

大禹治水故事长期流传的另一个原因，是黄河水患的长期存在并愈演愈烈，因此大禹成为人们的希望，大禹的精神成为鼓舞人们与洪水斗争的力量。现实需要大禹，在几千年的治河史上涌现出无数有名和无名的大禹。

战国时在黄河下游两岸修筑堤防，是治黄史上的第一项重大工程，尽管这是由大批无名英雄主持、设计、建筑和维护的，但留下的记载却非常简略。

《国语·周语》中记录了周厉王时大臣召公的一段话："防民之口，甚于防川。川壅而溃，伤人必多，民亦如之。"这说明在公元前 9 世纪中叶，堤防已经出现了。不过仅仅根据这几句话我们还无法肯定，黄河下游的两岸是否也有了堤防。

齐桓公三十五年（公元前 651 年），当齐桓公与诸侯在葵丘会盟时，就把"无曲防"作为盟约的一项内容。由此可见，至迟在公元前 7 世纪中叶，黄河下游沿岸筑堤已经相当普遍了。正因为如此，才有必要专门提出禁止以邻为壑、以水代兵的问题。

但将两岸的堤防连接起来，构成一个完整的系统，大概是在战国时期。齐国由于地势低，易受洪水危害，首先在黄河东岸筑起堤防。河水在东面受阻，就向西泛滥到魏国和赵国。这两国因为地处山麓，本来对筑堤并不在意，现在见洪水来了，就也筑起堤防。齐国的堤离河 25 里，魏、赵两国筑堤时也离河 25 里，这样，黄河的河道就有 50 里的摆动余地，不至于经常冲击堤防。

由于堤防在防御洪水、保障本国安全方面有重要作用，各国都十分重视堤防的修筑技术和日常维护，总结出了宝贵的经验。如《管子·度地》中就提出了筑堤的最好时间是"当春三月"，因为这时气候干燥，气温适中，对施工有利，修成的堤防比较坚实。而其他季节都不合适，如夏天天气太热，又是农忙；秋天雨水太多，山洪暴发；冬天太冷，泥土冻结，白天也太短。又规定在河道旁筑堤时要顺着水势，堤底要宽，堤顶要窄。规定对已筑成的堤防要派人看守，利用冬季加以整修。战国魏惠王时还出过一位筑堤专家白圭，据说他的技术非常高明，他注意到了堤防上的蚁穴，并有一套堵塞的方法。

三、瓠子堵口

西汉开始，黄河的水灾日益严重，从汉文帝十二年（前 168 年）至王莽始建国三年（公元 11 年），见于史书记载的就有十次，其中造成改道的就有五次。河水决口改道后，堵口归流是一件大事，重大的堵口就有两次。

汉武帝元光三年（前 132 年），黄河在瓠子（今河南濮阳县西南）决口，向东南至今山东鄄城县南冲出了一条新河，流入巨野泽，然后夺泗水入淮。决口发生后，汉武帝即派汲黯和郑当时主持堵口工程，但随堵随决，没有成功。当时外戚武安侯田蚡任丞相，他的封邑鄃在黄河北岸，河水向南决口使北岸避免了水灾的威胁，他的封邑获得丰收。所以他劝武帝："江河的决口都是天意，是没有办法用人力来强行堵塞的，就是塞住了也未必让老天爷满意。"他还串通一些"望气"占卜的人也对武帝说这样的话。武帝信了他们的鬼话，就听任河水泛滥改道，不再堵口。

就这样拖了 20 多年，黄河依旧没有回归故道，泛滥区灾情严重。主张不堵口的田蚡早已在瓠子决口的第二年去世，武帝对他的险恶用心也渐渐有所觉察；到了元封二年（前 109 年），正好天旱，黄河水浅，武帝下决心堵口。汲仁和郭昌率领数万兵士投入堵口工程，武帝亲临现场，命令随行的官员自将军以下的人都一起搬运柴草，参加施工。史学家司马迁作为武帝的随从也背负柴草，以后在《史记·河渠书》卷中记录了他的亲身经历。当时采用的方法是：先用大竹子或大石头在决口面插下河底，由稀到密，使水势减缓，然后再在中间填塞草料，最后压上石块和泥土。所用的竹子，主要采自淇园（在今河南淇县西北一带）。经过一番努力，决口终于堵住，黄河恢复了故道，分两股东北入海。武帝好不得意，在堵口堤上筑了一座宣防宫作为纪念，还亲自作了两首《宣防之歌》，其中一首写道：

河汤汤兮激潺湲，北度回兮迅流难，搴长茭兮湛美玉，河公许兮薪不属，薪不属兮卫人罪，烧萧条兮噫乎何以御水，隤林竹兮楗石菑，宣防塞兮万福来。（大意是：黄河的洪水波浪滔滔，北面的故道已经淤塞要疏浚也难。

在河中插入长的竹竿，沉下大块的石头，好不容易河公答应我们堵口了，柴草又不够了。柴草不够那卫地的人可倒了霉，没有柴草又怎么能堵得住水？砍下竹林的竹子，密密地插在水里，一层层石料铺在中间。决口终于堵住，宣防宫就建在上面，从此不再有灾难，福祉无穷。）

80年后，建始四年（前29年），黄河在东郡决口，河堤使者王延世主持堵口。这次堵口声势虽没有瓠子口那次大，在技术上却有新的尝试。采取的方法是：从决口的两端同时向中间堵，到最后一部分时，预先制成一个大的竹笼，其中填满石块，用两艘船夹着竹笼驶至缺口，将船凿沉，与竹笼一起沉下，然后迅速充填泥土加以巩固。这与近代采用的立堵法很相似。

四、贾让的"治河三策"

西汉中期以后，一方面是黄河的灾害越来越频繁，西汉后期的50年内平均每隔七年就要决溢一次；另一方面是人们在实践中增强了对黄河决溢特点的认识，开始探索各种治河的办法。所以，不断有人提出治河的主张。主要的建议有四种：一是分疏，利用黄河下游原有的分流和支河，疏浚整治，甚至可以新开河道，以便分散洪水，削减主河道的洪峰，减轻对主河道两岸堤防的威胁，避免决溢；一是改道，具体的意见各人不同，但用意都是想利用有利的地形，另选一条比较顺直的河道代替现成的河道；一是滞洪，建议在黄河经常泛滥处空出一块地方，一旦洪水发生就主动引水泄入，以避免下游其他河段再有决溢；一是以水排沙，认为河水既然带来了泥沙，水流也能排除泥沙，主张禁止上游和中游引水灌溉，保证水量，使河水保持较大的流速，依靠河水本身的冲刷力排沙刷漕，以避免河床淤积，消除河患。这些方案各有利弊，要实行起来并不容易，所以都没有得到试验。

西汉末的哀帝初年（约前6—前5年）曾经要求各地方官向朝廷推荐有治河本领的人，只有待诏贾让上书响应，提出了三种供选择的治河方案，后世称为"贾让三策"。

贾让提出的上策是人工改道，在遮害亭（今河南滑县西南）掘开河堤，让河水北流（实际上偏东北）入大海。他认为由于西面有太行山及其余脉在地形上的限制，东面有金堤阻挡，河水不会泛滥太远，一个月之内就会形成新的河道。至于新河流经的冀州，当然要有大批百姓迁移，但与其每年要在沿河十个郡都花大笔钱来修筑堤防，万一决口损失更大，还不如将几年的修堤费用集中起来，用于安置移民。他认为如果实行这一办法，就能"河定民安，千载无患"。

贾让的中策是"多穿漕渠于冀州地，使民得以溉田，分杀水怒"。开渠的目的一是为了灌溉，二是为了分洪。具体的计划是从遮害亭一带向北新筑一条渠堤作为渠道的东岸，利用西面的山地作为渠道的西岸。然后用石料加固黄河自淇口至遮害亭的堤防，在这段堤上建造若干水门。同时在新筑的渠道东堤上也开若干水门，这样在黄河干道和新渠之间就组成了许多分水渠，旱时打开渠道东面的水门引水灌溉，遇有洪水时就打开渠道西面的水门分泄洪水。这一带原来因地下水位高，土壤盐碱化，收成很少，经过灌溉后可用于种稻。另外还可以利用渠道发展水运。当时沿河负责守护整修堤防的官吏士兵每郡有数千人，采购草石料的费用每年也要几千万，用这些人力物力就足够建成渠道和水门了。他认为中策虽不如上策那样根本解决问题，但也能"富国安民，兴利除害"，并可维持数百年。

至于继续以修缮堤防为主，致力于加高培厚现有堤防，即使投入再多的人力物力，还是免不了经常出问题。贾让认为这是下策，是不足取的。

贾让的"治河三策"是我国现存最早的一篇比较全面的治河论文，既有对当时黄河下游河患形势的分析，也有解决问题的不同对策；不仅考虑到了防洪，而且兼顾了灌溉、放淤、改土和通航。他的建议虽然没有能付诸实践，其中显然也有不切实际或不尽合理的部分，但在两千多年前就能如此全面地规划黄河下游的治理，充分反映了当时技术水平的进步，是难能可贵的。三策中的合理成分至今仍有现实意义。

五、王景治河

西汉末年，黄河先后在魏郡（今河南东北一带）以东多处决口。王莽始建国三年（11年），又在魏郡元城（今河北大名县东）以南决口。王莽为了保障他在元城祖坟的安全，主张不堵决口，听任河水东决。结果黄河和济水分流处的堤防严重崩塌，黄河、济水和汴水各支流交相泛滥，兖州、豫州（约相当于今河南东南、山东西南和安徽淮河以北）数十县受灾。

东汉初的建武十年（34年），阳武县令上书建议改修堤防，以安定百姓，光武帝已调集了兵士，准备动工。但浚仪县令提出，现在刚打完仗又要大兴劳役，老百姓受不了，会引起不满；光武帝就打消了这一念头。以后汴水不断向东泛滥，灾区越来越大，原来的水门堤防都已没在水中了，兖、豫二州的百姓十分怨怼，指责官府不先考虑百姓的疾苦。明帝即位后，几次想动工，但当时对要不要堵口意见纷纷：有人认为黄河改道南流入汴对北方的冀州、幽州有好处，还说左边的堤坚固了右边的堤就遭殃，左右两边的堤都坚固了下游就倒霉，对河水应该听其自然，百姓可以迁到高处去，这样公家省了堵口的钱，百姓也避免了被淹的祸害。明帝听了以后不知所从，一直议而不决。直到永平十二年（69 年）召见王景后，才最后作出治河的决定。

王景，字仲通，乐浪郡（在今朝鲜半岛）人。祖先居琅邪不其（今山东青岛市崂山区西北），西汉初迁至朝鲜半岛。王景从小学习《易经》，博览群书，爱好天文和数学，懂得工程技术，办事冷静而周到。当时征求治水人才，王景受到推荐，明帝命他与将作谒者（主管工程建设的长官）王吴一起修浚仪渠。王吴采用了王景的办法，获得成功。明帝召见王景，询问治水的形势和对策，王景一一应答，明帝十分满意。根据王景治理浚仪渠的功绩，又赐给王景《山海经》《河渠书》和《禹贡图》等图书以及钱帛等物品。当年夏天，明帝就征发数十万士兵，派王景和王吴负责修渠筑堤。到第二年夏天工程完成，明帝亲自巡行，并下诏恢复西汉的旧制，在沿河的郡国设置专门负责日常维护的官员。王景得到提升和赏赐，名扬天下。

由于史料中的记载过于简单，对王景治河所采取的具体方法至今还无法作出令人信服的解释。对其中最关键的"十里立一水门，令更相洄注，无复溃漏之患"，比较合理的解释是：在济水（此处即汴水）与黄河相交处除了原有的引水口（荥口）外，另外开一个引水口（济口）。这样济水与黄河之间就有了两个引水口和两条引水道，都设置水门，两个水门间相差十里。之所以要开两个水门，是为了适应黄河流势的变化，以便根据需要与可能控制调节，以保证正常引水。

经过王景治理的黄河新道的具体经流也没有记载，根据间接的史料推测，大致是从长寿津（今河南濮阳县南）开始与西汉大河分流，东经范县南、阳谷县西、莘县东、茌平县南、东阿县北，又东北流经今黄河与马颊河之间，至今利津县境内入海。新河在今山东境内，是在泰山北麓的低地中通过的，与旧河相比缩短了距离，河道又比较顺直，在相当长一段时间内得到稳定。

当然，正如前面已经说到的，从这以后黄河下游的 800 年安流，主要原因是中游地区水土流失减少，从而使河水中的含沙量大大降低。但在开始阶段，王景治河的工程防治还是发挥了重大作用的。

六、高超合龙

北宋庆历八年（1048 年），黄河在澶州商胡埽（今河南濮阳县昌湖集）决口改道后，曾经三次企图凭人工将河水挽回故道，结果都以失败告终。可以说，北宋的治河在总体上是不成功的，但在具体的治河工程技术方面还是有不少进步。当时由于决口频繁，所以在堵口方面有过很多尝试，取得了丰富经验，如沈立的《河防通议》中就专门记载了"闭口"的方法：首先在口门两端坝头立表杆，架设浮桥，既可便于河工通行，又能减缓流势。接着在口门的上端打下星桩（多个组合），抛树石，进一步减缓流速。下一步就从两岸分别进三道草埽、两道土柜。至此进入合龙阶段，迅速抛下大量土袋土包，并鸣锣击鼓以壮声势。待闭河后，在合龙口前压拦头埽（一种以草绳、竹子或芦苇等编成的，中间填充泥土或石料的堵口器材），在埽上修压口堤。如果发现草埽埽眼渗水，再用胶土填塞，堵口至此即告完成。

在科学家沈括的名著《梦溪笔谈》中还记录了根据一位普通河工高超的建议合龙成功的实例：

庆历中，河决北都商胡，久之未塞。三司度支副使郭申锡亲往董作。凡塞河决垂合，中间一埽谓之"合龙门"，功全在此。是时屡塞不合，时合龙门埽长六十步，有水工高超者献议，以谓"埽身太长，人力不能压，埽不至水底，故河流不断而绳缆多绝。今当以六十步为三节，每节埽长二十步，中间以索连属之。先下第一节，待其至底，方压第二、第三"。旧工争之，以为不可，云："二十步埽不能断漏，徒用三节，所费当倍而决不塞。"超谓之曰："第一埽水信未断，然势必杀半。压第二埽，止用半力，水纵未断，不过小漏耳。第三节乃平地施工，足以尽人力。处置三节既定，则上两节自为浊泥所淤，不烦人功。"申锡主前议，不听超说。是时贾魏公帅北门，独以超之言为然，阴遣数千人于下流收漉流埽。既定而埽果流，而河决愈甚，申锡坐谪。卒作超计，商胡方定。

在这场争论中，主持工程的郭申锡迷信"旧工"的老经验，即坚持用一段 60 步长的埽一次合龙，由于埽身过长，不易用人力压入水底，施工困难。而高超的建议是把埽分为三节，一节 20 步：先在迎水面放下第一节，沉到底后，水虽然不断流，但水势已经减了一半；接着再下第二节，即使还过一点水，只是小漏了，影响不大；下第三节埽时因已能在平地施工，更加容易，下到底后，口门就迅速堵合断流。旧法的再次失败和商胡堵口的成功，完全证明了高超来自实践的方法切实可行。

可以肯定，在两千多年的治河实践中，像这样善于总结经验，勇于创新的河工绝不止高超一人。只是没有像沈括这样有眼力、有远见的科学家把他们的事迹记录下来。高超是古代劳动人民的杰出代表，他的事迹也是广大河工智慧的结晶。

七、贾鲁河的来历

翻开今天的河南省地图，在中牟、尉氏、扶沟、西华县之间可以见到一条贾鲁河，在周口市西北注入颍河。这条河是在明初才形成的黄河故道，而贾鲁是元朝人，为什么要以他的名字来命名这条河呢？这还得从贾鲁治河说起。

贾鲁，元朝河东高平（今山西高平县）人，字友恒。顺帝时被召参与编纂《宋史》，后任监察御史、工部郎中等官职。

至正四年（1344 年）五月，黄河在白茅口（今山东曹县境内）决口，六月又在金堤决口，洪水泛滥达七年之久，影响到今豫东、鲁西南、皖北、苏北 20 多个州县。洪水还北侵安山，威胁到会通河（南北大运河的一段）。决口发生后，贾鲁奉命以都水监（水利工程长官）的身份到现场考察。他往返数千里，作了仔细调查，了解了治河关键所在，提出两个方案：一是修北堤，以制止洪水横溢；一是疏塞并举，引黄河东流，恢复故道。至正九年，脱脱复任丞相后，决心治河。元顺帝接受脱脱的建议，召集群臣商议，贾鲁重新献策，脱脱同意取后一方案，即堵口恢复故道。脱脱不顾工部尚书成遵等人的反对，报请皇帝于至元十一年四月下诏，任命贾鲁为工部尚书、总治河防使，征发 15 万民工、两万士兵开始治河。

贾鲁治河的方针是疏、浚、塞并举，即筑塞北流，挽河向东南归入故道。为了使黄河能在向北的决口堵塞后顺利回到故道，作为第一步，他首先整治旧河道，疏浚减水河。从白茅口南边的黄陵冈起开了 10 里新河道，至南白茅；又开了 10 里新河，至刘庄接入故道；从刘庄至专固一段的 102 里 280 步则利用旧河道加以疏浚；从专固至黄固，又开新河道 8 里；最后一段是从黄固至哈只口的 51 里 80 步，疏浚利用了旧河道。同时他预先考虑到堵口后堤防的安全，设计了分洪泄流的减水河，自凹里开了 3 里 40 步的新河，又疏浚了 82 里 54 步的旧河道；再从张赞店开 13 里 60 步新河至杨青村，接入故道。这方面的工程，总共新开和疏浚河道 280 里 54 步。在堵口安排上，贾鲁采取先堵小口、再堵大口的原则，先后筑塞在专固的缺口，从哈只口至徐州路的 300 里间，修完缺口 107 处；接着又堵塞了凹里减水河南岸的豁口 4 处。与此同时，对北岸的 250 多里堤防作了全面的加固或重修。至此，一切准备工程都已完成，就剩下堵口合龙一役了。

白茅口又名黄陵口，能不能将这口门一下子堵住，成了能否将黄河挽回故道和这次治河能否取胜的关键。正因为如此，贾鲁事先作了相当周密的部署。他先修了三道刺水大堤，总长 26 里 200 步，用来分流减弱口门附近的水势。然后在黄陵口的南北两岸筑起截河大堤，一部分河水开始流入故道。但由于刺水堤和截河堤长度还不够，拦入故道的水量还太少，即将堵塞的口门还有"南北四百余步，中流深三丈余"，估计流入决河的水量仍有十分之八。这时已到农历八月二十九日，黄河秋汛已到，贾鲁认为，如果再有迟缓，河水将全部涌入决河，故道会重新淤塞，前功尽弃，因此大胆设计了一个在水下作"石船大堤"的方案。

农历九月七日，贾鲁在河上逆流排下 27 艘大船，每船前后都用大桅杆或长桩加上大麻绳、竹缆连接，组成一个方阵。又用麻绳竹缆将船四周加固，防止散开。然后用大铁锚将船队泊定，并在两岸打下一批大桩，用七八百尺长的竹缆分别将各船拉住。船舱中稍铺些散草，再装满碎石，用台子板封闭；在台子板上排上两三层埽，用大麻绳缚紧。又在每船的头桅上缚上三道横木，用竹子编成高约一丈的篱笆，中间夹上草石，称为水帘桅。一切准备妥当后，每船派出两名水手，手持利斧分别等在船的头尾。只听岸上鼓声擂响，水手们一齐将船凿漏，不一会儿船队沉下，堵住决口。船下沉后，立即加高船上的埽段，当出水部分稍高时，又在上面压上更大的埽段。前面一组船下水后，后面一组如法炮制，直到形成一条船堤。又在船堤后加修了三道草埽。最后在口门处下二丈高的大埽四五道，彻底堵塞决口，至十一月十一日终于合龙，决河断水，故道复通。

贾鲁治河所耗费的人力物力是相当可观的，在元朝的统治已处在风雨飘摇的境地，当地又连年受灾、民不聊生的情况下，确实招致了百姓的怨恨。但他事先作了周密的调查研究，对工程有全面的规划；在汛期已到时临危不惧，当机立断；又大胆采用前所未有的堵口方法，终于一举堵塞了泛滥七年的决口。贾鲁既在当时解除了水患，也为黄河的治理积累了经验，不失为一项重大贡献。贾鲁治河的策略和主要过程由欧阳玄写成《至正河防记》一书，流传至今。贾鲁本人以后随脱脱镇压红巾起义军，在濠州（今安徽凤阳县）死于军中。

经贾鲁治理的河道，始于原武（今河南原阳县西南）黑洋山，经阳武（今原阳县）、封丘荆隆口、中滦镇、开封陈桥镇、仪封黄陵冈（今兰考县东北、曹县西南鲁豫交界处的一片冈地）、曹县新集、虞城马牧集、夏邑司家道口、萧县赵家圈，至徐州小浮桥入运河（即泗水），被称为贾鲁河。到了明洪武二十四年（1391年），黄河在原武黑洋山决口，折向东南流，经开封城北五里，折南经陈州（今河南淮阳县）循颍河入淮。原贾鲁河的水流微弱，被称为"小黄河"，而新河成了干流，被称为"大黄河"。以后黄河不断改道，"大黄河"又成了"小黄河"，到了清朝就有了现在的贾鲁河。

八、潘季驯"束水攻沙"

明朝的河患日益严重，先后主持治河并取得一定成效的有徐有贞、白昂、刘大夏、刘天和、朱衡、万恭等，但成就最大、对后世最有影响的治河专家还要数潘季驯。

潘季驯，浙江乌程（今湖州市）人，字时良，号印川。嘉靖进士，曾以御史巡按广东。从嘉靖四十四年至万历二十年（1565—1592年），曾四次主持治河。嘉靖四十四年十一月，潘季驯首次以都察院右佥都御史总理河道，与尚书朱衡一起负责治河，但一年后因母亲去世丁忧（父母去世后必须辞官回家治丧守孝，是封建时代沿用的制度）回原籍。第二次自隆庆四年（1570年）八月起，被任命为总理河道提督军务，因运粮的漕船在新河道中发生沉船事故，于五年十二月受到弹劾后被免职。万历六年（1578年），在首辅张居正的支持下，他第三次主持治河，被任为总理河漕提督军务，对黄河进行了一次较大规模的治理，至万历八年秋完成。万历十六年四月至二十年，他第四次也是最后一次出任治河要职。在后两次，他被朝廷授权"便宜行事"，对治河负有全权，取得了显著成就。

潘季驯在四次治河中，多次深入工地，与普通河工一起观察地势水情，从事堤防工程，在自河南至海口的黄河下游沿线作了大量的调查研究。在总结前人经验的基础上，他提出了对黄河、淮河和运河应该进行综合治理的原则："通漕（运河）于河（黄河），则治河即以治漕。会河于淮，则治淮即以治河。合河、淮而同入于海，则治河、淮即以治海。"但他最突出的贡献还是提出"束水攻沙"的理论并总结出了一整套具体措施。

直到 16 世纪后半期的隆庆年间，治理黄河的方针还都是以治水为目标，无非是疏、浚、塞几种手段，都着眼于洪水的堵截或疏导。但人们逐渐认识到，黄河的根本问题是泥沙，不解决泥沙的淤积，再好的工程防治也难以持久。隆庆末年任总理河道的万恭在他的《治水筌蹄》一书中说："水专则急，分则缓。河急则通，缓则淤。"在这一认识的基础上，潘季驯更明确地提出了"以河治河，以水攻沙"的治河方针。这是由于"黄流最浊，以斗计之，沙居其六。若至伏秋，则水居其二矣。以二升之水载八升之沙，非极迅溜，必致停滞""水分则势缓，势缓则沙停（淤积），沙停则河饱（河床淤高），尺寸之水皆由沙面，止见其高（即使很小的来水，但都在沙面上漫流，只会增加河床的淤积）；水合则势猛，势猛则沙刷，沙刷则河深，寻丈之水皆由河底，止见其卑（即使八尺一丈的来水也都在冲刷河底，只会使河床冲低）。筑堤束水，以水攻沙，水不奔溢于两旁，则必直刷乎河底。一定之理，必然之势，此合之所以愈于分也（这就是集中水量胜过分散水量的道理）"。

为了达到"束水攻沙"的目的，他主张将两岸的分水口全部堵住，改分流为单一河槽。要做到这一点，牢固稳定的堤防就必不可少。潘季驯十分重视堤防，把它比作军事上的边防："防虏则曰虏防，防河则曰堤防。边防者，防虏之内入也。堤防者，防水之外出也。欲水之无出而不戒于堤，是犹欲虏之无入而忘备于边者矣。"他把堤防工程分为四种。在尽可能逼近河槽的地方筑有缕堤，以便在洪水期间缩小河床的断面，加快主槽流速，提高水流挟带和冲刷泥沙的能力。因为缕堤就在河边，约束水道较紧，在湍急的水流冲击下会受到损伤，而且在洪水季节也难免不发生漫溢，因此在离河一里余或二三里处再筑一道遥堤，以备万一。缕堤束水攻沙，遥堤防止洪水，潘季驯认为采用这样的双重堤防，就能解决攻沙与防洪之间的矛盾。为了确保这一体制的安全，在缕堤和遥堤之间，每隔若干距离再筑一道纵向的格堤，万一缕堤决口，洪水遇到格堤阻挡，不至冲击其他堤段。水在本格拦蓄，洪水退后就能流回主槽，还有淤滩固堤的作用。在特别险要的河段和弯道迎着水流一面，还在缕堤外面筑上一道月堤，起到双重加固的作用。他对筑堤的质量要求很高，强调一定要用"真土"，不能混杂浮沙；一定要达到规定的高度和厚度，不惜工本。对筑成的土堤还要钻探取样，检查质量。

考虑到可能发生的特大洪水，潘季驯在积极合流束水的同时，也做了必要时分洪的准备，在江苏宿迁以下河道上建了崔镇、徐升、季泰、三义四座减水坝。

潘季驯感到仅仅依靠黄河本身的水量还不足以冲刷泥沙，特别是在下游水势平缓以后，所以提出在与淮河相交的清口以下利用淮河的清水来冲刷黄河的浊流。但在黄河洪峰产生后，淮河的水量就显得不足，为此他修了归仁堤和从清浦至柳浦湾的堤防，防止黄水南入洪泽湖和淮河；又在洪泽湖东岸筑高家堰，将淮河水全部拦蓄在洪泽湖中，抬高了湖内水位；再从清口注入黄河，以起到增加水量、加快流速、稀释泥沙的作用。

潘季驯的治河理论和具体措施在他第三、四两次治河中得到了完全实施。在他第三次治河后，经过整治的河道在十余年间没有发生大的决溢，行水较畅。在他第四次治河筑三省长堤后，黄河两岸的堤防已全部连接巩固，河道基本稳定。这些成绩都是同时代其他人所从未取得的。潘季驯的理论对后世也有深远影响，三百多年来一直为治河者所遵奉。清朝治河就以"束水攻沙"为主要方针，康熙时的治河专家陈潢高度评价这一理论，认为是"自然之理"，"故日后之论河者，必当奉之为金科也"。近代水利专家李仪祉也赞扬他是"深明乎治导原理"。在西方近代科学技术传入中国后，一些外国水利专家经过实地考察提出的治河意见，从本质上都没有超出潘季驯方案的范围。毫无疑问，潘季驯和他的治河理论在治黄史上和中国水利史上写下了光辉的一页，具有非常重大的意义。

但是，潘季驯的理论和实践存在很大局限，他的治理只限于河南以下的黄河下游，没有注意下游泥沙的主要来源中游地区，更没有任何治理措施。由于中游的来沙源源不断，"束水攻沙"又不能将全部泥沙都排入海中，必定有一部分泥沙在下游河道中淤积起来。随着河床不断淤高，河堤也必须越筑越高，形成高于两岸的悬河。因此，仅仅用这种治标的办法不可能根本解决黄河水患，更不会就此长治久安，以后的事实已经证明了这一点。

九、靳辅和陈潢的贡献

清朝康熙初，黄河几乎年年决溢为灾。特别是康熙十五年（1676年），黄河、淮河同时发生洪水，黄河水倒灌进洪泽湖，高家堰抵挡不住，决口34处，运河堤也崩溃，决开300多丈。淮水全部决入里下河地区，不再自清口流入黄河，清江浦以下的黄河河道淤积日益严重。与黄河相通的运河河道也受淤积破坏，漕运不通。当时，康熙最迫切需要解决的是"三藩、河务、漕运"这三件大事，而漕运与河务是密不可分的，因此对康熙来说，河患是仅次于三藩之乱的严重威胁，所以下决心治河。康熙十六年，调安徽巡抚靳辅任河道总督。

靳辅，字紫垣，辽阳（今辽宁辽阳市）人。他的幕僚陈潢，字天一，号省斋，浙江嘉兴人，出身平民，青年时就留意经世致用。陈潢曾对黄河作过实地调查，直至今宁夏一带。靳辅在治河过程中，十分重视陈潢的意见，陈潢也尽心尽力，两人合作，相得益彰。

靳辅到任后就与陈潢一起深入实际，了解黄、淮河道堤防的现状和发生水患的原因。经过两个月的调查，靳辅认识到运河的畅通与黄河下游河道的整治关系密切，认为以往只重漕运、不重治河的观点是错误的。他提出的主张是"将河道运道为一体，彻首尾而合治之"，即把运河和黄河作为一个整体，进行彻底整治。

由于黄河、淮河决口很多，洪水溢出，淮阴到海口的河道水量减少，泥沙淤积非常严重。原来一里至四五里阔的河身只剩下一二十丈，二三丈至五六丈深的河道只剩下几尺。所以他们把在清江浦以下至海口这三百里河道的疏浚筑堤作为治河的第一步。具体方法是采取开"川字河"，即在旧河道的两旁相距三丈的地方，左右各挖一条八丈宽的新河，三河平行。开新河挖出的土就用于修筑两岸堤防。当黄、淮各决口相继堵塞，河水归入正道后，就将川字河中间的两道沙堆顺流冲去，三条河道合为一道，并迅速刷宽冲深，开通了入海的河道。为了达到利用淮河以清刷黄，在淮河出洪泽湖处开了五条引河，再合流由清口汇入黄河，并流入海。

当时，黄河两岸多处决口。靳辅、陈潢在疏通了下游河道以后，就转入堵口工程。他们根据具体条件，先易后难，采用挑引河、筑拦水坝、在中流筑越堤等不同办法，陆续将小口门全部堵塞。最后完成在杨庄堵口的大工程，使黄河归入正流。

他们信服潘季驯"束水攻沙"的原则,对堤防的修筑非常重视,希望通过堤防的约束,集中水流冲刷淤积。因此他们不但大力修整黄河、运河、淮河两岸的千里大堤,加固高家堰,而且创筑了从云梯关到海口的束水堤,使这一段河水不至漫流而造成海口壅积。

此外,他们还在安徽砀山至江苏睢宁的狭窄河段增建了不少减水坝、减水闸,以备分洪。在守险工(防守险要河段)和修险工方面,也创造了不少行之有效的办法,有的至今还有现实意义。

靳辅、陈潢的治河经历了十年多时间,到康熙二十七年(1688年)靳辅去职时,黄、淮故道已先后修复,运河的漕运也畅通无阻,黄河、淮河、运河都出现了清初以来少有的稳定局面。

但是正如潘季驯的治河一样,靳辅、陈潢的治理也只限于下游河道的工程防治,并不能减少中游地区的来沙。而随着中国人口的迅速增加,黄河中游的开垦范围越来越广,水土流失也越来越严重。尽管靳辅和陈潢的治理暂时缓解了下游的河患,但维持的时间毕竟有限,到乾隆以后,黄河形势更是日渐恶化了。

十、近代水利学家的代表——李仪祉

清末以来,不少进步知识分子致力于学习和传播西方近代科学技术,致力于在中国运用先进技术,李仪祉就是水利学界的代表。

李仪祉,陕西蒲城人,原名协。清末民初曾两次留学德国,专攻水利工程学。回国后,最初在南京河海工程专门学校任教,以后一直从事水利事业,先后在华北、黄河、淮河及陕西省的水利机构任职,一度出任黄河水利委员会委员长。

他一生有大量的著作和译文,积极介绍各国近代的治水技术和经验。他认为:"泰西(西方)各国治水成法,可供吾国人仿效者多,因其地理之关系,各有所特长:论中下游之治导,则普鲁士诸河可为法也。论山溪之制驭,则奥与瑞可为师也。论海洋影响所及河口一段之整治,则英、法及北美诸河流可资仿效也。论防止土壤冲刷,则美国及日本今正在努力也。"

他把西方近代技术和中国传统的治河经验结合起来,对黄河的治理进行了深入的研究。在这一基础上,他提出了在上、中、下游全面治理的方案。他主张在上、中游地区植树造林,减少泥沙的下泄量;同时在各支流上建拦洪水库，以调节水量，并且在宁夏、绥远（今内蒙古南部）、山西、陕西各省黄河流域及各省内支流广开渠道，以进一步削减下游洪水。对下游的防洪，他提出两点具体方案：一是开辟减河，以削减异常洪水；二是整治河槽。他主张采用德国水利学家恩格思的办法，即固定中常水位河槽，按照各河段中常水位的流量，规定河槽的断面，按这一标准来修正主河道，规划各种工程设施，以达到冲深河槽、淤高滩地的目的。但由于当时黄河的水文资料很不完整，还不可能为确定中常水位提供可靠的依据，因此李仪祉认为要经过相当长的时间才能实施这一方案。

直到清代，我国的传统治河理论和方法都只注意下游河道的整治，自李仪祉开始提出了上、中、下游全面治理的主张，这是一项重大进步，也是我国治河事业走向近代化的起点。但李仪祉当时已经深感中国的水利事业"一受制于外强之参予，二受累于内政之不统一，三限于财政之竭蹶，提倡者虽不乏人，而实施者无几"。治河史上新时代的到来，只有在中华人民共和国成立以后才成为现实。

黄河之水何处来

"黄河之水天上来，奔流到海不复回。"随着黄河断流时间的增加，这种景观已有不复存在的危险。那么，未来的黄河之水何处来呢？

一些忧国忧民的专家学者早已在筹划对策，并且已经提出了多种方案，据说有的已付诸实施，如南水北调，引长江之水入黄河。近年又有人提出了更加惊人的设想：建造"朔天运河"，截断雅鲁藏布江，引水北上，经过青藏高原进入黄河上游。

不过认真思考，这些方案都不无问题，至少不是有利无弊的万全之举。且不说长江或雅鲁藏布江本身未必就是可靠而可行的水源——例如，要是长江本身也发生缺水怎么办？雅鲁藏布江的下游是外国，截走多少水才不至于引起国际争端？——也不说这些水最终的成本是多少钱一吨，企业或农民是否用得起，就是能随意引水，引少了，杯水车薪不济事；引多了，不仅建设费用要成倍增加，大规模改变水系也必然造成生态环境变化的长远影响，一旦产生不良后果，就会贻害无穷。

这并不是说我们只能听任黄河从此断流，而是应该首先立足于黄河流域的现有条件。其实，这几年虽然黄河断流时间越来越早、越来越长，却并不是黄河流域有史以来最干旱的年份，也不是黄河水量最低的年份。下游断流的根本原因是上中游用水、引水越来越多，毫无统一规划和调度。打开地图，黄河上中游在建和建成的水库和引水工程有多少？沿黄随意使用或引走的水量又有多少？如果这种趋势维持下去，大概下游全年断流，以至中游断流的日子也为期不远了。此话并非危言耸听，新疆罗布泊完全干涸的重要原因，就是塔里木河上中游盲目引水用水。

黄河的水是如此宝贵，上中游却在无偿用水，并且在大量浪费。在干旱的黄河上中游，至今很多地方还是用明渠引水，漫灌浇田。这不仅使主要的水量实际消耗于渗漏和蒸发，真正被农作物吸收或在生产过程中起了作用的甚至不到 10%，而且加剧了水土流失和土壤的盐碱化。工业和生活用水的浪费率也很高，污水的处理和再利用率却很低，在浪费之余，还造成了环境污染之患。即使上中游的工农业生产因为多引用了黄河水而增加了一些效益，也是以下游的断流为代价的。因断流而造成的经济损失和对生态环境的长远影响，是无法估量的。

所以当务之急，一是应该在黄河流域，特别是上中游地区厉行节约用水。如果把准备用于引水或建设"朔天运河"的钱用于引进及制造先进设备，推广滴灌等高效节水技术，发展节水型产业，用科学方法节约生活用水，必定能使现有水量的效益成倍提高。二是应成立一个跨省区的权威性机构，统一管理和分配全流域用水量，并根据不同的地段、时段、用量和用途计收水费，用经济手段来促进节约，限制浪费，合理调节。

黄河之水何处来？眼前还不能指望从天外来，而只能依靠黄河流域的"天上"。但我相信，只要把节水和调控这两件事办好了，黄河之水还是可以奔流到海的。

黄河文明的兴衰与未来

　　黄河文明是否应该或可能长盛不衰？在人类发展过程中，在生产力和技术不发达情况下，地理环境一般起到重大的甚至决定性的作用。黄河文明的兴衰，也是如此。黄河流经世界上最大、最厚的黄土高原，以及黄土冲积形成的大平原。在文明的早期，的确有它的优势，但是随着气候变迁，黄河流域气候总体上逐渐变得寒冷、干燥，缺点也逐渐显现。它的降水集中在每年夏秋之际，而且集中在中游。那么大的降水量，又那么集中，冲刷着深厚疏松的黄土，造成非常严重的水土流失。而且黄河中游的水量大，流速快，虽然河水的含沙量非常高，但是沉积不下来。等过了晋陕峡谷，出了龙门，特别是过了小浪底，到了平原地区，河床变宽，坡度减缓，造成黄河河水每年十几亿吨的泥沙中，有一大半沉积在下游河道。因为泥沙堆积，河床不断升高，历代不得不加高堤坝，形成了所谓的"悬河"——河床要比两边的土地都高。在河南开封，黄河高出南岸 8—10 米，最高的地方甚至达 20 米。想象一下，三五层楼高的水都靠堤坝拦着。于是堤坝越筑越高，越筑越宽，成了恶性循环，黄河下游基本失去了水运功能。除了天灾，还有人祸。黄河本来跟淮河是两个毫不相干的水系，北宋末年将领杜充决开黄河堤，企图阻挡金兵，谁知道一决口，黄河往南流到了淮河，这是历史上第一次黄河夺淮。又如 1938 年 6 月初，蒋介石为了阻挡日军进攻，下令扒开郑州附近的花园口大堤，造成黄河水向东泛滥于贾鲁河、颍河和涡河之间，洪水沿淮河泻入洪泽湖、高宝湖，汇入长江，受灾面积达 54 万平方千米，历时九年半才恢复故道。

　　因此，黄河文明的兴衰在很大程度上是自然环境与人类活动相互作用的结果，是天灾与人祸共同造成的。黄土高原和黄土冲积平原既是黄河文明早期最大的优势，也是黄河文明衰落的根源。

　　具体来说，可以将黄河兴衰的原因简单归纳为六点。一是气候环境变迁。二是长江文明兴起。这两点在客观上讲加速了黄河文明的衰落。三是黄河改道，形成大量的泥沙堆积，破坏了自然环境。四是战争动乱的破坏，中国历史上发生次数最多、破坏最大的战争，正是政治中心所在的黄河流域。五是人口外迁。人口外迁对于迁入地来讲，增加了人口，提高了生产力，文化上也得到了交流，但对黄河文明本身来说，毕竟是一种损失。六是近代沿江沿海地区迅速发展。黄河河口位置、下游的地形地貌，使得黄河流域在近代尤其是工业化过程中不占优势，而沿海地区、长江沿岸、珠江沿岸因海运、水运便利获得更大的发展机遇。

　　那么，黄河的未来会怎样？黄河文明是否从此衰落了呢？其实，衰落和复兴是相对的。从过去的 70 多年来看，黄河已经进入了复兴的过程。首先，70 多年来，黄河保持了安流，有过几次水灾，但没有出现改道和大的决口。这一点是非常不容易的。其次是水土保持，特别是改革开放以后，黄河流域中游的水土保持和小流域治理，都获得了成功。如今流入黄河的泥沙大大减少，甚至反过来需要担心流入黄河的泥沙太少。原因在于，黄河三角洲本来每年可以"长"出一片土地，从1947年黄河回归故道开始，这里已经长出了数千平方千米的土地。但近年来，非但没有长出新的土地，还因为海水冲刷，一些地方出现海水倒灌、陆地冲蚀的现象。

　　此外，还有黄河流域的综合开发和环境保护。从上游开始，修建起了几十座大坝和水利工程，大多是发电、灌溉、防洪、防凌综合利用。特别是，未来如果更广泛地利用新技术、新产业、新资源的话，黄河流域能够产生更高的经济效益，同时也能使自然环境得到更好的保护。

　　黄河文明的复兴，在未来还有更大的问题需要解决，那就是怎样满足人的精神需求。因此，黄河流域的人文资源及其价值，将重新得到肯定和发挥。因为这些人文资源都是独一无二的，不可再生的，不可替代的，能在弘扬传统文化、文物保护、文化遗产和非物质文化遗产保护、旅游和康养产业开发等方面发挥优势。准备建设的四个国家文化公园，其中黄河国家文化公园完全在黄河流域，长城国家文化公园大部分在黄河流域，长征国家文化公园和大运河国家文化公园有相当一部分在黄河流域，这就要充分发挥黄河流域和黄河本身作为文化资源的人文价值。可以相信，未来的黄河文明必然会随着中华文明的全面复兴而繁荣，但要使黄河恢复到独尊的地位，既不可能，也没有意义。如果长江文明不能够超越黄河文明，那么中国又如何进步呢？期待未来的黄河文明，作为中华文明的一部分，与长江文明以及其他亚文明一起，全面发展，共同繁荣；我们的母亲河黄河能够永葆青春！

黄河文明的兴衰与未来

对黄河下游滩区治理的三点看法

　　我们讲水环境，讲河流伦理，以及讲可持续发展，都不能脱离黄河的实际，不仅是今天的实际，更加要认真考察黄河的历史。黄河在中国历史上是对人类发展有深远影响的大河，她的历史中有很多经验教训值得我们吸取。我们在治理滩区的过程中也应该如此。

　　我想简单说一下自己的三点看法。

　　第一点看法，我们在黄河滩区治理过程中要特别强调以人为本。实际上，在黄河发展过程中，和世界上、和中国的其他大河相比有一个很重要的特点，也是最难处理的问题，就是河与人的关系。黄河自河南以下的河道最初在今山东、河北间摆动漫流，没有堤防。在战国时期开始修建堤防，一方面为生产力提高提供了可能；另一方面也因为人口增加，不允许黄河再随意摆动。黄河最早灾害的记录是周定王时期，实际上并不是此前没有灾害，而是因为没有留下文献记载，或者因为人口稀少，灾害造成的影响不大。黄河下游很大一片地方，就像尼罗河三角洲一样随意泛滥，因为那里没有什么人，所以在这片地域，没有什么早期的人类遗址。到西汉，贾让提出了"治河三策"，但是也没有办法选择，因为就在今天兰考、濮阳一带，已经有大批居民缘河垦殖。为什么老百姓经常宁可冒着被水淹的风险？因为那里的开垦成本低，土地肥沃，可以容纳大量人口，所以这一矛盾一直没有办法解决。清朝铜瓦厢决口，山东和河南的官员意见就不一样，山东的官员希望不要恢复原来的河道，河南的官员强调堵口复故。抗战时期蒋介石下令扒开花园口黄河大堤，抗战胜利后国民党方面急于堵口复故，而共产党方面要求首先恢复原来的堤防。我们如果避开共产党和国民党政治上的分歧的话，其实很重要的就是一个民生问题。解放区的人民已经在黄河故道上开垦耕种，当然不希望很快恢复故道，国民党却希望早些让河水恢复故道，一来减轻黄泛区的压力，二来也有造成解放区困难的意图，其实考虑的都是人的利益如何来保证。

黄河下游突出的是人水矛盾，这一点与世界上很多大河不一样，尼罗河与黄河是不能相比的。我曾经对尼罗河进行考察，一直上溯到尼罗河的源头，发现它两边大量的地区都是沙漠或无人区，所以不需要考虑我们这样复杂的问题。另一些河流也有人口稠密的问题，但是多数河道是相当稳定的，像黄河下游河道那么容易决溢改道，经常处于危险状态，又有那么多人口，是不多见的。我想我们从黄河的长治久安出发，也应该充分考虑民众的利益，解决治理问题。如果国家下决心解决，是没有问题的。

第二点看法，我主张把困难估计得多一点，把河滩留得宽一些是比较好的。中国以前之所以要这样逼近黄河开垦，是因为人口压力太大和生产不发达。现在我们有条件，何必去冒这样的风险呢？实际上人类对地球包括对黄河的认识还是有限的，有很多规律我们是不清楚的，我们对历史的理解不过是根据有限的文献，并没有把文献与实际调查相结合，或者以科学原理作出解释。这些年，大家注意到人类活动对自然的影响，这是对的，但是因此就认为只要我们注意了人的行为，自然灾害就会消弭，或者就一定会解决问题，这是一个极大的误解。包括对地球为什么会变暖，我们现在知道得还很少。据我所知，黄河中游最大的一次洪水应该是在清朝道光年间，当时陕县一带估计的流量是 36000 立方米/秒，此后再没有呈现过如此大的洪水。我们知道，历史上的灾害往往比现在大，用我们现在的知识是无法解释的，需要继续探索。既然如此，我们为什么不多留一些余地？不要给黄河那么大的压力。所以我认为有条件还是多留一些余地，这样对国家的长治久安，对人民的根本利益以及今后我们进一步规划黄河是有利的。

第三点看法，滩区开发和补偿政策的实施是一个相当复杂的工程。我到重庆市时，曾向党政干部讲移民问题。提到三峡移民时，我们了解到，有的人补偿费拿了好几次，就是不迁，或者今天答应迁，明天转一圈再回来。另一方面，移民区官员住的房子大大超标，办公室非常豪华，这也是事实。所以这个过程实际上是怎么样协调社会各方面的利益，以便更好地实现我们的治理目标的过程。这里涉及的问题很复杂，有的是清除腐败、提倡廉政的问题，有的是使百姓与社会协调、建立良好的社会机制的问题。

在这个过程中，单单依靠政府和职能部门是不够的；这个方面，全球水伙伴机构和非政府组织、民间组织应该发挥更大的作用。在城市，现在有很多事情政府不能办，可以通过一些民间机构来办，我想，在滩区建设中也可以通过民间代表广大滩区人民利益的非政府机构进行协调和组织。一方面使国家的补偿更加合理，使民间机构能够监督，使同样的钱发挥更大的作用；另一方面，我们也应该学习更加先进的管理知识。现在一些研究数学的人转到了保险精算，如果我们把补偿也用科学的手段测算就比较好，这样也会使我们的工作做得更加到位。

　　我们还应该学习国际上的经验，我了解到国外有很多地方也都碰到因为自然原因或者社会原因要补偿涉及民众，还有如何跟社会协调的问题。从长远的角度讲，只有发展才能够解决问题。但是这个过程在我们国家可能会比较长，一百多万人不是一个简单迁移的问题，如果没有合适的基础，仅仅注意到他们的物质方面、忽视精神方面，仅仅注意到他们现实需要、忽视历史长期形成的生活方式和他们的信念，即使解决了他们生活的物质条件，迁移了以后也会出现反复。而且如果周边的河南、山东等地经济社会不发达，这些人迁走了，又会有新的人迁进来。当然我也非常羡慕有些发达国家，一些滩区早就变成了球场和草坪，只作一般的利用，我们做到这一点也是完全有可能的，但是需要很长时间。我们的措施要多一点，投入要多一点，但是目标要现实一点。国家和其他民众要对他们长期以来所作的贡献、所承受的痛苦做一些补偿。即便他们多得一点，从以人为本的角度看也是应该的。

江河流淌看中国

长江：

千年文脉贯古今

共同迎接长江文明的第三次崛起[1]

在人类历史上，大江大河几乎毫无例外地成为文明的发祥地。

长江是中国第一大河，河流长度仅次于尼罗河和亚马孙河，入海水量1万亿立方米，仅次于亚马孙河和刚果河，均居世界第三位。长江流域面积（不包括淮河流域）180多万平方千米，约占全国土地总面积的五分之一。长江流域曾经产生过中国最早的文明之一，在中国历史上起过重要作用。长江文明有过两次兴衰的过程，而今正酝酿着它的第三次崛起。

一

迄今为止已经发现的古人类和古文化遗址显示：长江流域和黄河流域等地区一样，是中国最早的人类发祥地之一，孕育了足以与黄河流域并驾齐驱的灿烂的早期文明。

1986年起，在四川（今属重庆市）巫山县发现了目前所知中国最早的人类化石——距今约204万年的"巫山猿人"。在湖北郧县发现的猿人化石与"蓝田人"的年代相同或更早，距今约75万—65万年。河南南召云阳镇的"南召猿人"化石与北京猿人的时代大致相同。在南京汤山发现的猿人头盖骨的时代稍晚于北京猿人，距今约30万年。在安徽和县龙潭洞发现了三四十万年前的猿人化石，巢县银山的古人类化石距今约20万年。在湖北长阳赵家堰发现的"长阳人"属于"古人"，年代约在10万年前。

1995—1996年，四川丰都县（今属重庆市）烟墩堡出土的一万多件标

1 本文作者为葛剑雄、杜非，发表于1997年12月。

本类型众多，特色鲜明，可能代表了一种新的旧石器文化。1993年和1995年在江西万年县仙人洞发现了距今2万—1.5万年的旧石器时代末期及距今1.4万—0.9万年的新石器时代早期遗址，提供了中国目前最清晰的从旧石器时代向新石器时代过渡的地层关系证据。

新石器时代的遗址分布更加广泛。在长江下游，在浙江余姚河姆渡村发现的河姆渡文化距今7000—6000年，大量遗物证明，当时已进入农业定居生活，有了家畜饲养、渔猎捕捞，并有了原始的乐器和艺术品。以余杭良渚镇为代表的良渚文化距今约5500—4300年，在长江三角洲分布很广，20世纪90年代发现的比较完整的祭坛和一些大墓使我们有理由相信，当时已具有国家和城市形态，而这一带正是一个政权的中心。类似的证据还有江苏昆山赵陵山的良渚文化遗址，那里也发现了大型土筑高台、大墓和大量人殉现象。约4800—5500年前的大溪文化和约4600—4700年前的屈家岭文化广泛分布于长江中游，前者得名于巫山（今属重庆市）大溪镇，后者得名于湖北京山屈家岭。1990年代发现的以湖北石门皂市为代表的皂市下层文化已有七八千年的文化遗址，还有很大的发掘前景。湖南澧县城头山发现的古城遗址据说是中国已知时代最早的城址。在上游的成都平原，广汉三星堆出土了大批精美的金器和青铜器，数量之多，水平之高，艺术形象之丰富，显示了四千多年前的水平。近年来陆续找到了一批距今四五千年的古城遗址，更说明了广汉三星堆的惊人发现并非个别和偶然。

尽管不能排除人口迁移和外来文化的影响，例如不少文化与黄河流域的仰韶文化、龙山文化相似，三星堆文化有明显的外来影响，但长江流域的主要文化类型是在本地独立发展起来的。如此众多的文化足以构成一个与黄河文明并存的长江文明，它的发达程度和重要性至少不亚于黄河文明，也是中国早期文明的重要组成部分。

但是我们不得不承认，长江文明在走过了一段辉煌后就衰落了，一些文化出现了明显的断裂，有的不知所终。学术界对其原因目前还不能作出令人信服的解释，有人认为是不利的自然条件的影响，如洪水、海侵等；有人认为是外敌的压力所致，造成一些部族的外迁或灭绝。

到春秋战国时，长江流域尽管先后出现了巴、蜀、楚、吴、越等与北方诸侯抗衡的政权，它们尽管都曾有过富有地方特色的瑰丽多彩的文化，但在总体上已难以与中原文化相提并论。到秦和西汉时期，长江流域无论是经济文化还是政治军事，都明显落后于以黄河流域为主的中原地区。

　　如果说，长江文明的第一次崛起主要是出于内因的话，那么它的第二次崛起在很大程度上是由外部原因所促成的。"江南卑湿，丈夫早夭"，曾经是中原人将长江中游南部视为畏途的主要原因。湿热的气候，低洼的地势，过于茂密的植被，导致传染病流行，使人口寿命降低。公元前 1 世纪前后，气候由暖转寒，黄河流域的农业生产受到一定影响，而长江流域的气候却变得相当适宜，从而获得了一次意外的机遇。

　　但长江流域人口稀少，经济基础相当落后，加上政治中心一直在北方，在北方的农业生产还没有饱和并出现危机之前，中央政府不可能重视南方的开发，更不可能为此投入额外的人力和物力。在这种情况下，少量迁入长江流域的人口也大多是"罪犯"、无地农民、贫民或低级官员，数量和质量都不能满足大规模开发的需要。东汉末年至三国的分裂局面，曾经形成一次空前的人口南迁。但短期的分裂结束后，蜀、吴两国的上层人士包括土著在内，都被迁往北方，南方的开发刚起步就中止了。

　　公元 3 世纪初，西晋的内乱和少数民族入主中原驱使大批上层人士和汉族民众南迁，并以建康（今江苏南京）为首都建立了东晋和南朝政权，南北分裂的局面一直延续了近 300 年。为了维持自己的政权，南迁的统治者和北方移民致力于南方的开发，并不得不调整与土著的关系，使自身的整体优势得到充分发挥。

　　这次被称为"永嘉南迁"的大移民的迁出地遍及黄河的上、中、下游，而以中、下游为主，迁入地也遍及长江上、中、下游，也以中、下游为主。迁出的人口包含各阶层，其中中上层占有较高比例。移民在迁入地居统治地位，拥有政治特权和经济文化优势，但在数量上是少数。这就形成了一次黄河文明的系统南迁，但也经历了一个本土化的过程。所以，当公元 589 年分裂结束时，南方文化与北方文化已旗鼓相当，甚至比北方文化保留了更多的中原传统；尽管由于政治中心依然在北方而使其开发进程再次延缓，但南方的经济基础已经奠定。

　　公元 755 年爆发的安史之乱和随后绵延不绝的内忧外患，使黄河流域再次沦为战场，由此引发的人口南迁出现一次次高潮，一直延续到 10 世纪前半叶的五代。在北方遭受战祸，经济倒退或停滞的 200 年间，南方却由于较少战乱或基本维持了安定而以前所未有的速度发展。这既得益于源源不断的移民，也是在经济上摆脱了中央政权的财政重负的结果。一般认为，到 10 世纪后期，中国的经济重心已经南移。尽管这一说法还缺乏量化分析的支持，但中国人口的南北分布比例从此经常保持在 6∶4，在基本依靠人力生产的条件下，经济实力的比例大致不会相差很大。而当时长江流域以外的南方开发程度还不高，所以说到 10 世纪中叶，长江流域在经济实力上已超过了黄河流域。

公元 1127 年的"靖康之乱"和此后一个半世纪的分裂，使中国再度出现数百万人口南迁。北方的上中层人士大多迁出，经济文化实力受影响，而在此期间北方遭受的天灾人祸又远比南方严重，特别是在蒙古人入主中原之初，出现了中国人口分布南北比例 8∶2 的极点。明朝初年，长江下游史无前例地成为全国性的政治中心，很大程度上反映了该地区在全国的重要地位。尽管以后首都仍在北方，但南方的经济文化优势已经完全确立，从此再未逆转。明清两代，南方负担了中央财政的绝大部分，也占据了文化、政治人物的大部分，这一优势一直维持到了 20 世纪。

但从明朝开始实行的闭关锁国政策，使长江流域基本处于一个封闭的环境，对外影响只限于周边中国文化圈和几种有限的商品。在西方出现工业革命和政治进步的巨大变革时，长江流域依然停留在传统的农业社会，直到西方列强的军舰驶入长江，尽管它依然以"人间天堂"自诩，却早已落后于世界了。

三

当工业文明传入长江流域时，它并非没有转型和发展的机会，一些志士仁人也作过一次次的尝试，但中国落后的政治制度、中央集权体制和外来势力的干预，使这些努力都以失败告终。

但种种迹象表明，长江文明正酝酿着它的第三次崛起。这当然与世界和中国的发展趋势有关，例如中国的改革开放政策，中央与地方关系的进一步调整，世界经济和文化的多元化倾向等，但起更重要作用的是长江流域本身的自然和历史各方面的因素。

从全球气候的宏观变迁看，在未来数十年至一二百年间出现变暖或变冷的可能性都是存在的。虽然一些科学家预言，由于人类活动而增加的大气中二氧化碳的含量必然导致气候变暖，但如果考虑到自然因素将起更大的作用，变冷的可能并不能完全排除。不过无论变暖还是变冷，处于中纬度的地区一般受影响最小，而长江流域恰恰是占了中国中纬度地区的大部分。如果年平均气温在 2 摄氏度的范围内变化，长江流域的自然条件仍将保持其优势。由于气候的变化是一个缓慢的过程，对于一些不利因素，如海平面或地下水位升高或下降，部分地区气温过高或偏低等，完全可以预防或采取必要的补救措施。这类情况在历史上都曾经出现过，在当时生产力不发达的情况下，我们的先人也一一化解了困难。在今天的科学技术条件下，我们的适应能力一定会强得多。而且，已经建成和将要建成的一系列水利工程，必定会发挥调节作用，不仅能有效地减轻或消除自然灾害的破坏性，而且可以产生巨大的效益。

尽管航空、铁路、公路，特别是高速公路和高速铁路在交通运输中所占比例越来越大，但水运的优势依然存在。在 21 世纪或更远的将来，水运仍将是远程、大宗货物的主要运输手段。环太平洋地区是未来发展的中心，所以长江及其支流的航运和与之连接的海运，在中国和世界经济中仍有重要地位。以水运和沿江铁路、公路系统构成的运输网络也有利于流域内部的经济整合，使其整体实力进一步加强。

到 1990 年，长江流域已有 3.86 亿人口。拥有的耕地占全国耕地 24.5%，粮食产量占全国 37% 以上，棉花占三分之一以上。木材蓄积量占全国二分之一，矿产资源也比较丰富。工业总产值约占全国 40%。长江流域不仅拥有整体优势，而且在经济效益、人均国民产值、经济增长率、管理水平等方面高于全国平均水准。这些都为长江流域未来的发展提供了良好的基础。三峡电站的建成及上游水力、矿产资源的开发，将与中下游的产业实行优势互补，形成合理的经济区域。

在近代，长江沿线是中国开放较早的地区。西方文明以长江及其支流为渠道，传入沿江大中城市以至中小市镇。近代工业、交通、商业、金融、邮政、文化教育、医疗卫生等得到较快的进步，使长江流域在经济文化方面一直处于全国领先地位，民众具有较强的开放意识，还造就了一批适应开放的各类人才。

在历史上，长江流域的人口曾经有过共同的来源，在内部也有过密切交流，如影响深远的"湖广填四川"就是以湖北、湖南、江西为主的移民大规模迁入四川并重新开发四川的过程。近代上海的人口绝大多数由江浙移民构成，江西曾经向湖南、湖北、安徽等地迁移过大量移民，近年来的人口流动更加频繁。所以，各个文化亚区之间既有各自的个性，又有很大的共同性和兼容性。如果说，长江文明的第二次崛起得益于黄河文明的话，它的第三次崛起将不仅注意吸收国内其他地区的先进文化，也将受惠于全球的先进文明，这是历史上从未有过的有利因素。

曾经长期困扰着长江流域和中国其他各经济区域的中央和地方关系，通过改革开放有望得到圆满解决。只要在维护国家统一和中央政府应有权威的前提下，充分发挥地方的积极性，赋予足够的自主权，就完全不必像历史上某些时代那样，只能通过分裂割据来推动地方的开发和发展。长江流域以较快的速度发展，选择更符合自己特点的发展模式，较早实现现代化，也将为中央政府和其他地区作出更大的贡献。

天时、地利、人和，三者兼备于长江流域，让我们紧紧抓住这千载难逢的机遇，携起手来，共同迎接长江文明的第三次崛起！

黄河长江交相辉映，中华文明永葆青春 [1]

在世界各国，只有中国完整地拥有两条世界级的大河。大河跟人类文明有密切的联系，其中影响最大的乃是处于温带的东西流向的河流。尼罗河是唯一的南北流向大河，所以很多东西流向河流的特点和优势它不拥有。这些世界级的大河中间绝大多数都是跨国的，能够完整拥有一条大河的国家已经很少，但我们中国可以说自古以来都是完整地拥有黄河、长江这两条大河。它们都处在北温带，在以往气候变迁的过程中都很适合人类的生存和发展。由于气候变化，在 6000 年以前黄河流域更加适宜人类生存繁衍，但到了 3000 年以后，长江流域则更加适合人类生存繁衍。前面王巍先生介绍了长江流域的史前考古发现的遗址，包括良渚在内，但我们应当注意到，长江中下游这些早期的文明曙光基本上都没有能够延续、发展下来。有的突然中断了，有的慢慢消失了，而当地现在的文化基本上都是从黄河流域传播过来的。我们至今未能完全了解其中的原因，但有一点是肯定的，那就是气候变化带来的影响。比如说在距今 6000—5000 年这段时间，中国的东部基本上处在温暖湿润的时期，黄河流域降水充沛、气候温暖，长江流域气温较高、过于潮湿。黄河流域，特别是黄河中下游地区，地形地貌主要是黄土高原和黄土冲积形成的平原。这样的地方，在先民只有简单工具的条件下，因其土壤疏松，基本地貌为稀树草原，天然植被比较容易清除。而且太行山、中条山、伏牛山以东基本上都是大平原，这片平原跟黄土高原之间并不存在完全封闭的地理障碍，所以早期文明在这片地方可以得到延续发展，并能快速扩张至周边地区。这片土地是当时北半球最大的农业区，

---

1 本文为作者 2023 年 9 月 12 日在重庆举办的"长江文明论坛"上的发言，据录音整理。

面积超过从两河流域到尼罗河下游的肥沃新月形地带的总面积。由于这一片大平原中间没有天然的地理障碍，早期人类大一统的思想和观念在此萌发。先民通过成片农业区的开发、管理、统治，奠定了中国大一统的基础。

小麦在距今4000年左右传入中国，从黄河上游传播至黄河下游。中国北方原来有自己培育的食物，主要是小米跟大豆，南方则是水稻。由于小麦更适合北方平原地区的耕种环境，这就形成了巨大稳定的农业基础，也使文明的发展进程得以加速，并且能够始终稳定地发展。

长江流域尽管在一万年前就已经开始栽种水稻，并且还适合各种经济作物的生长，但由于长江流域内有平原、丘陵、湖沼等地形地貌，自然环境复杂多样，在生产力不发达的时代，其开发就受到很大的制约。在这个发展过程中，当气候转冷时，黄河流域出现了一些不利于人类生活生产的因素：随着降水的减少，黄河流域经常发生干旱；又伴随着气温降低，粮食产量减少；中国长期以来政治中心——特别是统一的时期——都在黄河流域，故而无论是内部的叛乱、统治集团的内部争夺或是异族的入侵，都把夺取、占领政治中心作为他们的主要目标。因此，黄河流域战乱频仍，天灾人祸频发。在这个过程中，黄河流域的人口大批南迁，包括统治集团、社会的精英、高素质人口和大量的劳动力，持续不断地迁入长江流域，给长江流域输送了大批人才，提供了丰富的人力资源。

黄河流域气候的变化以及农业技术的逐步成熟，客观上也导致更大的水土流失。黄河流域水土流失的泥沙来源主要是黄河中游，这些泥沙进入黄河以后，由于晋陕峡谷地区两岸是高山，有山岭的约束，再加上河水湍急，所以这些泥沙不会淤积于河床，而被河水挟带到了下游。但是进入下游平原地区以后，河道一下子从200多米扩展到2000米，水势平缓，泥沙就在河床淤积起来。所以，黄河下游形成了世界上罕见的"悬河"现象，淤积的泥沙使河床高于两岸，不得不依靠坚固的堤坝来约束。今天河南开封一带黄河的河床比两岸高出8—10米，最高地方河床高于两岸20米，这样一条"悬河"稍有不慎就会出现决口泛滥甚至改道的灾祸。历史上还有一些人为因素，人为地在黄河中下游制造决口，引起改道。因此，历史上的黄河曾经在今天天津一带入海，也曾经进入淮河的下游经过江苏北部入海，黄河水甚至通过运河流入长江。所以到了唐宋以后，黄河流域的经济文化都衰落了。

随着北方人口一次次南迁，他们在政治、文化、经济和社会的优势地位，使本地的土著逐渐融入了华夏。习近平总书记指出：黄河文化是中华民族的根和魂。我们中华民族的价值观念、我们中华民族的信仰，的确是在黄河领域首先形成的。但随着人口的南迁，特别是上层精英的南迁，这个魂逐渐扩散到了长江流域。我们讲黄河是中华民族的根，那是因为我们中华民族的主体华夏是在黄河流域形成的。华夏的"夏"是指最早的夏人，因为夏人并不是一个统一的部族，所以又被称为诸夏。商灭了夏以后，周又灭了商，但是人口的主体始终是夏、诸夏，所以以后商朝人、周朝人也自称"夏"或"诸夏"，因而又产生了"华夏"的名称。"华"的本意是花，形容美丽、高尚、伟大，所以华夏就是赞颂夏人的"章服之美"，也欣赏和赞颂他们的心灵之美，所以产生了华夏这个称呼。"华""夏"分别又可以作为"华夏"的简称和代名词。到了晋朝，中原的华夏更强调自己的原始性。因为东汉以后北方很多牧业民族的人口进入了黄河流域，他们也开始华化、汉化，特别是其中的上层人物、士人，已与华夏无异，所以他们也以"华夏"自称。为了区别于这些新的"华夏"，原来的、主体的华夏就特别强调他们是"中原的华夏"，于是又产生了一个词——"中华"，中原华夏的简称。以后，"中""华"也都成为华夏的代名词和简称。由于大批华夏人迁入长江流域，更由于他们在各方面的优势地位，使长江流域的土著人群逐渐在政治上、文化上认同了华夏。可以说，原来在黄河流域的根已经长出了繁茂的主干，它已经延伸到长江流域，以后又包括了我们整个国家。

到了唐宋之际，经济文化重心逐渐南移。长江流域已经从中原人眼中的蛮荒之地，逐步变成了人间的天堂。在北宋末年已经有了"苏常熟，天下足"的谚语，说明当时的苏州府、常州府——也就是说今天的长三角包括上海市在内这块地方，如果农业丰收了，全国的粮食供应就有了保障。南宋的时候又有了"天上天堂，地下苏杭"这样的说法，民间把这句话变成了"上有天堂，下有苏杭"，这说明长江下游江南地区在人文、自然各方面都已经处于最适合人类生存发展的环境。到了明朝中叶，又出现了"湖广熟，天下足"的说法，湖广就是今天的湖北、湖南，那里已经成为国家主要商品粮的基地，可以保证全国的粮食供应。而"松江衣被天下"，松江府（约相当于崇明岛以外的今上海市辖区）生产的纺织品已经足以供应全国。

从明代开始，已经出现了由湖广向四川包括重庆的移民。到了清初期，四川受到严重战乱的破坏，当时有记录老虎白天在成都城里闲荡，爬上桥、登上楼。南充好不容易动员几百人迁入，不久就被老虎吃掉一半。这个时候长江下游以湖广为主，包括湖北、湖南、江西、福建、安徽、广东的大批百姓迁入四川。朱德在回忆母亲的文章中就讲到，他家是广东韶关的客家人，"湖广填四川"时迁入的。外来人口的迁入使得四川很快得到恢复和重新开发。

这些都可以说明，黄河流域跟长江流域在不同的阶段发挥着不同的作用，历史上是交相辉映的。很幸运我们国家拥有这两条大河。有些小国只有河流中的某一段，受到其他段的制约。如果只有一条河流的话，随着这一条河流本身的气候条件变化，免不了出现衰落，但是我们拥有黄河、长江这两条大河。

外来的作物、家畜和器物，像小麦、黄牛、绵羊，包括青铜，主要通过陆路从西部传入中国。到了15世纪以后，外来作物主要通过海上传播进来。比如玉米、红薯、土豆、花生、辣椒、烟草等，由移民从海外带到长江下游、中游以至上游。现在那些高寒地区还种着土豆。四川、湖南、贵州都成了所谓的"不怕辣、辣不怕、怕不辣"，这些都是外来作物，都是随着移民传入的结果。

到了近代，外来文化的传播，新兴的资本主义工商业、科学技术、思想文化，首先传到了沿海。因为有长江沟通沿海和内地，又有了轮船，所以近代工商业又沿江传播。近代形成的工商、工矿城市、交通枢纽，像上海、南通、镇江、南京、芜湖、九江、黄石、汉口（武汉）、沙市、宜昌、万县（今万州区）、重庆、宜宾之类的城市，一方面吸收外来的产业，另一方面四川的包括重庆，如早期的革命家、中共领导人，他们也通过长江由上海走向世界，去日本、法国等学习、寻求真理。

我们可以看到历史上黄河、长江交相辉映，长江、黄河都是我们中华民族的母亲河，都是中华文明赖以生存和发展最重要的物质条件。

展望未来，从天时讲喜忧参半，因为这些年大家都在警惕全球变暖。但是作为一个历史地理学者，我可以告诉大家，不必过分担忧。因为到目前为止，就包括我们已经报道的那些极端气候，那些极端灾害现象，其实都没有达到或者超过历史上的极限。比如现在气候变暖，而在商朝后期，今天河南安阳这一带还生活着野象，说明那时候那里的气候比现在更热，类似云南的西双版纳。如果说到变冷，太湖在南宋时曾经几次结冰，冰上面可以行走车马。所以从气候的变化来讲，现在的确存在着变暖的趋势，但是从历史的经验、历史的规律来看，它的影响、它的变化主要因素不是人类活动，是自然本身，是地球本身。而对这些方面，包括联合国气候变化的一些专家组，现在世界上其他研究地理地球表层的科学家，都还没有找到正确的解释。所以我认为，对未来我们应该不可无忧，但也不必过虑。特别是长江处于中纬度地区，理论上比高纬度、低纬度地区更加安全。所以，天时完全可以给我们这样的信心：未来的长江文明可以持续地发展，可以继续跟黄河文明交相辉映，筑牢我们中华文明强大的基础。

从地利上讲，今天对于科技、人文、信息、金融、商贸、高新产业以及全球人类而言，内陆和内陆城市已经不存在劣势。例如互联网，地球上每个地方都是一样的条件。同时水运、海运占的比例还在继续增加甚至扩大，它的效益更高，更加符合可持续发展的规律，更加绿色。今天世界上 70% 以上的外贸量都依赖海运、水运，从这一方面讲，长江经济的命脉就在长江及其支流，应该存在着很大的发展余地。

从人和上讲，我研究移民史已经 40 多年了，我们的一个共识就是"人往高处走"，这是不可抗拒的普遍规律。这个高不仅是物质的高，更包括精神的高。所以未来可以说是得人力资源（人力、劳动力）者得天下，世界上最发达的国家就是因为不断引入人才，才发展到现在的水平。我们现在说的人力资源既包括科学家、高级人才，也包括普通的人力资源，在这方面，我们国家，包括长江流域在内，不无隐忧。世界上其他国家，在经济发展到我们现在这种水平的时候，早已开始引入外劳，来解决人力资源的不足。再加上我们现在人口出现增长下降的趋势，所以这一点我们要未雨绸缪，要充分考虑到人力资源对一种文明、对未来发展的重要性，适时制定必要的政策，及时采取必要的措施。

在以往，黄河和长江交相辉映，保证了中华文明长盛不衰。在未来，黄河流域和长江流域仍将充分发挥各自的优势，形成合力，使中华文明永葆青春。

让世界感知一条可敬、可亲的长江

记者：葛剑雄老师，您好。长江是中华民族的母亲河，哺育了中华文明，长江文明是我国独具特色的区域文明。在您看来，长江文明是怎样形成的？历经了怎样的发展？

葛剑雄：我们现在讲文明，一般解释为特定的人类群体，在特定的时间、空间范围里，所创造出来的物质财富和精神财富的总和。因此，今天说长江文化，实际上指的是长江文明，指的是在特定的历史时期里，长江流域的人民所创造出来的物质财富以及精神财富的总和。长江文化是中华文明非常重要的组成部分。必须强调的是，长江是我们中华民族的母亲河，但并不是说它是唯一的。黄河，也是我们中华民族的母亲河。

简单地说，中华文明形成和发展的过程中，前期是以黄河文化、黄河文明为主，到中期以后，慢慢地变成了以长江文化、长江文明为主。我认为，未来应该是长江文明、黄河文明共同繁荣，以达到中华文明全面复兴的目标。

记者：在您看来，与黄河文明相比，长江文明有怎样的内涵以及特征？

葛剑雄：根据马克思主义唯物史观，一个地方文明的基础在于这个地方的地理环境。黄河文明之所以能够发展得比较早，是因为它早期的地理特征比较适合初期的农业开发。

跟黄河文明相比，长江文明有自己的特点。为什么它发展要比黄河文明晚一点？这与中国当时宏观的气候变化有密切关系。大概在 4000 年前后，气候慢慢由温暖向比较偏寒冷的方向发展。黄河流域本来气候温暖、降水充沛，长江流域则气温偏高、湿热。用《史记》里的话讲就是"江南卑湿"（长江以南气候恶劣，环境差）。但等到气候慢慢变冷后，长江流域的气候变得适宜起来，再加上人类的逐步开发，排除了积水、开垦了农田，长江流域的优势就显现出来。

长江流域开发以后，形成自己一系列特点，比如说文化方面，它有很好的条件进一步往比较高雅的方向发展；在农业方面，长江流域的农业向精耕细作发展，发展了很多经济作物，促进了商业和手工业的发展。

从价值观念上看，长江文化、黄河文化是一以贯之的，两者都是中华文明的重要构成部分。具体表现形态方面，长江流域更加多样，更加成熟。唐宋以后，中国的经济中心、文化中心逐步转移到了长江流域。到了近代，因为新的文化、先进的生产力主要来自海上，所以沿江沿海具有很大优势。比较先进的生产力、管理制度、人文科学、自然科学等，首先传到上海，然后沿着长江，通过便捷的水运交通，从长江溯江而上，改变了原来中国的物流模式。

从上海一路溯江而上，镇江、南京、芜湖、安庆、九江、汉口，然后宜昌、重庆一直到宜宾，物资的交流是沿江向两边扩散。中国原来的格局，是南北格局，到了近代成为东西格局，这就是因为长江起着关键性的作用。

正因为这样，地处长江出海口的上海，很快成为当时亚洲最发达的城市、世界上有名的大都市。它有一个其他地方所没有的优势，即它处于江海之汇；在人口、经济、文化各方面，没有其他一个流域可以匹敌长江流域；从吸收外界的人流物流来看，其他地方也是比不上长江流域的。

记者：习近平总书记指出，长江造就了从巴山蜀水到江南水乡的千年文脉，是中华民族的代表性符号和中华文明的标志性象征。在您看来，长江文化为什么能成为这样一个标志性的符号和代表性的符号呢？

葛剑雄：中华文明早期的发展，主要汇集在黄河流域，但后来随着长江流域各方面条件的改善，黄河流域一批批高素质移民不断南迁。在古代媒介传播不发达的情况下，文化都是靠人传承的。那么，原来以黄河流域为中心的中国传统文化，就逐步推进到了长江流域。所以，到了唐宋以后，长江流域不仅是经济的高地，也成了文化的高地。

所以我们讲，什么是长江文化的特点？中华民族传统文化优秀的部分就是长江文化的特点，中国传统文化精华在长江文化中都有充分体现。我认为，讲长江文化不要盯着长江的地域文化，从地域文化来讲千差万别，不管是长江上游、中游、下游，都有各自不同的地域文化。比如，江苏的地域文化、安徽的地域文化、上海的地域文化各不相同。但它们的上层建筑，比如价值观念、意识形态、文化艺术等，是有共性的。中华文化优秀的一个部分，那就是长江文化。

记者： 长江承载着民族的记忆，也是祖先留给我们的文化遗产，您认为我们在保护、传承、利用好长江文化方面，可以做哪些事情？

葛剑雄： 首先，留存至现在的文化遗产，无论是物质的、非物质的，都要保护好，保护是没有先决条件的。因为这些真正的遗物已经很有限了，所以保护第一，而不是首先考虑能不能开发利用，也不能马上把活化放在前面，不是说能活化的遗产我就保护，不能活化的遗产我就不保护。

第二层，保护下来的这些文化遗产中，哪些是我们要大力弘扬的，哪些是要实现现代化转换的，哪些只是需要保护而不用去弘扬，有样本就可以了，这些都要加以区别，要取其精华去其糟粕。对优秀传统文化，要实现现代转换。举个例子，上海有两条我认为很好：一个是契约精神，一个是职业道德。这是哪里来的？并不完全是从西方来的，在江南以及我们传统文化中，就有这样优秀的传统——重信然诺。将重信然诺进行现代化转化，再加上严密的法制保障，两者结合起来，就形成了一种很好的适合现代的契约精神及职业道德。

第三层是创新。中华民族的优秀传统文化这么多年生生不息，这个过程离不开创新。比如昆曲，从保护角度而言，传承下来的数百个剧目都要保护，都要有人会演。但是昆曲本身怎么适应现代，就需要创新，这两者是并行不悖的。在创新过程中，也要吸取其他文明的精华。比如，长江流域要吸取黄河流域、珠江流域等其他地方的文化，要开放。对世界，我们也要开放。历史上，中华文明就是这样兼容并蓄的。比如唐朝，很多音乐舞蹈都是从外面来的，现在成了我们自己的东西。未来我们也要坚持这样的理念。

记者： 葛教授，您来自江南水乡，也长期生活在长江边的上海，您对江南或者您对长江有着怎样的个人情感？

葛剑雄： 长江、太湖等江河湖泊构成了江南密如蛛网的水系，方便了江南人民，也造就了江南人民绵延的乡愁。我从小就生活在江南的水边。我出生在浙江吴兴县南浔镇（今属湖州市南浔区），典型的江南水乡。我到上海，就是从家乡坐上船，第二天早上就到上海了。习近平总书记提出："让城市留住记忆，让人们记住乡愁。"怎么样记住乡愁，我认为，这个乡愁也是乡情，我忘不了水边的故乡。

小时候，虽然生活在江南，但对于水乡也有一些不好的记忆。记得那时候，江南的河流已经很脏了，特别一到水旱的时候，河流都能见底。一旦太湖发大水涨水，街上的道路甚至都被淹掉。因此，我们希望看到的水乡，当然是要有水，但江南的水，应该是绿水青山的绿水，环境应该是干净的，人的居住环境应该是诗意的，既要能够享受江南物质上的好处，也能够传承江南文化精神中高雅、精致、情趣的气质。

记者：江苏有众多沿江城市，也是上海近邻，您觉得这一带该怎样发挥更好的优势？

葛剑雄：国家早就提出了长江经济带建设，那么长江经济带依托什么？依托的就是这条长江，所以要充分利用长江本身的优势。从物流上讲，物资到了上海之后，能够通过最快、最廉价的方式运送，要充分利用好长江的黄金水道。长江沿江分布着南京、镇江、扬州、无锡、苏州、南通等重要江苏城市，这是江苏的优势，关键在于如何更好地发挥这个优势，让长江成为真正的黄金水道。

记者：您觉得我们要怎样讲好当代长江的故事？

葛剑雄：费孝通先生说过：未来世界文化上应该是"各美其美、美人之美、美美与共、天下大同"。我们要思考怎么使人家知道一个可敬、可信、可亲的长江。首先应该是展示，展示长江文明的魅力，展示以后让人家看到你可亲的一面，看到你可爱的一面。在这个过程中，我们也要向其他人学习，和他们交流。同样，我们现在讲长江故事，并不排除黄河。对外更是如此，比如到了埃及，就将埃及尼罗河的故事和中国的长江故事一起讲，这样就是"美美与共"。

记录长江

在世界十条最长的河流中，只有长江和黄河靠得那么近。它们的源头只隔着一道山脉，它们的流域大部分相邻，下游河道基本平行。

在世界十条最长的河流中，只有中国完整地拥有其中的两条，中华文明正是这两条大河孕育的。

与黄河相比，长江无愧为长者：

长江的形成可以追溯到距今 1.4 亿年前的侏罗纪时的燕山运动，距今3000 万年前，喜马拉雅山强烈隆起，长江流域西部进一步抬高。在地势作用下，原来向西流的古长江开始向东流去，约 300 万年前形成长江。但黄河的形成是距今 115 万年前的晚早更新世开始的，到距今 10 万至 1 万年间的晚更新世，黄河才演变为从河源到入海口贯通的大河。

长江全长 6300 千米，而黄河是 5464 千米。长江的水资源总量 9616 亿立方米，为黄河的 20 倍。

长江流域面积达 178.3 万平方千米，而黄河流域总面积 79.5 万平方千米，即使是历史上黄河流域面积最大时也无法与长江流域相比。

但黄河拥有一项独特的资源——世界最大的约 64 万平方千米的黄土高原。

距今 8000—3000 年的新石器遗址，广泛分布在长江流域和黄河流域。距今 5300—4000 年期间，浙江良渚、湖北石家河与山西陶寺、陕西石峁交相辉映，相继进入古国文明阶段。

在当时的气候条件下，黄河流域的地理环境显示了巨大优势。气候正处于温暖期，年平均气温偏高，黄河流域温暖湿润，降水充沛，多数农作物不需要人工灌溉。黄土高原和黄土冲积平原土壤疏松，是稀树草原地貌，

没有茂密的原始森林，在铁制农具产生之前，使用简单的工具就能开发利用，形成栽培农业。平坦的黄土地连成一片，不仅是当时最大的农业区，还催生了统一的观念和实践。起源于西亚古文明的青铜冶炼和铜器制作、栽培小麦、饲养黄牛和绵羊等新技术首先传入黄河上游地区，沿黄河传播扩散。距今3800年前后，以二里头为代表的文明形态已经相当成熟，并向四方辐射文化影响力，成为中华文明总进程的核心和引领者。此后直到唐朝，黄河流域一直是中国的政治、经济、文化的中心所在，是中华民族主体的大部分人口生活、生产、生存的地方。而长江流域由于气候湿热，遍布湖泊沼泽、原始森林，植被过于茂密，疾病流行，无法用简单的工具开发利用。良渚文化盛极而止，三星堆文化不知所踪，直到公元前2世纪的西汉初期，中原人的印象还是"江南（指湖南、江西一带）卑湿，丈夫早夭"，视长江流域为畏途。

随着气候由温暖逐渐转变为寒冷，黄河流域变得寒冷干燥，降水量减少。农业开发加剧了黄土高原的水土流失，大量泥沙进入中游河道，淤积在下游河道，决口泛滥频繁，黄河多次改道。而长江流域的气候变得温暖宜人，降水充沛，适合稻作农业、蚕桑、茶叶及多种经济作物。

黄河流域是政治中心所在，也是外敌入侵、权力斗争、武装叛乱的争夺焦点。每次出现大规模的战乱，大批人口只能迁往相对安全又有更大生存空间的南方，长江流域是主要的迁入和定居地。东汉末年和三国期间、西晋永嘉之乱至南朝期间、唐朝安史之乱至五代期间、北宋靖康之乱至南宋末年，数十万、数百万的人口南迁，不仅给长江流域增加了大批人力，促进了当地人口的迅速增长，扩大了农业、手工业和商业的发展，而且传播了先进文化和技术。唐宋之际，经济重心由北方逐渐转入南方。靖康之乱后，南方的人口数量已经超过北方，并且再未逆转。明清以来，南方的文化优势已不可动摇。

白居易吟唱"江南好……能不忆江南"，范成大赞扬"天上天堂，地下苏杭"。北宋末年有了"苏常熟，天下足"的说法，明朝中期变为"湖广熟，天下足"。晚唐的经济实力号称"扬（扬州）一益（成都）二"，明朝的苏州府和松江府承担了全国半数以上的赋税。这一切都产生在长江流域，是长江滋养了这一切。到了近代，当先进的科学技术、新鲜的知识文化由海上传入，长江又提供了便捷的水道，使它们由上海、镇江、南京、芜湖、九江、汉口、宜昌、重庆传至宜宾，使这些城市焕然一新，又由支流溯流而上传播。沿江地区同沿海地区一样，取得更快进步，地处江海之会、南北之中的上海成为中国和远东最大的工商业城市、国际都会。

中华文明在黄河流域形成和发展，在长江流域巩固和辉煌。当黄河流域遭受天灾人祸时，长江流域提供了广阔和适宜的发展空间，确保中华文明长盛不衰。中华民族由黄河和长江共同滋养，长江和黄河都是中华民族的母亲河。

"江"，曾经是长江的专称，就像"河"是黄河的专称一样，具有无比崇高的地位。大江、长江，说明它之大之长，无愧为世界第三、亚洲第一、中国最大。

西晋的郭璞写过《江赋》，北宋的王希孟画过《千里江山图》，当代的音乐家创作了《长江之歌》，电视人拍摄了《话说长江》。古往今来，诗人、作家、画家、艺术家给我们留下了多少描绘、赞颂长江的杰作！

当代摄影家用他们的相机记录长江，从他们拍摄的照片中，我们不仅看到了当前长江的万千气象，也看到了已经变化了的自然景观和已经消失了的人文景观。透过这些照片，我们也能憧憬长江无限美好的未来。

三峡记忆

一、山水的记忆

三峡由瞿塘峡、巫峡、西陵峡组成，西起重庆市奉节县的白帝城，东至湖北省宜昌市的南津关，全长193千米。

瞿塘峡西起奉节县白帝城，东至巫山县大溪镇，长8千米。西端入口两岸断崖壁立，高逾500米，宽不足百米，形同门户，名三峡。以下江面最窄处不足50米，两岸险峰危崖不绝，有的山峰高1500米，江水奔腾回旋，波涛汹涌，惊心动魄。

巫峡自巫山县城东大宁河起，至巴东县官渡口止，全长约45千米。巫峡谷深峡长，奇峰突兀，层峦叠嶂。日照时间短，峡中湿气蒸郁不散，易成云致雾，云雾千姿百态。其中有一段南北两岸各有六峰，形成巫山十二峰，以神女峰最为著名。

西陵峡长120千米，自湖北省秭归县香溪河至南津关。滩多水急，其中泄滩、青滩、崆岭滩为著名的三大险滩，还有黄牛峡、灯影峡、崆岭峡、牛肝马肺峡、兵书宝剑峡等景观。长江支流神农溪中的小三峡山青水碧，景色宜人。

是谁造就了鬼斧神工的三峡？自然不是传说中的"大禹开江"，也不是"杜鹃啼血"，而是大自然的伟力。这还得从两亿年前（地质学上称为三叠纪）说起，那时今天的长江流域还是一片浩瀚的大海，与古地中海相通。大约在1.8亿年前的三叠纪末年，发生了强烈的古印支造山运动，使今三峡地区地壳上升，古地中海向西大规模退却。在今湖北西部的黄陵背斜升至海平面之上，隔断了它东面和西面的水体。它西面的一连串古湖泊形成西部古"长江"的雏形，流入古地中海；其东部的众多古湖泊间也有大河相连，形成东部古"长江"的雏形。大约7000万年前，燕山运动使四川盆地和三峡地区开始隆起，巫山和黄陵背斜使两侧顺着坡面发育的河流向相反的方向流去。到了距今4000万年的喜马拉雅造山运动，中国西部地区迅速抬升，形成青藏高原和中国西高东低的地势，迫使西部古"长江"的水向东部流去。而更加剧烈的隆起使巫山山脉一带形成裂缝，江水随裂缝不断下切，并产生向下和两侧的侵蚀作用，终于在山脉中冲出一股水道，奔腾而下的江水与东部的水道汇合入海，形成长江干流。两水汇合后，这一带的下切仍在不断进行。由于三峡地段是由坚硬的石灰岩构成，而向斜部由抗蚀力较弱的砂页岩组成，江水下切背斜逐渐形成峡谷，下切斜处形成宽谷。年深日久，终于形成气象万千的长江三峡。

地质演变还在三峡地区造就了丰富的地质构造和多彩的地理景观，广泛分布的石灰岩层中发育着形态各异的溶洞、天坑、地缝、地下河、暗河、钟乳石、石笋，流经岩盐层的地下水出露为盐泉。

与漫长的地质年代和地质构造的巨大威力相比，人类至多一二百万年的活动显得微不足道，甚至可以忽略不计，但几千年来人类频繁的来往和密集的生产活动还是在山水中留下了印记。

多少无动力的舟船溯流而上，只能依靠纤夫的肩膀和腰背拉着纤绳牵引。纤夫们不得不在悬崖峭壁辟出纤道，纤绳又在岩石上磨出深深的痕迹。多少人在这里生存繁衍，原始植被被清除，山坡沟壑被平整，出现耕地、农舍、果园，形成道路聚落，建就市井城邑。

骚人墨客、官员将士，将文字刻于岩石，把历史凿在峡中。为祈求丰收，记载"大有"，白鹤梁上留下了水文记录，虽经千百年浪涛未曾磨灭。

为了便利交通，炸掉险滩，削去山头，填平低谷，开凿隧道。长江截流，高峡平湖，山水更非往昔。

尽管我们短暂的人生经历不了沧海桑田，尽管人类改变不了永远的三峡，我们还是希望给后人留下这片山水的记忆——尽可能完整的三峡原始风貌。

我们的后人可以向地质学家了解这片山水的形成和演变过程，可以从地理学家那里重见地理景观，可以通过文学家和诗人的作品领略自然的风采，也可以从摄影家定格的画面中保持山水的记忆。

二、先人的记忆

　　三峡和长江支流间的宽谷孕育了东方早期的人类，在一二十万年以前，古人类已在三峡出入。在一批批我们还没有命名的古人类零零落落过往之后，大批巴人成为三峡的过客。这批发祥于今湖北西部清江流域和长阳一带的部族，成千上万地溯江而上，穿过三峡。三四千年前，巴人已在江州（今重庆）建都。公元前4世纪巴国被秦灭后，又有大批巴人出三峡而下，散居在三峡之间，或者返回他们祖先的故乡，或者继续迁徙，似乎神秘地消失了，实际却继续在这一带生息繁衍。

　　近3000年前，来自荆山（今湖北西北、武当山东南、汉水西岸）的荆蛮"筚路蓝缕，以处草莽，跋涉山林"，历尽艰辛，扩展到了长江之滨，在丹阳（今湖北秭归县东南）建都，成为楚国。在向下游扩张的同时，楚人不满足于巫山的朝云暮雨，叩开三峡，与巴人争雄。但公元前4世纪后，灭了巴、蜀的秦国顺流而下，势不可当，楚人纷纷东迁，离三峡越来越远。

　　秦汉的一统天下使长江成为它的内河，天府之国的粮食顺流而下，求生存、敢冒险的移民溯江而上。但无情的江水吞噬了无数船舶，多少粮食喂了鱼虾，多少旅客魂断三峡。溯江而上的幸运者成为四川盆地的先民，其中就有西汉文学家扬雄的五世祖扬季，可惜更多的人没有留下他们的姓名。繁忙的水运也使这段峡谷有了"三峡"的美名，至迟在南朝盛弘之的《荆州记》中已得到记载，并通过郦道元《水经注》的收录而名扬海内。中国的大中学生大概都不会忘记语文课本中这篇隽永传神的美文，它也使我第一次知道了三峡，开始向往三峡的江水、险滩、猿猴和夔门。

　　到了分裂时期，三峡又不得不充当军事壁垒，目睹上下游的腥风血雨，送走一个个枉死的冤魂。楚国的军队曾经应巴国将军巴蔓子之邀而来，帮助他平息内乱，收复失地。但巴蔓子在忠于祖国与信守诺言之间作了人生最磊落而艰难的抉择——割下自己的头献给楚王，作为对楚国的酬谢和失约的补偿，用生命和道义守住了三峡。公元35年，东汉的大军在岑彭指挥下由荆门进至江州，并最终消灭公孙述以成都为中心的割据政权。211年，刘备率领军民入蜀，221年又率蜀军东下伐吴，两年后兵败病死在三峡前的白帝城。280年，晋军分路伐吴，"王濬楼船下益州，金陵王气黯然收"，成为吴国覆灭的前奏。346年，东晋桓温率军西伐，第二年，押送成汉王李势的船只就出三峡东归。553年，梁朝宗室武陵王萧纪不顾国难当头，东出三

三峡记忆

峡，与梁元帝萧绎争夺帝位，两败俱伤。在13世纪南宋与蒙元数十年的争战中，四川和襄阳是两大焦点，三峡不绝如缕，成为南宋的生命线。1357年，徐寿辉的将领明玉珍自今湖北入蜀，次年初克重庆，以后占领全川，称夏帝。1371年，明将汤和溯江西进，明玉珍之子明昇在重庆投降。明末张献忠、罗汝才等转战四川，1640年杨嗣昌率明军进驻重庆，张献忠由川北突围东进，杨嗣昌次年兵败自杀。1643年，张献忠又溯江入川。1647年张献忠战死，次年余部退入云贵。几年间，四川经历了惨绝人寰的战乱屠杀，人口损失殆尽。

20世纪30年代，三峡前又出现了中国近代史上最悲壮的篇章，为了抗日御侮，国民政府西迁重庆，各种船只装载成千上万的人员和庞大的机器、物资，以及中国数千年积累起来的国宝，在机器的推动下，在赤身裸体的纤夫的拖拉下，完成了规模空前的大撤退。三峡沿岸筑起了一道道钢铁与血肉的屏障，竖起了一座座新的夔门，抵御着日本侵略者的飞机大炮，拱卫着中国的战时首都，维系着中华民族数千年的血脉。"踏出夔巫，打走倭寇！""夔门天下雄，舰机轻轻过！"镌刻在夔门，昭告于世界，预示着夔门必将成为凯旋之门。八年后，山河重光，大批人员和物资又经三峡东归。

世界上大概没有一座峡谷曾经迎接过如此多的移民和过往的旅人！从巴人、楚人开始的移民潮不时出现在三峡之下，一次次为富饶的四川盆地注入开发的动力，让饱受天灾人祸的四川恢复生机。在清朝前期的"湖广填四川"中，更有数百万来自湖北、湖南、江西、广东、安徽等地的移民由此西迁，使天府之国在四川重现，并繁衍成今天上亿的巴蜀儿女。

世界上大概没有一座峡谷曾经吸引过如此多的骚人墨客！从李白、杜甫、刘禹锡、白居易、苏轼、陆游直到当代的诗人，只要从三峡经过，都会留下诗词文章。"朝辞白帝彩云间，千里江陵一日还。两岸猿声啼不住，轻舟已过万重山。""无边落木萧萧下，不尽长江滚滚来。""中巴之东巴东山，江水开辟流其间。白帝高为三峡镇，瞿塘险过百牢关。"这些千古绝唱为三峡生色，也因三峡而流传。

三、我们的记忆

2002年夏天最热的几天，凤凰卫视"告别三峡"摄制组邀我客串主持在三峡地区拍摄节目，在码头上遇到了正在用照相机告别三峡的郑云峰先生。在以后的几天里，我们或一起或分别记录着即将消失或离去的物和人。

我们走进一座座城镇和村庄，它们有的将被逐渐蓄高的水库淹没，有的将迁往他处重建，但其中的居民已经开始迁移，最终将全部告别故乡。

始建于明代的大昌古镇，整体搬迁已在进行。水库蓄水后，这里将被上涨的大宁河水全部淹没，因此已选定八千米外的西包岭下按原样重建。古镇的全貌与每座建筑都测绘拍照，拆除时每个构件都编号登记，重建后有望保持原来风貌。我知道这是不得已的办法，国际上也有成功的先例，埃及建阿斯旺高坝时就是将被淹没的阿布辛贝勒神庙、菲莱岛等古迹拆除切割后在异地重建，并且得到了国际文物考古学界的肯定。但大昌镇是上千人世世代代生活着的场所，他们的生活和文化能在异地延续吗？我想起两千多年前刘邦曾将故乡丰县全部建筑和居民连同他们喂养的鸡犬整体迁至关中，不仅居民住进了与家乡完全一样的房舍，连鸡犬都找到了自己熟悉的窝。但此后再未见记载，显然丰县的特色并未在关中保持多久。我相信现在的规划和建筑水平，大昌古镇的整体搬迁难度也不会比阿布辛贝勒神庙或菲莱岛更大，新址与原地相距不远，自然环境基本相同，但古镇能否复活并延续，我们更寄希望于村民们自觉保持和记忆文化的能力。

在一座乡干部已确定为完全搬迁的村里，我发现一位还住在旧屋的70多岁老农，其实他已经签了协议，办了手续，家人已经全部迁走。他告诉我并非不愿搬迁，只是舍不得地里的瓜菜，"等收完了再走也不迟，难道那么快水就涨上来"？我问他是否知道祖上是从哪里迁来的，他毫不迟疑地回答："不都是湖广填四川来的吗！""既然祖上也是迁来的，那就再迁一次吧！""我爷爷就生在这屋里呀！这块地是他祖上开的，种到水涨上来再走吧！"

在大宁河的支流后河对岸，我们在公路旁见到了那个至今还喷涌不息的大盐泉。在一间破旧的屋子中，含盐的泉水从山岩中喷出，落在一个中间有石雕龙头的池中，银河直泻，水花飞溅。当初，这条银河泻下的就是白花花的银子，甚至是金灿灿的黄金。在泉源附近就是一座座盐厂，尽管已经停产多年，从盐厂的遗迹还可以想象当年的规模。但如今已是人去屋空，残存的这些设备也已破损，炉灶的一半已经倾塌，木桶的裂缝可以透光，铁锅都已锈蚀，抬头望去，屋顶已可见到天空。出门遥望对岸的宁厂镇，这座当年名震川、鄂、陕三省的名镇如今寂静得令人窒息。虽然沿河的楼房还在诉说昔日的繁华，但大多已空无一人，青壮年早已离乡谋生，只有老人还舍不得抛弃当年的盐都。由于交通日益发达，运费越来越低，现代化设备生产的海盐逐渐取代泉盐，这里的盐厂已经无利可图。但导致盐厂最终废弃的还是盐泉的先天不足——含硫量过高，对健康不利，以致政府最终下令停产。

盐泉曾经是古代巴人和楚人长期争夺的资源，因其产于巴地或被巴人垄断而被称为巴盐，以后又演化为盐巴。在这些盐泉中，地处巫溪县宁厂镇旁的这个或许是流量最大、产量最高的。直到 20 世纪 60 年代初，宁厂镇还是一个繁荣的盐业中心，所产盐一度行销四川（含今重庆市）、湖北、陕西、贵州，镇上餐饮服务业一应俱全，从事生产、销售、运输的人员超过十万。宁厂镇及其盐业的衰落和最终消失与三峡大坝的建造完全无关，但一段延续 3000 多年的历史行将在我们这一代消失，我们的记忆将如何保存呢？

告别夔门

这或许是今年（2002 年）最热的一天，也是我记忆中最热的一天，我来到火炉一般的奉节。20 年没有见到夔门了，这次却是来向它告别的。当我搭乘的水翼船驶过夔门时，我迫不及待地走出舱室，想给夔门留下几张告别纪念照。可惜瞿塘峡间雾气弥漫，加上水翼船的速度太快，数码相机屏幕上显示的影像很不理想。

想不到凤凰卫视的朋友给了我一个惊喜，傍晚陪我一起去夔门。

6 点多，一艘小船驶出码头，船头就坐我们四人。一离开密集的船群，就感受到了来自长江的清风，随着船速的加快，吹干了身上的汗水，也吹凉了我燥热的心绪。驶过奉节新区，驶过白帝城，小船顺着湍急的江流，扑向夔门。江面越来越窄，船身开始左右摇晃，突然船底传来嘭的一声，船身为之一震，似乎撞到了礁石，其实是来了一个大浪。此时，船已进入夔门，两边数百米高的山崖将长江约束成不足百米的水道，使这条世界第三大河不得不顺从地进入这道巨门。南岸的山体如刀削的石壁直插江面，北岸的山峰更加高峻，似乎要将峡谷完全封锁。面对这样一道天设地造的巨门，浩浩长江不得不被约束到数十米的狭窄水道；面对这雄伟峻峭的巨门，不能不使人感到惊心动魄。

随着奔腾而下的激浪，小船飞速驶入峡谷，然后稳稳地转入江一侧的静水之中，缓缓徜徉在丹山危崖构成的高墙面前。抬头望去，从宋代到近代的一幅幅摩崖石刻，有的已经被剥离，有的正在摩拓，而在更高的山壁，一部分题辞石刻已经搬迁或复制完成。到明年的今天，135 米以下的山体将被新形成的水库蓄水所淹。而到这世界上最大的水库完全建成时，175 米以下的一切，无论它们已经经历了多少年代，将永远沉入水底。

回望夔门，它是那么高峻，那么伟岸，那么神奇！当江水没到175米时，虽然夔门还是夔门，但毕竟矮了几十米至上百米，廉颇老矣，美人迟暮，不会再有这般风光。根据山上的标志，我试着设想那时的情景，但又不愿意多想，只想贪婪地多看看夔门，毕竟我是来向它告别的。

在未来的这个月中，肯定会有更多的人来向夔门告别，但如果夔门有知，一定会感到遗憾，多少曾经来往于夔门、记录下夔门、讴歌过夔门的人，已经随着东去的大江永远消逝在历史之中了。

地质学家和地理学家告诉我们，在遥远的地质年代，这一带经历了几度沧海桑田。到两亿年前，一片浩瀚的海洋已经在一系列造山运动中不断成陆，并继续抬升为山地高原了。距今6000万年到1500万年之前，在今天三峡的东部隆起了一个黄陵背斜，打破了它东西两边的地层平衡，形成了西高东低的地势，也使两边的积水产生了巨大的落差。又经过了漫长的年代，流水沿着岩石的隙裂不断侵蚀切割，终于在这片石灰岩高原上劈就这道世界大江，也凿成了这座举世无双的夔门。至迟在1500万年前，夔门已经屹立在这里，担负起三峡门户的重任。

经过长期的寂寞后，夔门迎来了应运而生的人类。不过它大概没有想到，它的暮年也即将来到，正是人类的进步最终改变了它持续了1500万年的风貌。

世界上大概没有一座门曾经迎接过如此多的移民和过往的旅人！从巴人、楚人开始的移民潮不时出现在夔门之下，为富饶的四川盆地一次次注入开发的动力，让饱受天灾人祸的四川恢复生机。清朝前期的"湖广填四川"中更有数百万来自湖北、湖南、江西、广东、安徽等地的移民经此西迁，使天府之国在四川重现，并繁衍成今天上亿的巴蜀儿女。

世界上大概没有一座门曾经吸引过如此多的骚人墨客！从李白、杜甫、刘禹锡、白居易、苏轼、陆游直到当代的诗人，只要从夔门经过，都会留下诗词文章。"朝辞白帝彩云间，千里江陵一日还。两岸猿声啼不住，轻舟已过万重山。""无边落木萧萧下，不尽长江滚滚来。""中巴之东巴东山，江水开辟流其间。白帝高为三峡镇，瞿塘险过百牢关。"这些千古绝唱为夔门生色，也因夔门而流传。

小船驶过风箱峡，灰蒙蒙的天空忽然现出耀眼的夕照。江流船转，从夔门南壁射出的一缕阳光迅速扩大为一轮红日，正好挂在夔门上空。我们的船已掉转船头，迎着滚滚而下的江水重新驶往夔门。此时的落日与朝阳一样辉煌，余晖给夔门罩上了一层古铜色，更显出几分苍凉，却依然是那样雄伟。

　　毕竟是夕阳！当我登上白帝城回望夔门时，它已隐身于沉沉的暮色之中，只剩下浑厚的轮廓。

　　别了，夔门！当我重来时，看到的将是另一座夔门——宁静的碧水中一座妩媚的门。但夔门的基础将永存于长江水下，夔门的过去已经融汇于中国历史，这样的夔门是永远的。

三峡移民：历史上最大规模的移民？

　　自从三峡工程动工以来，一种说法就开始流传：三峡移民是中国历史上规模最大的移民。近年来，随着三峡工程的进展，特别是移民计划的陆续实施，这种说法越来越多，有人甚至将三峡移民称为世界上规模最大的移民，或者称为世界之最。

　　从中国移民历史看，这完全不符合实际。只要举出中国历史上的几次大移民的规模，就不难得出结论。

　　汉武帝时曾实施大规模的移民：前127年（元朔二年）招募十万人迁朔方，安置在今黄河、乌加河一带的河套平原和黄河以南地区，移民来源很广，主要来自关东（今太行山以东的河北、山东、河南、安徽等地）。前119年（元狩四年）关东连年遭受水灾，72万多贫民被迁往今内蒙古南部、山西西北部、陕西西北部、宁夏南部和甘肃河西走廊。元狩五年，"天下奸猾吏民"被迁往边区，估计有数万人。前110年（元封元年），今福建境内的闽越人被迁往江淮之间，估计有十余万人。加上其他一些由官方组织的移民，在20多年的时间里，完全由政府组织的移民不下120万。这些移民的绝大部分，从迁移到定居的费用完全由官方负担，沿途有大批官吏和士卒监护。移民迁移的距离至少数百千米，最远的有两三千千米。当时汉朝的总人口大约是3600万，移民占总人口的三十分之一，超过3%。

　　493年（北魏太和十七年），孝文帝决定由平城（今山西大同）迁都洛阳。至495年，平城周围的官民百姓全部迁至洛阳及周围地区，总人数超过100万。

　　明朝初年实施大规模移民，一部分是通过行政手段强制实行，或通过军事驻防的方式安置，大部分是通过官方给予优惠政策的方式引导实行。

主要有：将江南富户和无地农民迁至今安徽凤阳一带；将各地官吏、富户、工匠、士兵等迁往南京；通过设立卫、所的方式将军人及家属迁往全国各地驻防，最远的到达云南、甘肃等地；将塞外投降或被俘的蒙古军民安置到北方各地；将山西北部和内蒙古的边民迁往凤阳；从山东、江西等地移民入凤阳；山西人口迁往山东、河南、河北、北京等地；江西百姓迁往湖北、湖南、安徽、四川、江苏北部；湖北、湖南、安徽、江西人口迁入四川。军民移民总数达 1100 万，约占总人口的 16%；即使只计非军事移民，总数也有约 700 万，超过总人口的 10%。

清初康熙、雍正、乾隆年间制定优惠政策，鼓励移民迁入四川。至 1776 年（乾隆四十一年），由湖南、湖北、广东、江西、福建及贵州、陕西等地迁入四川的移民及其后裔达到 600 多万，占当地总人口 60% 以上。

1860 年（咸丰十年）起，清朝开放东北"封禁地"，以后又采取鼓励政策，山东、河北及北方各地的移民大批迁入东北，至清末，移民累计超过 1000 万。

以上所列，并不包括中国历史上发生过的三次大规模人口南迁，如北宋靖康之乱后的人口南迁，总数有数百万；也不包括战乱中掠夺性的移民，如十六国期间，后赵在 4 世纪前期的 20 多年间，从北方各地强制迁移到襄国（今河北邢台）一带和在境内迁移的人口达数百万。

三峡移民的总数据估计会有 120 万，在重庆市的人口中约占 4%，在全国 13 亿人口中只占不到千分之一。从开始规划到移民全部迁完，时间超过十年。到目前为止，大多数是就地迁移，距离不过数十千米，只有少数迁往外省市，如海南、福建、上海、江苏、湖南、江西等。中央和地方政府直接或间接投入的资金也是空前的。可见，无论从移民数量、迁移距离、占总人口的百分比、迁移的难度等各方面，都无法与历史上由官方组织的大移民相比，根本称不上中国历史上最大，更不用说世界移民史之最。

当然，三峡移民是在中国人口已经高达 13 亿的情况下进行的，加上大多数移民是就近安置在长江沿岸山区，人口容量有限，生态环境脆弱，的确有相当大的难度，但这些不能成为不顾历史事实，片面夸大三峡移民在中国移民史上地位的理由。

这一错误的说法已延续多年，我希望能到此为止，不要留作历史的笑柄，也不要成为三峡工程历史记录中的误区。

天堑何曾限南北

《读书》（1994 年）第三期刊朱新华先生《南宋的北界》一文，指出以长江为南宋国境的北界之误，完全正确。实际上，存在这样的误解的前贤和学者还不止夏承焘、刘永济二先生，也不只对南宋一朝。人们往往以为历史上的"南北朝"（泛指一切南北对峙的政权）都是以长江为界的，其实恰恰相反，大多数朝代或时间内，南北的界线并不是长江。

一

我们不妨先看一下历史事实。

经过东汉末年的战乱，至 208 年（建安十三年）赤壁之战后，逐渐形成了曹操、孙权、刘备三足鼎立的局面。220 年后，魏、吴、蜀三国之间虽不时发生战争，各方的领土此消彼长，但疆域界线大致还是稳定的。魏、吴的边界在长江、淮河之间，向西循大别山、大洪山南麓，荆山南麓，与魏、蜀边境接界；魏、蜀间则以大巴山与秦岭为界。263 年魏灭蜀后，魏才据有长江上游，而直到 279 年西晋伐吴时，吴国还保有江淮间的土地。

317 年后在南方立国的东晋与据有四川盆地的成汉政权，与北方先后建立的前赵、后赵、前秦、前燕、后秦、西秦、魏、南燕（"十六国"的一部分）诸国的界线在相当长时间内维持在淮河和秦岭一线。前秦一度占有汉中盆地和四川盆地的长江以北部分，但在 385 年淝水之战以后，东晋与北方政权的西界又恢复到秦岭一线，而东界则向北推进至今江苏、山东界；东晋末年灭南燕、后秦，其疆域扩大到整个山东半岛和黄河以南。进入南朝后，北方的北魏在军事上经常处于攻势，南朝宋先后丧失了山东和淮北，退至淮河、秦岭一线；齐、梁基本维持此线，但都在淮北占有若干地区；梁、陈之际，北齐已占有长江以北，陈时虽曾于573年收复了淮南，但到579年即被北周夺回。至此长江真正成了南北界线，十年后隋军渡江灭陈。

五代十国期间（907—960年），南方诸国与北方政权大多也是以淮河为界。如杨行密所建吴国从892年起即据有淮南，937年南唐代吴后仍以淮河与北方对峙，直到958年才将长江以北的淮南之地"献"给后周，从此向后周与宋称臣，维持至975年底。长江中游的荆南（南平）也是地跨长江南北，上游的前蜀和后蜀基本都以秦岭和大巴山与北方为界。

1127年北宋亡后，金兵大举南侵，先后攻至今浙江杭州、绍兴、宁波，江西太和和湖南长沙等地，但至1130年金兵战败北撤，宋界已恢复至淮河，以后又推进至黄河。1141年（绍兴十一年）宋金和议成立，双方以淮河和大散关（今陕西宝鸡市西南，大致即以秦岭分割）为界。此后，虽在金兵南侵和宋军北伐时几度打破过这条界线，但都为时不长，一旦战火平息，淮河依然是双方的分界线。南宋与蒙古联合灭金后，疆域曾扩展至淮河以北，但在蒙古军的攻势下又被迫退至淮南。值得注意的是，直到1274年元世祖下诏攻宋时，南宋还守着淮河一线，而作为江南屏障的扬州、真州（今江苏仪征市）、泰州一直坚守至首都临安陷落之后。

中国历史上南北分裂的时间至少有552年（220—280年，317—589年，907—975年，1127—1279年），实际的对峙时间更长，但以长江为界的时间合计不足50年，并且大多是在分裂行将结束之际，其中南唐与北周、北宋的17年还是妥协的结果。所以我们可以说，在中国历史上的南北分裂时期，双方间稳定的界线并不是长江，而是淮河和秦岭。

当然在这500多年间也有北方兵锋直逼长江的时候，如450年（南朝宋元嘉二十七年），北魏太武帝拓跋焘（小名佛狸，即辛弃疾词中"佛狸祠"所指）率军攻至瓜步（今江苏六合东南），宋文帝登石头城（在今江苏南京）北望，已见到魏军的烽烟。但魏军饮马长江仅月余即北撤，而且淮北的彭城（今江苏徐州）等地始终在宋人手中。又如1161年（南宋绍兴三十一年），金主完颜亮亲率大军渡淮南下，进至长江北岸杨林渡（今安徽和县东）一带江中，宋军在采石矶（今安徽当涂北）大败金军，完颜亮在瓜洲渡因兵变被杀，淮南金兵全部北撤，前后不足三月。

二

产生这种误解的主要原因，自然是没有了解当时各政权间的疆域形势，但也还有其他方面的因素。

在分裂时期或其前后，一些著名的战争大多发生在长江沿岸。如，208年，曹操与孙权、刘备间赤壁之战，发生在今武汉市一带（另有湖北蒲圻等说）；280年，晋将王濬等自武昌（今湖北鄂州）顺江东下灭吴；451年，北魏主拓跋焘攻宋，进至瓜步；589年，隋将贺若弼、韩擒虎分别从广陵（今江苏扬州南）、横江（今安徽和县东）一带渡长江灭陈；974年，北宋军由采石矶建浮桥渡江，次年灭南唐；1161年，南宋虞允文在采石矶大破金兵，使完颜亮铩羽而还。这就使人们产生了南北政权间以长江为界的错觉。其实，正如上面已经指出的那样，隔江相峙的形势只能维持一个很短的时间，缘江而战的结果不是北军渡江灭了南方，就是南方将北军逐回淮河以北，得以保住半壁江山。由于这些战争往往武功赫赫、情节生动，经史家的记载和文人的渲染更是动人心魄、脍炙人口，具体地点也极易为人们所记取；相反，有关疆域变迁的记载就显得枯燥无味，除了专业人员不得不了解和研究外，一般读者不会有此兴趣。

另一个原因，大概是由于明清以来特别是进入近现代以后，长江南北的经济和文化差异日益扩大，其重要性已大大超过了淮河南北，所以尽管地理学上的南北分界线依然是淮河和秦岭，但大家却越来越习惯于以长江来划分南方和北方。如上海和苏南、浙北一带称江苏长江以北地区为"江北"，并不区分其中的淮河（包括故道）南北。直至近年，苏南与苏北的经济文化仍然存在着相当明显的差距。这些都会使人们下意识地以今律古，一提到古代的南方、北方就很自然地想到长江，而不是淮河。而学者的疏忽对读者的误导使这一错误概念流传得更为广泛。

再一个原因，可能是上了"天堑"一词的当。天堑者，天然的壕沟或军事防线也，以此比喻长江的最早记载见于《南史》卷七七《孔范传》。当隋军即将渡过长江，群臣请示陈后主设防时，孔范却对后主说："长江天堑，古来限隔，虏军岂能飞渡？"他欺骗后主说是边将想立战功，才谎报军情，并夸下海口："我一直恨自己官太小，没有立功的机会，要是敌军真的来了，必定能弄个太尉干干。"说得后主满心欢喜，不再认真备战。可是"天堑"并没有影响隋军的飞渡，后主和孔范不久都当了俘虏。可见"天堑"到了 6

世纪末就"限隔"不了南北，更何况在这以后？孔范的话其实只是一个千古笑柄，但在诗人墨客的笔下"天堑"却成了长江的代名词，使不少人误以为长江真是"限隔"南北的"天堑"了。

三

中国历史上分裂时期的南北界线居然与当代地理学家划分南北的界线基本相符，这绝不是偶然的巧合。

在中国古代，一个政权要能够维持下去就得在经济上自给自足，生产出足够供养本国人口的粮食和其他生活必需品，这就需要有一定的可耕地和劳动力。为了在军事上与北方政权抗衡，还应有一定数量的人口提供兵源。如果说，军事上的实力还能通过战略战术的运用来调节，并不完全与人口数量成正比的话，在生产力发展相当缓慢的条件下，粮食的供应就只能取决于耕地与劳动力的数量。所以，疆域与人口的大致平衡是南北政权得以长期共存的基础。在五代以前，北方的经济文化在总体上还比南方发达，以淮河和秦岭为界的划分大致能使北方与南方拥有相当的经济实力。南方政权仅仅依靠江南还不足以获得支撑，必须加上江淮之间才能与北方势均力敌。但如果南方政权推进到黄河一线，北方的粮食产量就不够养活它的人口，难以与南方对抗了。

对南方的军事防御，长江虽然能起一定的阻隔作用，但并不像人们想象的那么大。长江在湖北宜昌西北出南津关后就进入了平原，除了湖北田家镇、安徽东西梁山等个别地段外，整个长江中下游再也没有两山夹峙的河道，南岸能用为防御阵地的山岭也屈指可数。长江南京以上的河道，早在公元前二三世纪的秦汉之际就已与今天大致相同，主河道狭处估计不过千余米，超过这一宽度的河段一般都会形成沙洲，或者流速缓慢。根据文献记载和考古发现，早在春秋时代，横渡或航行于这一段长江已是人们的日常活动，数万军队渡江已无困难。在没有现代化的军事设施和通信、交通工具时，要防守长达数千里的长江防线几乎绝无可能，单纯利用长江的自然条件作为阻遏北方军队进攻的手段，更是自欺欺人的梦呓。所以，到了"胡马饮江"或北方军队推进到长江北岸时，南方如若不主动出击将对方逐离江滨，那就只有"一片降幡出石头"的下场了。

由于长江的出海口不断东移，秦汉时今南京以下的河道相当宽阔，离出海口已很近；西汉时海潮可以直冲今扬州以南，形成壮观的"广陵潮"。所以，在这一段长江中的涉渡相当困难，一般人视为畏途，南北交通主要取今南京以上的河道。东汉初年，人们在下游渡江时，还得先祭伍子胥祈求保护，连辖区包括长江南北的扬州刺史也很少过江视事。但随着长江出海口的逐渐下移和技术进步，东汉以后就不再见到这类记载了。在西晋永嘉年间开始的大规模人口南迁中，一个主要的渡口就是京口（今江苏镇江），在此上岸的南渡人口至少有数十万，这说明在这里渡江已经相当安全了。

在南北对峙中，南方在军事上一般处于守势。为了弥补长江防线的不足，只能扩展自己的防区，在长江以北寻找一个缓冲地带，将前线推进到淮河一线或者更北的据点和扼南北水陆要道的襄阳（今湖北襄樊市）一带。一旦北方入侵，淮南、襄阳就能层层阻挡，消耗敌方的有生力量，敌军进至长江边时往往已成强弩之末。如果北方军队真的全面攻破了江北的缓冲区，就能稳操胜券；反之，若只是孤军深入，并未有效控制这些缓冲区，往往会以失败告终。所以前面提及的这些战争虽然是在长江沿岸进行的，却都已到了终场，鹿死谁手已确定无疑了。如三国时，孙权曾将数十万江北百姓迁过长江，在江北形成一片广阔的无人区，以后成为与曹魏作战的主要战场。著名的淝水之战也是在江淮间进行的，处于劣势的晋军不是退至长江布防，而是北进迎敌，事实证明是正确的战略。宋元间争夺襄阳的战争持续了数十年，而当襄阳失守，元军在长江中游的进攻就已无法阻挡了。

元代以后，南北长期对峙的局面再也没有重演，除了其他方面的原因外，南方在经济上的发展和北方的相对衰落使北方在经济上已离不开对南方的依赖，因而只能凭借政治和军事力量加以控制，这也已成为主要因素。但这已超出了本文的范围。

从历史地理看崇明未来开发的两个问题

崇明的开发是上海未来发展的重要步骤，也是上海能否整体性建成国际一流大都会的关键。作为中国的第三大岛和最大的沙岛，崇明有其特殊的历史地理发展过程，无论是自然因素还是人文因素，都与上海其他部分有所不同。认真考察崇明岛的历史地理及其与周边地区的关系，对于正确定位崇明的开发，扬长避短，趋利避害，无疑具有重要的参考价值。

一、崇明岛的历史地理背景与未来开发

崇明位于长江出海口，全部土地来源于长江挟带和潮汐推聚的泥沙，但后者的来源也是前者。公元初，长江北岸的出海口还在今江苏扬州稍东一带，正是由于泥沙的淤积作用，长江近海口的两岸不断涨出新的土地，长江的出海口随之逐渐东移，海口附近的泥沙淤积也随之加快，陆续出现了大小不等的沙洲。据史料记载，618—626 年（唐武德年间），在今崇明岛的位置偏西处长江口形成了东、西两座沙洲，被称为东沙和西沙，它们的形状和大小现在已经无从查考。此后，沙洲几经变迁，并随着长江口的延伸而逐渐东移，面积也越来越大。10 世纪初，五代吴国在西沙设立崇明镇，属海门县。北宋时东沙附近又形成了一个沙洲，逐渐和东沙相连，成为一个主要的沙洲，据说 1127—1130 年（南宋建炎年间）有姚姓和刘姓两家避难迁至此，得名姚刘沙。1101 年（北宋建中靖国元年），西北方向又长出一洲，形成了三洲鼎立的格局。由于这一带盛产鱼盐，长江两岸百姓纷纷迁入，南宋权臣韩侂胄与宠妃刘婕妤等也在岛上设立了三个庄园。1207 年（南宋开禧三年），韩氏庄园被废。1222 年（嘉定十五年），岛上设立天赐盐场。

宋元之际，这些沙洲没有受到战火的波及，反而因为大批移民迁入而显得繁荣。1275年（元至元十二年），扬州知府薛文虎加以招抚后，向朝廷报告，要求将姚刘沙升格为崇明县，将原崇明镇改为西沙，归崇明县管辖。1277年（至元十四年）崇明县升为崇明州，直属扬州路管辖。1352年（至正十二年），州治北迁至东沙。1368—1398年（明洪武初），改置为崇明县，洪武八年改属苏州府。

但直到明代，崇明岛还很不稳定。1421年（永乐十九年），县治迁至县北的秦家村，并筑了城墙。但1506—1521年（正德年间）县城城墙因受到长江水和海水的冲刷，不断坍塌，不得不于1529年（嘉靖八年）迁至马家浜西南，修建了土城墙。20年后，海水冲毁了县城的东北角，只得迁往平洋沙，并筑了砖城。可在1583年（万历十一年），县城的东角又坍入水中，两年后又迁至长河。200多年间县城迁了五次，而前面的三个县城先后被海水吞噬。

由于长江水的冲刷，崇明岛的西部不断坍塌，而东部一直在淤积延伸。同时，由于长江的主水道经常南北摆动，岛的南岸和北岸交替受到冲刷或淤积。18世纪中叶起，长江的主流移到崇明岛南面，岛的南岸不断被江水冲坍，而北岸和岛的两端迅速淤积扩展。中华人民共和国成立后，由于堤防日益加强巩固，冲坍得到控制，同时对新长滩涂的围垦不断扩大，使岛的面积增加了一倍以上，至今仍有大片适合围垦的滩涂。

所以，崇明拥有丰富的土地和滩涂资源，如果对长江北道进行人工干预，如完全堵塞或人工约束，更会增加大量新地，这是上海其他地方无法比拟的优势。一个特大城市附近有如此大量的备用土地资源，在国内外也是不多的。

但从历史地理的发展过程可以看出，崇明的土地都是泥沙淤积而成，且成陆时间不一，从千余年至十数年不等，一般海拔都很低，经常受到海潮、大风、长江洪水的袭击。岛上的堤防和水利设施大多是近数十年间建造与加固的，经历过的自然灾害级别较低。因此，岛上土地的开发和利用，特别是进行大体量、高档次、高层次、大投资的建设项目时，必须充分考虑百年一遇至千年一遇的自然灾害，如长江洪水、高潮位、台风、海啸海侵、地震、海平面升高等异常灾害的影响。从崇明岛和江苏海门一带沙洲的变迁看，受海平面升降的影响很大，所以特别应该注意研究未来海平面变化的规律，在规划时留有充足的余地。

崇明全岛下面都曾经是长江古水道，由于淤积无常，相互叠加，地下存在残留的古河道。从建筑的角度看，古河道是基础的隐患，必须勘察清楚。而就地下水的合理利用而言，这些都是优质的水源。由于长江水的污染并非短期间可以得到治理，优质的地下水无疑是处于长江尾闾的崇明岛的重要资源，问题是如何做到适度和有序。

在上海的属县、区中，崇明的历史虽非最短，但由于海岛的特殊条件，历史人文地理资源比较贫乏；又由于受到交通条件的制约，近代的经济和文化也相对落后。移民主要来源于经济和文化都比较发达的今江苏南部，但以底层贫民为主。近代又以外迁为主，迁入人口有限，尤其缺乏高层次的移民，在崇明有过活动的历史名人较少。聚落虽多，但有影响的大市镇少。名胜古迹不多，以始建于1622（明天启二年）、重修于1664年（清康熙三年）和1727年（雍正五年）的学宫（孔庙）历史最为悠久。旧民居的建筑一般比较简陋，能作为文物或古建筑保存的村落、民居群体有限。

这些固然都是崇明开发历史人文资源的弱点，但如能扬长避短，也有有利的一面。崇明没有历史的负担和包袱，拆迁量小或代价低，发展的余地很大，完全可以实施崭新的、超前的规划。新增土地、滩涂、湿地更如一张白纸，可以画上最新最美的图画。只要交通条件得到改善，崇明最适宜建设大型的人造景观、主题公园、会展中心、文化教育设施、娱乐场所，也有条件建设高档次的度假村、花园式单体住宅、乡村别墅、水上运动中心等。

正因为如此，崇明未来的人文地理环境定位完全取决于目前的规划，因而更需要特别注意与自然环境的协调，才能创造出文明高雅、舒适多样的人文环境。

二、崇明与启东、海门的历史渊源应该充分利用

崇明与江苏的海门和启东有极深的历史渊源。

海门也是由沙洲形成的，建县于954—960年（五代周显德年间），属通州管辖。由于长江水和海水的冲刷，县治于元朝末年迁至礼安乡，但不久又被冲坍，只能寄治于通州城。明朝嘉靖年间曾筑城，但以后又湮没于海中。至1672年（清康熙十一年），海门县撤销，降为海门乡，并入通州。此后，由于长江主泓南移，海门一带的沙洲迅速淤积扩大，增加到上百里，大

批移民由崇明和通州迁入，耕地面积不断扩大。到 1768（乾隆三十三年），恢复的沙地已超过原来面积，于是将通州的安庆、南安等十九沙，崇明的半洋、富民等十一沙以及新长出的南天沙设立海门厅，直属于江苏省。海门的人口虽来自通州和崇明两地，但以崇明移民为主，所以直到今天，不仅与崇明使用同样的方言，风俗习惯也基本相同。

直到 18 世纪中期，启东一带还只有一些形成不久的沙洲。到 19 世纪末期，沙洲连成一片，与崇明岛南北对峙，称为外沙，以后与陆地相连。移民陆续从崇明与海门迁入，土地迅速得到开发，于民国年间建县，因属江苏东疆，命名为启东。崇明也是启东人口的主要来源，而且迁入时间更近。

自 1958 年后，崇明与海门、启东分属上海市与江苏省，海门、启东属南通地区，因而与南通的联系日益密切，与崇明相对疏远，但从历史渊源和今后的发展需要看，恢复和扩大崇明与两地的联系实属必要。

长江北道日渐淤浅，已经失去航行价值。若进行人工干预，如筑堤堵塞，或保留并挖深一条航道，不仅可形成大片新地，而且可以将崇明与海门、启东两地连成一体，崇明的开发将拥有更广阔的辐射范围。

启东的吕四港不仅是渔业基地，也是天然良港，目前已为对外开放口岸，可以发展为上海的配套港口。由于与崇明距离近，自然条件优于崇明沿岸，可以作为崇明的主要出海口。

江苏的苏通长江大桥建成后，海门、启东的交通必然会进一步向南通方向倾斜，与上海的联系也会随之削弱。而如果开通了崇海、崇启桥梁或陆路通道，不仅可以从根本上改变两地的交通干线，而且有利于加强上海与苏北沿海地区的联系。

更爱三江源的明天

我曾在青藏公路旁沿着沱沱河畔往上游走去，想尽量接近长江的源头；也曾站在青藏铁路的沱沱河大桥上遥望各拉丹冬，但见白云缭绕着的雪山若隐若现。这一带的海拔已超过 4600 米，看 6000 多米的各拉丹冬群峰并不显得很高，却依然遥远而神秘。由于气候寒冷，河水主要来源于冰川。要是没有青藏公路和铁路，这里和各拉丹冬一样，常年无人居住，因此在以往数千年间只是偶然进入历史的记录。

当我到达埃塞俄比亚境内的青尼罗河源头，看到的却是另一番景象。在流入塔纳湖之前，尼罗河只是汩汩流淌的一衣带水。这片高原海拔只有两千米，气候温暖，植被茂密，连尼罗河畔都长满野生的纸莎草。人口虽不稠密，但不时有舟楫往来，民居在望。人类最主要的发祥地离此不远，应该不是偶然的。

同样是世界级的大江的源头，却因为自然环境的差异，而在人类生存和繁衍过程中起着不同的作用。尽管人类的生活和生存都离不开水，人类在早期无不逐水而居，却还会选择相对合适的地点，未必离水越近越好，或者必须处于江河的源头。

但是人类对地理环境的了解和认识有一个过程，必然中也有偶然。就像在气候变寒时北半球的人群一般都会向南迁移，却也有人群弄错了方向，误迁向北方。尽管多数人为之付出了生命的代价，也有人被逼找到了御寒的办法，或者发现了比较合适的小环境，最终得以幸存。

由于先民对地理环境一般都没有多少直接经验，更缺乏整体性的了解，所以会作出今人无法理解的选择。在考察了古格王国的遗址后，我不禁感慨，当初这支为逃避覆灭的命运而从雅鲁藏布江流域迁来的部族，只要再往南走一段，就能翻过山口，进入温暖湿润、水量充沛、物产丰富的喜马拉雅山南麓，但他们却定居在这高寒贫瘠的险境。但如果设身处地，便可理解他们作出这样的选择也十分自然——经过长途跋涉终于摆脱了追击的这群人已经疲惫不堪，发现这一带虽然地势更高，却有深厚的黄土，可以掘穴而居，足以抵御严寒，也可维持生计。对于习惯在海拔三四千米生存的人来说，提高到四五千米也不难适应。当时他们只看到前面挡道的山岗，却根本不知道山口另一边还有一片乐土。而一旦定居，非不得已就不会再迁移。

正因为如此，即使今天看来并不适合人类生存的江河源头，历史上也不乏先民的踪迹，还可能成为一些人群在相当长时间内的家园。羌、吐谷浑、鲜卑、吐蕃、党项、蒙古等族都曾有人在三江源地区生活。艰险的生存条件也造就了他们超常的生存能力，能化解常人难以克服的困难。与此同时，他们又寄希望于超自然的力量，祈求得到神灵的庇佑，神话和原始信仰应运而生。由于外界对他们知之甚少，亲历其地的人几乎没有，令这类传说更平添了神秘色彩，具有极大的魅力。源于三江源的西王母形象和她无所不能的神力，尽管可能有外来成分，但无疑因当地特殊的自然地理和人文地理环境而变得丰富多彩。中原的华夏诸族更发挥了丰富的想象力，产生了琳琅满目、美玉满阶、神仙游憩、崇高圣洁的昆仑，西王母也成了周穆王专程西巡的拜访对象。

当这种想象上升到信仰时，江河源头就成了主宰河流命运的神的居所。于是，人们在足迹所及的河源，无不先后建起了该河神的庙宇，请河神定期享受人们的祭献，以便实现他们安澜永定的期待和风调雨顺、国泰民安的愿景。历来多灾的黄河为国计民生所系，河神自然是国家和民众最应尊奉的神祇。随着黄河下游的决溢改道越趋严重，对河神的祭祀规格也更加隆重，却达不到相应的效果。

到清朝乾隆年间，终于有人悟出其中"道理"——由于祭河神的地方离其居所太远，所以尽管祭仪尊崇、祭品丰殷，河神却无法享受。1781年（乾隆四十六年）黄河在江苏、河南决口，于是次年，皇帝钦命，阿弥达奉旨率大队人马上溯黄河正源卡日曲，在真正的河源与河神沟通。

惯于在高原游牧的蒙古人对河源有自己的想象和意愿。1280年（元至元十七年），元世祖召见都实和他的堂弟阔阔出，要求他们查到黄河发源的地方，要在那里建一座城，供吐蕃商人与内地做买卖，并在那设立转运站，

江河流淌
看中国

134

将贡品和物资通过水路运到首都。尽管这座城和转运站始终没有建成，但都实等人将黄河的正源确定在星宿海西南百余里处，并且留下了详细记录。

在人类的早期，不同的群体、不同的地域之间虽然不无差异，但在生产力普遍落后的情况下，彼此间在生产、生活上的差距不会很大。就主要由手工创造的物质文明而言，个人的天赋会发挥很大的作用，所以往往不受物质条件的影响，因而在相对穷困落后的社会或自然条件险恶的环境，同样能产生高水平的文化艺术成果。在青海柳湾，出土的彩陶色彩之艳、形制之全、品位之高、数量之多，大大超出了常人的想象，且目前已经发掘的还只是遗址的一小部分。

在良渚博物馆，我看到过大量精美绝伦的玉器，其工艺之精，比之于用现代工具加工的当代制品也毫不逊色。但据目前所知，那时的良渚人还缺少基础的工具，更没有硬度超过玉的金属工具。有人问我："他们用什么办法，手工钻出如此小的孔？又能使孔径如此圆？"我不知道，但完全相信其可能性。其实，我们所说的良渚人，是指生活在一个相当长的年代里的人，就像"柳湾人"一样，都有数百年或两三千年的历史。在这样长的时间和这样多的人中，完全有可能出现一两位或若干位具有超常天赋的人物。如果他们毕生从事某项工作，如制作陶器、玉器，加上多少代人累积的经验，就有可能突破某一难题，创造出某种有效的工具，或制造出某种全新的产品。而当这些制作与一种信仰联系在一起，或者就成为信仰的实践，人的天赋会发挥到极致。

人类留下的艺术瑰宝都是在适当的机遇下，由天才以其信仰创造出来的，在三江源地区也不例外。

现实毕竟比长期无法实现的理念有更持续的作用。在长期的交往与偶尔的亲身体验后，在江河源头生存的人群渐渐明白，自己的居住地远非天堂，在他们可以到达的地方，还有更适宜的家园，于是他们持续向河流中游迁移，积渐所至，汇为数量可观的移民。由三江源地区迁出的羌人，不仅遍布河陇、关中，还远徙关东，深入中原。一旦本地遭遇天灾，或者受到战乱驱使，或者中下游出于种种原因出现人口低谷，求生的本能和上升的欲望会使更多的人在短期内迁离。其中的幸存者和成功的定居者便永远离开了故乡，绝大多数最终融入华夏。也有不少人丧生于旅途，客死异乡，或许他们只有孤魂能与祖先团聚。

历史也会翻开相反的一页，当中下游地区天灾人祸频仍、经历浩劫时，想要求生的民众会远溯江河，翻山越岭，寻求避秦的世外桃源。试图割据的政客、拥兵自保的将领、乱世称霸的部族首领、揭竿而起的流民难民，纷纷进入以往的蛮荒之地，三江源头出现罕见的兴旺。公元386年建立的后凉，已拥有今青海东部。397年，河西鲜卑首领秃发乌孤建南凉，并于399年迁都乐都（今青海乐都区），同年又迁至西平（今西宁市），地区政权的行政中心第一次离江河源头那么近。540年（西魏大统六年），吐谷浑首领夸吕可汗在今青海湖西岸布哈河河口（今青海省共和县石乃亥乡铁卡加村西南）建伏俟城作为王都。伏俟城作为吐谷浑的王都前后达百余年，是中国历史上最接近江河源头的、唯一的区域政治中心。对已在这片土地上长期生存的吐谷浑来说，作出这样的选择是很自然的，因为伏俟城的地理条件的确是该区域内建都的首选。吐谷浑的兴盛取决于自身的奋斗，包括阿才那样的杰出首领，但更受制于外部因素。一旦中原统治者开疆拓土，或者强邻崛起，就无法幸存。吐谷浑先灭于隋，再亡于吐蕃，伏俟城从此废毁。

好大喜功的统治者，或泥古不化的政治家，为了实现"奄有四海"的政治理想和政绩效应，始终以版图中缺少"西海"为憾。公元4年（西汉元始四年），执掌大权的王莽让青海湖东岸的羌人"献地"，在那里设置西海郡，使汉朝同时拥有东海、南海、北海、西海四个郡。隋炀帝趁吐谷浑败于铁勒之机，灭吐谷浑，609年（大业五年）于伏俟城置西海郡，又在更近河源的地方置河源郡（治所在今青海省兴海县东南）。但军事征服是一回事，能否有效地实施行政统治、是否有必要在人口稀少的游牧地区设立经常性的行政机构是另一回事。这两郡如昙花一现，隋朝以后再未重建，直到近代中央政府才在那里设立正式的行政区划。

今天，当历史重新眷顾三江源地区时，它已不仅是人类扩展中的生存空间，也不仅是天然资源的供应者，而是人与自然和谐相处的场所、人类共同珍惜的所剩无几的净土，也是时间与空间为我们保留着的先民的遗产。如果说，先民对它的崇敬和向往更多是出于想象甚或恐惧，今天和未来的人们却是出于理性和追求。江河源头在人类文明中终于有了应有的地位，属于它的时代刚刚开始。

与文字记录相比，以摄影作品反映历史会有不少难以克服的困难。并非所有的历史都留下了可供拍摄的图像，并非所有的图像都能得到正确的解读。无论是历史时期的芸芸众生，还是那时的风云人物，大多骨骸无存。当初的金城汤池、宫室苑囿、闾阎巷陌、村落田畴，至多只留下残垣断壁。

山川依旧，物是人非，摄影家如何追溯历史、寻找历史的遗迹、记录历史的回音？这就要求摄影家具备历史的眼光，善于发现历史痕迹，作出正确的解读，构成最传神的图像，最大限度地还原历史真貌。这还需要历史学者的帮助，提供适当的文字说明，特别是一些具有普遍性的图像，要是没有说明，即使专业人员也未必能正确判断。当然，不同的读者会对同样的图像作不同解释或不同理解，欣赏能力和程度也有差异，但都能增加历史知识，增强历史观念。

爱三江源的今天，也爱三江源的昨天，更爱三江源的明天。

江河源头，青藏文化

　　随着青藏铁路的通车，青海省又一次引起世人瞩目。不久前我与友人谈到青海省的历史文化定位，知道大家有不同的看法，我想这是很自然的。历史上的青海不仅有其独特的自然地理和人文地理环境，而且还披上过层层神秘的面纱，有的到今天还没有揭开，所以很难加以概括。我以为，就历史自然地理而言，青海对中国和世界最大的贡献，无疑是孕育了长江和黄河；而就历史人文地理而言，最能涵盖其特点的名称就是青藏文化。

　　当然，青海省有青海湖，并且得名于它。青海，古称鲜水海、仙海、西海，由于远离中原，常常处于华夏诸族的边缘。高海拔的地势使来自平原地带的人联想到神仙所住的天堂，与海水相似的特点又使人以为到了环绕"天下"的"四海"的边缘。昆仑山和西王母曾经吸引过多少人向往，据说周穆王曾以万乘之尊，不远千里到这里与西王母相会。而昆仑山早在先秦时就被中原人想象为天下最高、最雄伟，遍地黄金白玉的神仙聚居地。王莽为了弥补没有西海郡的缺憾，不惜让羌人"自愿"献地，在人烟稀少的青海湖畔设立西海郡。为生存和发展，因误解或歧视，民族之间往往兵戎相见，刀光剑影、烽火狼烟，一次次令湖水变色，留下了"君不见，青海头，古来白骨无人收"的记录。

　　湟水也为这一区域作出过贡献，养育了各族民众———无论是农业还是牧业，无论是羌族还是华夏。以彩陶闻名的新石器时代遗址柳湾，离不开湟水的滋养；中原王朝最早设置的政区金城郡，就因湟水而建；华夏移民靠湟水生存，湟水流域和河湟谷地今天还是粮仓、菜园，财富的源泉和民众的乐土。

　　但是对中国、对世界而言，又有什么水系比长江和黄河更重要？这两条中国最长、世界前列的大河都发源于青海省。世界上最长的、最大的，流域广的河流中，有的不止一个源头，有的流经多个国家，能够将一条大河从头至尾容纳在一个国家已属罕见，何况中国还有两条？而它们都发源于青海省境内！

　　这两条大河对中国历史和文化的重要性不言而喻，无论如何高度评价都不为过。尽管中国各族人民、全国各地都对中华民族、中国文化、中国的形成和发展作出过贡献，尽管中国的早期文明如满天星斗遍布全国，但最终是在黄河流域形成华夏文明，并重新传播、扩散到全国大多数地方，成为中国和中国文化的主体，影响东亚各国。尽管人们曾长期囿于儒家对黄河"伏源重流"的误解，一度以为黄河的源头在积石山，或者以为远在今天的新疆，但对黄河正源的探索一直没有停止。公元635年，侯君集和李道宗经过星宿海，来到柏海（今扎陵湖和鄂陵湖）；821年，刘元鼎在出使吐蕃途中经过紫山（闷摩黎山），即今巴颜喀拉山南麓的黄河发源地；1280年，都实和阔阔出奉忽必烈之命考察河源，将黄河正源定于星宿海西南百余里处；清康熙帝先后派拉锡等人考察和实测河源；1781年，乾隆帝派出的阿弥达，肯定黄河的正源为卡日曲。长江和长江流域继黄河和黄河流域，支撑着中国和中华民族，至今都在滋养着世界上最多的人口。早在2000年前的汉代，人们就知道长江来自遥远的绳水（今金沙江），以后逐渐查清了江源所在。

　　广义的"江河"还包括发源于青海的其他河流水系。青海南部诸曲属澜沧江水系，平均每年有107亿立方米的水由此流向西藏、云南，直到湄公河流域。

　　由于地势高寒、环境闭塞、交通困难，不仅江河源头地区长期杳无人烟，就是青海省境内也是人口稀少，经济和文化落后于全国大多数地区。但江河源头的重要性和影响力并不会因此而减弱，相反，历史和自然给中国和全人类留下的这片圣地净土，必将成为人类未来的乐园，这样巨大的优势是其他地区所不能具备的。

　　青海省境内历史上产生和存在过的文化类型也是多样的，堪称历史悠久。在华夏文化传入之前，羌人与本地其他民族就创造过自己的文化，并且影响周边其他民族。在华夏（汉）文化到达湟水流域后，不仅原有的非华夏（汉）文化依然存在，新的民族和新的文化继续迁入和流动，鲜卑、吐谷浑、突厥、吐蕃（藏）、回鹘、党项、女真、蒙古、回等民族的文化都曾在这里存在和发展，但大多没有成为延续的、主体性的因素。尽管自清朝中期以来，青海已处于中央政府的完全管辖之下，但民族自治依然是各民族聚居区内的主要治理方式，汉族文化和儒家学说也没有因此而享有独尊地位。

作为世界屋脊，青藏高原独特的地理特征造就和保持了青海独特的文化——尽管它们属于不同的民族，有不同的形式，但却具有共同的特点。例如，来自低海拔地区的人很难克服因缺氧而产生的高山反应，所以外来人口不易迁入，更难定居。即使是源远流长的汉族移民不绝如缕，却一直没有明显的扩展。同时，习惯于高海拔地区的居民也不适应低海拔地区的生活，"醉氧"（氧气吸收过多）同样是他们难以克服的障碍。所以，来源于西藏的吐蕃人可以轻易地扩张到青海、新疆、河西走廊和陇右，却不能顺利地居留在关中平原，但对青藏高原和周边高地的控制却能长期延续。吐蕃扩张到河西走廊和陇右后，曾将成千上万的汉人迁至西藏，但这些移民的后裔已影踪全无。

这样的地理环境为牧业民族提供了广阔的牧地，却限制了农业民族的活动范围，也使青海成为西藏与内外蒙古之间广阔的过渡地带。

青海的塔尔寺是藏传佛教中黄教创始人宗喀巴的诞生地，是黄教的重要基地，成为藏传佛教外传的走廊，还是几位达赖和班禅转世的地方。来自蒙古高原的游牧者赶着他们的牛羊逐级登上青藏高原，蒙古大汗成为西藏的实际统治者。黄教的喇嘛和活佛从此北上，进一步扩大了黄教的传播范围。

当然，在藏传佛教形成和传播之前，青藏高原已经存在其他宗教和文化，在此后也是如此。即使是在吐蕃统治时期，华夏文化还是有巨大影响，形成不少汉藏合璧的文化现象。回、土、撒拉、蒙古等族先后迁入，并适应了青藏高原的地理环境。因此，只有青藏文化最能概括出今青海省境内历史文化的共同特征，因为青藏高原的地理环境在中国和世界都是独一无二的。任何类型的文化，无论是本地产生的，还是外来的，都必须适应这样的环境，它们能够延续至今就证明了这一点。

江河流淌看中国

运河：

祖先留给我们的宝贵遗产

中国历史地理中的运河

一、运河的来历

　　运河大多是人工开凿的水道，天然水道不叫运河。"运河"之称始于宋朝，但是到了近代才成为规范的名称。古代的史志上不一定能找到"运河"的名称，因为它有不同的叫法，有的称渠，有的称沟，有的称渎，例如南京的破岗渎实际上就是运河。

　　江南的运河比较发达。打开今天的江南水乡那些大比例尺地图，可以发现有些河道很规整，比如就是个直角或方块，其实这些河道在古代有一部分就是人工开挖的。由于江南地势低平，水源丰富，天然的水体很密集，在这里开挖运河比较容易。当年开挖苏伊士运河的时候，由于没有很多仪器，有人担心开成后如果两边水位落差大，将根本没法开船。好在后来打通以后，红海跟地中海水位相差不是很大。江南运河就不存在这种水位落差的问题，所以运河的开凿和维护既有需要也有可能。但是在中国北方开运河就存在要么没有水、要么两边水位落差很大的问题。《史记》《汉书》里记载，当时汉武帝要在关中开灌溉渠、开运河，有的虽然开成了，但水也流光了或者有的就没水，所以北方开运河难度很大。

　　早期的运河有的是直接利用天然水体，河道只要稍加整治疏通就可以，有的是天然水体跟人工开凿相结合，有的完全是人工开凿。现在一般都讲，公元前486年开挖的邗沟是中国最早的运河，实际上江南的运河应该比邗沟更早，只是因为邗沟工程量大而且重要，被记录下来广为人知。

运河对中国特别重要，这是因为中国国土辽阔，空间跨度大，人流物流的需求高。中国的自然河流基本上都是东西向的，黄河与长江、黄河与淮河、长江与淮河原本都是不连通的，几乎平行出海，那么南北向的水运就要靠开运河来连通。所以，早期的邗沟基本上是南北向的，中国历史上重要的运河几乎都是南北向的。

二、运河的功能

人类开运河主要是为了航运，同时也为了水利，有些运河兼有灌溉的功能。

运河的主要功能是连通不同的水系，如邗沟，主要是连通长江与淮河。还有一条很有名的运河——灵渠，当时秦始皇为了供应到岭南去的几十万军队的粮食，将湘江上游与漓江上游打通，通过灵渠从漓江顺流而下。开凿运河要花费大量人力物力，所以都是为了满足一些特殊的需要。秦始皇开灵渠主要是为了解决运粮，曹操开平虏渠也是为了运粮。隋炀帝开大运河，其中从洛阳到涿郡（今北京）的永济渠主要是为了用兵，当时有几十万军队要去辽东、朝鲜作战，军队的粮食、其他物资甚至包括人员运输，最方便的就是通过水路，所以专门开了这条运河通往东北方向；而东南方向从洛阳到扬州，则主要是为了到江都巡游，当然同时也方便了这里的交通。但如果仅仅为了方便交通，隋朝不会投入那么大的人力物力。

现在说起京杭大运河发挥的作用，都讲它沟通了南北，促进了经济发展，但当初这并不是开运河的主要目的。大运河的主要目的就是为了解决运粮。元朝开始在今天的北京建都，而北京周围没有这么多粮食生产出来，这个问题一直到清朝都解决不了。隋炀帝开的运河，一条是东北走向，一条是东南走向。元朝如果还是用隋朝的运河把江南的粮食运到北京，就得先把粮食运到洛阳，再从洛阳运到北京，不仅绕道费时，也没有那么多的水可利用，所以就在山东，利用隋炀帝时开的两条运河并将其打通，这样才形成了京杭大运河。

京杭大运河的主要目的就是解决北京的粮食供应。如果没有这条大运河，北京不可能建都。反过来说，因为元明清都是在北京建都的，所以始终要不惜代价地维持这条大运河。

有人说为什么不走海上呢？古代没有轮船，船在海上航行主要靠风靠洋流，而北京可是等着粮食用的。今年的粮食你没有入库，后面日子怎么过？如果这一年风向不利，顺风来得晚或者洋流变了，或是碰到海上风暴，船开不过去或者翻了怎么办？当时没有远距离的联系方式，没有电话、微信、电报，船一旦离开太仓后不知下落怎么办？元朝有一段时间也曾试过海运，最后还是不行。所以海运是到了清朝末年，有了从外国买来的轮船，同时又有了电报，海运的问题才解决了。因此，如果没有大运河，北京不可能成为首都。明朝、清朝之所以要不惜成本一直维护这条大运河，就是因为要解决北京的粮食供应。

三、首都粮食供应与大运河

保证首都的粮食供应，始终是中国历史上的一个大问题。

西汉刘邦做皇帝的时候，最初定都在洛阳。娄敬（后刘邦赐姓改名刘敬）向他建议，要保证国家的安全，非得定都在关中不可。因为关中是四塞之地，且当时西汉的主要威胁是北方和西面的匈奴。如果在后方洛阳建都，关中谁去守？你现在到关中去，迫使你的后代始终要加强边防，因为你的首都在那里。刘邦最后采纳了娄敬的建议。但关中最麻烦的就是粮食不够。关中虽然号称"八百里秦川，沃野千里"，但今天打开地图看，关中的土地其实很有限，本地生产的粮食养不活那么多的人，因此要把太行山以东的粮食运到关中，主要依靠就是黄河。这段黄河是逆流而上的，过去只能靠纤夫把船拉上去，还要经过三门峡天险。在修水库以前，三门峡是三个很窄的峡谷，两边都是陡峭的岩石。三个口门中只有一个门适合走船，而且航道很窄，水流湍急，航道窄的地方只有十几米可用，船到了那里要靠人工飞快地拉上去。一不小心就会翻掉或者撞在石壁上。过三门峡有好多船都翻了，粮食浪费了，人也死了。不过，舍此没有其他运路好走。西汉时期，每年几十万石粮食都要通过黄河漕运才能满足长安的需要。

隋朝、唐初的皇帝为什么经常去洛阳？武则天干脆就把首都搬到洛阳。这是因为洛阳在三门峡的下游，这样就避开了天险。隋朝、唐朝的皇帝经常带着文武百官浩浩荡荡去洛阳就食。粮食运到长安，花的人力物力成本太高，而且时间赶不上。而粮食不过三门峡，运到洛阳，皇帝带领文武百官和老百姓到洛阳来就地消费反倒比较方便。

考察中国历史上的定都，往往顾了军事就顾不了经济。没有地方既能供应粮食，又具备战略地位。首都的人口越来越多，运粮的矛盾就越来越大。而且粮食的主要产地，也由太行山以东逐渐转移到江淮之间，最后转移到了江南。不解决和江南之间的水运，首都就没有办法巩固。

　　唐朝最后三年，皇帝被朱温逼迫迁都洛阳。五代时的后梁、后晋、后汉、后周等以及宋朝，首都都定在开封。为什么不回长安了呢？因为开封有一条汴渠，粮食运到开封更方便。中国的首都，唐朝以后往东在洛阳，宋朝在开封再也不往西了，以后就往北移，定在了北京。

　　明初朱元璋建都南京的原因，主要是他称帝的时候，元朝还占着大都（今北京），并不是朱元璋认为南京是作为都城最理想的地方，他也知道南京太偏南了。等他彻底打败元朝，他就在考虑首都放哪。第一个他想到的是西安，所以让太子考察西安的情况。结果考察下来不行，西安周围太穷了，因为唐朝迁都的时候，朱温强迫皇帝下令把长安所有的宫殿、住宅全部拆毁，拆下来的木材、石料运到洛阳，长安彻底被毁。朱元璋一看西安不行，就放弃了，他第二个想到的是开封。到了开封，发现汴渠已经废掉了，去开封的船经常搁浅，水运不畅，粮食问题还是解决不了，所以朱元璋也不得不放弃定都开封的想法。在这种情况下，朱元璋干脆把首都建到自己老家，在凤阳营建中都。中都的规模甚至比南京还大，但是就在中都基本建成的情况下，朱元璋又放弃了，因为他发现凤阳周围更穷。首都周围太穷，将来也不行。所以到他儿子朱棣的时候就迁都北京。

　　元明清三个朝代，从整个中国的战略形势上来讲，北京作为首都是很有利的，因为那个时候主要的战略威胁来自北方。特别是明朝，元朝的残余势力始终在北方。虽然元顺帝逃出大都，但是北元还继续存在了几十年。而且蒙古高原海拔一千米以上，居庸关下来一马平川。在冷兵器时代，蒙古高原具有天然的优势。这种情况下，明朝把首都建在前线，迫使国家不断加强边防，所以明朝在边境造的长城高大又坚固。如果首都在南面，边防就会放松。明朝后期，北京城人口已经有80万，加上北京附近还驻扎着那么多军队，必须要解决粮食问题。某种程度上，元明清三代能够在北京建都，就是靠这条京杭大运河。

四、运河的代价

　　京杭大运河的水位南北并不在一个海平面上。运河进入山东，特别是到了最高点的济宁，海拔要升高差不多40米，运河水要通过20多个船闸，一级一级把它升高。以前没有抽水机，都靠人工控制闸门，船要靠人工拉纤把它一层一层拉上去才到济宁，济宁北边海拔又逐渐下降，又要通过20多个船闸一级级降下去。船过船闸，要把上面的水放下来，船才好进来，再爬一层要把水放掉，所以过一次船要消耗很多水。为了保证水源，当时规定，必须两百艘船到全了才能开下面一个船闸。如果两百艘还不满，已经进来的就先等着。40个船闸，船队就是这样一个个过闸的。

山东本身缺水，运河山东段的水从哪里来？当时，山东的南四湖、江苏的洪泽湖，都是运河的"水柜"（水库），把水蓄在那里，到时候放到运河里。为了保证运河用水，山东下了死命令，船队没有通过，漕运任务没有完成，周围的水绝对不许引用。所有附近的山泉水，每一处泉水派一个人管理，叫"泉老"。泉老把泉水管住，保证将泉水全部引进运河，哪怕旁边田野都枯了，也不许老百姓使用。航运和灌溉是矛盾的，灌溉需要水，但要确保航运，航运要的水比灌溉要用的水还要多。在漕运满足以前，不许水用作其他用途。所以运河山东段的运行维护成本相当高。

水源这么困难，为了确保漕运的供应，按照规定，民间商船也是不能使用运河的。民间有时候为了将商品赶快从运河运过去，就给关闸的官员塞钱，把商品混装在漕运船里面，等于是走私夹带。所以，明朝清朝两个衙门最有钱，一个是修黄河的，一个是管运河的。在这种情况下，这两个衙门的腐败也是最严重的，每年有几百万的财政经费，而且这里面的油水也多，必然滋生腐败。

现在有些人凭想象，以为明清时的人赶考是一路坐船到北京的。当时有这样的人吗？一个都没有的。不要说普通人、读书人，连官员都不允许随便使用运河。一般来说，因为江苏水多，江苏段的运河是开放的，但是到了淮安清江浦，到了王家营，再往北就不允许用运河了。非但是普通人，因山东段的运河运力有限，即便是一些粮船也要改走陆路——"起陆"，拉过这段高地再改水运，或者直接从陆路运到通州。所以运河交通一般只是利用江苏和山东南面一段的运河，往北就不能用了。今天的人以为运河开通以后，南北交通发达，这是没有深入研究的人才这样写的。我曾经专门查了一下明清时期人们从南方到北方到底怎么走的历史记录，只查到一个官员是全程利用运河水路从南到北的，其他都没有全程利用运河水路，都是到中间一段改用车。

大运河打通五大水系，从航运角度是好的，但从水利角度看则不是这样。黄河、淮河本来没有关系，淮河本来很清，没有泥沙，后来黄河夺淮，就通过运河冲入淮河。历史上黄河有一段时间从淮河入海，等黄河回到故道以后，整个淮河下游全部淤掉。现在打开地图可以发现，淮河到了洪泽湖以后就没有下游了，下面是人工开的苏北灌溉总渠，还有后来开的新沭河、新沂河等。

明清时期，运河最大的问题就是和黄河的关系。运河要穿过黄河再北上，现在南水北调是在下面打个隧道，当时只能把运河和黄河直接打通。黄河闹水灾的时候，流入运河的水变多，对运河是有利的。但是如果黄河水少，运河的水就要流入黄河，运河就没水了。潘季驯是明朝治理黄河的水利专家，他的治黄方略是"束水攻沙"。黄河漫流，泥沙肯定就沉淀下来。而把两岸堤坝造得比较近，黄河的水受到约束，同样的水量往下就有冲沙的力量，可以把自带的泥沙和淤积的泥沙冲走，前期筑堤的水库一下子就可以冲掉好多泥沙。治黄要束水，运河要放水，束水把水用掉了，那运河就没水了，这个矛盾长期得不到解决。

明清时，为了运河的航运，黄河宁可不堵口，不治理。如果不用运河，没有更好的办法把粮食运到北京。像明朝，粮食运到北京后，一部分还要再转运到边疆。因此，为了国家的统一和安全，不惜用举国体制来保障运河漕运，不惜让山东、河北作出牺牲，运河就是这个作用。

既然大运河那么重要，怎么后来就废弃了呢？很多人把大运河的废弃与封建统治、腐败联系起来，这种看法是不对的。大运河的废弃是因为它已经完成了历史使命，有了更好的运输手段。首先它维持不下去了。太平天国时期江南这一带都成了战场，运河漕运不通了，清廷迫不得已开始通海运。后来轮船多了，再加上电报都实施了，发现海上运输比漕运方便。既然运河漕运和轮船海运都是一种物流手段，那当然用更加方便、更加廉价的物流手段，所以清朝后来就取消了漕运，江南和沿运河的省份也减轻了负担。本来规定江苏要把多少万石粮食运到北京，浙江要运多少，现在不需要了，只要交多少税就可以了，朝廷自己采购粮食。这个环节去掉之后，大家都省了很多钱。既然不用运河，也就没有必要再维持运河上的船闸，没有必要把水引到运河去。山东这一段运河首先就废了，河北一带本来也是缺水的，既然不需要运河了，很多地方也就不往运河放水。因此，运河的废弃是由于漕运功能丧失，不再需要，而不是因为腐败、管理混乱。等到津浦铁路通了，运河漕运就完全不需要了，天津到浦口有火车，浦口有轮渡过江。清末，津浦铁路与京沪铁路通了之后，上海到北京两天时间就够了。真的要运输粮食的话，通过铁路，成本也降低了。在这种情况下，山东、河北一带的运河就彻底废了。

五、大运河的未来

清末之后，运河因为已完成了它的历史使命而被废弃。正因如此，今天考虑大运河的未来就要从运河的这个历史过程出发。首先，现在大运河已经申报成为世界文化遗产，它不仅属于江苏、山东，也属于中国、属于人类。遗产是人类留下来的珍贵的遗存，应以保护为主。物质文化遗产，古建筑类做到维修等就行了；非物质文化遗产的保护就更难。一个人不可能长生不老，怎么保存呢？这一点上，一定要处理好非物质文化遗产保护与各地都提倡的活化利用之间的矛盾。非物质文化遗产要活化，但是活化的前提是那个原始的东西始终存在、万寿无疆，所以重要的是保证传承人能够代代相传。

很多地方对运河的开发利用寄予很大的希望，但是千万要注意的是，运河本身并非都具有观赏性。搞旅游要尊重旅游的规律，了解旅游的特点。开发利用运河的地域文化要做一些具体调查。一般讲，最能体现地域文化的，第一是方言，运河沿线有没有一些方言文化现象，为什么有这些现象？第二个是民间饮食。因为官方的饮食、富人的饮食可以不惜代价，但一般老百姓的饮食离不开当地的地理环境特点，当地没有大米，只好吃麦。古代物流不发达，哪怕移民移到这里，想吃镇江醋，但这里买不到，只好放弃。所以民间饮食最能体现一个地方特色，它必须与当地的物产结合。第三个是民居，其原理和前面的饮食一样。还有婚丧节庆、民间信仰等。

和历史上的运河相比，今天的运河已经发生很大变化，已经不可能再起历史上的作用。现今研究运河文化传承以及开发、发展运河，如果不知道它原来的情况，那么做出的未来规划很可能是完全不可行的，根本不可能有效益。

至于运河的航运功能，山东以南段一直在利用，未来将继续是黄金水道。但山东以北段是否有必要恢复，一定要从实际出发，既要考虑文化遗产和文物保护、环境保护，也要评估经济效益，务必慎重。

大运河的兴盛导致对航海的轻视吗?

中国运河的历史至少可以追溯到春秋时代的邗沟,而中国航海的历史开始得更早。在此后,运河航运与航海却经历了不同的命运。运河的开凿前后相继,一些重要的运河长盛不衰,贯通南北的京杭大运河成为明清时期最重要的交通运输手段。航海则大多限于沿岸和近海,一般不超出东亚的范围,而且不时为禁令所限,甚至严格到"片板不得下海",清初一度实行的"迁海"政策竟在从辽东至广东的沿海制造了数十里的无人区。正因为如此,有人就以为,大运河的兴盛导致了中国古代对航海的轻视,运河阻碍了迈向海洋的步伐。其实,这完全是一种误解。

一、在元代以前,并不存在运河与海运相互矛盾或竞争的局面

首先,连接北京和杭州的南北大运河并不是自古以来就存在的。隋炀帝时开凿的运河是以洛阳为起点的东北和东南两条。直到元朝建都大都(今北京),才修浚利用一部分隋唐以来原有运河和某些天然河道,又在今山东临清、济宁之间先后开挖了济州河、会通河,在北京、通县间开凿了通惠河,从而形成了一条自今北京起直达杭州的沟通海河、黄河、淮河、长江、钱塘江五大流域的南北大运河。所以在元代以前,即使是在江南和北京之间,或中国东部沿海地带的南北向运输,都不存在运河与海运相互矛盾或竞争的局面。

元代以后,贯通南北的京杭大运河主要功能是保证朝廷的漕运,即由江南向首都北京地区和中央政府的储备系统运送粮食;其他物资和人员的来往,只能在每年的漕运完成后,或者在保证漕运的前提下才能进行。实

际上，即使在运河畅通的情况下，也不能满足南北间运输的全部要求，沿海的航运也能并行不悖。而且由于运河往往受到黄河决口泛滥的影响，从元代开始，就一直有人建议以海运取代运河漕运，并且不时在进行试验。但海运主要的困难还是无机械动力的木船，在安全和准时两点上缺乏保障，满足不了漕运的需要。1855年（清咸丰五年）黄河改道，由山东境内的今河道出海，运河堤被冲毁，汶水被黄河水挟带东流，这一段运河水道枯竭。而此时海运却因航海技术的进步和新式轮船的引进而日益兴盛，承担了部分南粮北运功能。清政府又改漕为折，即将一部分北运南粮的定额改为按粮价折征现金，政府在北京收购粮食。至此，通过运河输送的粮食已只是原来的一小部分。至1901年（光绪二十七年），清政府将漕粮全部改折，停止漕运。明清以来延续了数百年的由官方实施的南粮北运就此告终，运河失去了它的主要功能，地方政府也不再投入人力物力加以维护，其中黄河北至临清一段很快淤为平陆。可见，海运的兴盛恰恰是导致运河彻底衰落的主要因素之一，认为运河的存在妨碍了海运无疑是本末倒置。

二、影响中国古代航海发达的主要原因还是中国本身的自然、人文地理条件，也与中国所处的地理环境有关

中国历代的疆域主要在大陆，海岸线集中在东部和东南部，向西、向北无法接近海岸，所以疆域越广，多数地方离海岸线越远。中国虽然有18000多千米的海岸线，有些朝代的海岸线更长。但由于从商、周到唐、宋，发达地区还是集中在黄河流域，其他地区的海岸线所起的作用不是很大。

中国的渤海、黄海、东海、南海与地中海比较，地中海是一个封闭的内海，风暴较少，几乎不受潮汐的影响，而中国这些海都是太平洋的边缘，每年都有台风、潮汐产生的灾害。地中海周边的距离不远，中间还有不少岛屿，航行的风险不大；而从中国海岸出发，一旦偏离航线就难达彼岸，遭遇意外往往难以生还。更重要的是，地中海沿岸古代文明交相辉映，古埃及、巴比伦、亚述、腓尼基、希腊、罗马等文明先后兴替，几乎遍及亚、欧、非三大洲的地中海沿岸。而在中国的海外，朝鲜半岛、日本列岛、中南半岛等早已受到华夏文明的影响，形成与中国同质的文明，还长期落后于中国大陆，所以这些地区的人可以不畏艰险、不避风涛来中国学习，但中国人却不认为有向他们学习的必要。

中国大陆有大片土地可以开发，农业生产发展依然有余地。在国内资源能够满足国家和国民基本需求的条件下，中国不可能形成外向的、富有冒险精神的、向海外发展的价值观念和社会风尚。由于不了解外界的实际，直到晚清，"天朝无所不有，无需仰赖外人"的观念还是根深蒂固、难以动摇。

正因为如此，中国古代对海洋的重要性主要着眼于"鱼盐之利"，而不是航海，更不是远航。经济的重心是在"天下之中"，在大陆的腹地或中心，而滨海地区与深山一样，被看成是文明的边缘，是贫困落后地区，再往外就是"天涯海角"，或"天尽头"了。当运河沿岸成为经济文化高度繁荣的区域，形成扬州、临清、王家营、清江浦这些名城巨镇时，苏北和山东的海滨的确还冷清寥落、地广人稀，但两者是没有什么因果关系的。

遗产应保护，"恢复"须慎重

    大运河作为人类共同的历史文化遗产的事实已经成为共识，历经千年的古河道及相关的文物有望得到切实保护。但是，当我听说有些地方出于"保护"或保护以外的目的，准备恢复运河"原貌"时，却不无忧虑，希望主管部门和当地民众务必慎重考虑。

    任何一项文化遗产都属于过去，不可能也不必要完全延续到今天，否则也就不称其为遗产了。在已经确定的世界文化遗产之中固然有少量现代甚至当代的项目，但列入的原因也在于它的代表性、典型性及其对未来的影响，它们所代表的也是已经过去的年代。一旦它们被列为文化遗产，更多的也是考虑对它们的保护和保存，而不是利用和改造。而且，无论这项遗产在历史上起过多大的作用，都不可能完全适用于今天，即使能够百分之百地保存或恢复，也不可能再发挥当年的实际功能。遗产之所以成为遗产，当然也有自然或人为的破坏因素，但最主要的原因还是它已不适应现实需要，或者已经被更合适的内容取代。

    大运河也是如此。作为贯通南北、连接北京与杭州的人工水道，大运河之所以能开通并维持数百年，主要是为了保障首都北京的粮食供应。而运河的最终废弃，也是因为它的功能已经为铁路、海运等现代交通手段所取代。保存应该是无条件的，今天还存在的遗址遗迹都应尽可能保留下来。但是否需要恢复，就得考虑有没有实际价值，权衡各方面的利弊得失。

    从北而南的大运河并不是处在同一个海拔高度，其中山东河段要比两端高约 40 米，所以要通过多节船闸将水位提高或降低，才能保证正常通航。除了需要建造或维护一批船闸，配备相关的人力以外，还需要有充足的水源。但山东恰恰缺水，特别是在发生干旱时，运河水源与农业和生活用水的矛盾非常突出。为了确保运河通航，历代统治者都不惜损害农业与民生，在漕运未过时滴水不许使用。运河与黄河相交，在黄河洪峰到达或决口泛滥时，保运和治黄不可得兼，一般也都将保运放在首位，甚至有意不堵黄河决口，以利运河通航。

还应该了解，运河在沟通几大水系的同时，也使不同水系间的灾害相互影响，部分下游入海河道的淤塞，也与运河的沟通与分流作用有关。[1]

正因为如此，隋炀帝开南北运河时，是将北京（涿郡）至洛阳和洛阳至杭州分两段开凿，避开了山东。至元朝建都北京（大都），才不得不打通山东段，以保证首都的粮食供应。以后明、清相继以北京为首都，自然必须不惜代价维持这条生命线。尽管如此，运河的延续还是受到缺水、黄河灾害的威胁。元代开始，统治者就尝试以海运取代漕运，或者设法绕过山东段，漕运一直是中央政府、沿途地方政府和民众一项沉重的负担。所以，当机动海轮显示出快速、安全、经济的特点后，海运粮食便成为可行的选择；而在津浦铁路开通后，铁路运输已经完全可以取代运河水运。单纯为了运粮，自然没有必要再花费巨大的物力人力来维持大运河了。

运河的长期繁荣曾经造就和滋养了一批沿运城镇，如江苏的王家营、清江浦（今淮安、淮阴），山东的临清等，都曾经"百货山积""烟火万家""百业兴盛"。但这些城镇经济发展的基础完全依赖于运河的物流和客流，以及为维持运河的运行所必需的人力和物力。一旦运河废弃，这些城镇自然失去了繁荣和存在的基础。如果不找到新的增长点，怎么可能人为地"重振雄风"呢？

同样，沿运地区的区域文化，或者被称为"运河文化"，也离不开运河在正常运行时所提供或形成的经济、文化、社会、历史背景。试想，如果沿运地区成为贫困地区，原来发达的戏曲、节庆、祭祀、餐饮、书画、建筑、园林等还能延续吗？当然，文化有一定的滞后性，在经济基础和社会结构改变后，还可能存在一段时间，但最终离不开经济基础。同时，一定形态的文化是与一定的经济基础相适应的，即使现在在经济上"重振雄风"了，也只能产生与新的经济因素相适应的文化，不可能完全恢复当年的"运河文化"。

---

1 有关历史时期南北大运河利弊的全部论述，见邹逸麟《从地理环境角度考察我国运河的历史作用》，原载《中国史研究》1982 年第 3 期，编入邹逸麟《椿庐史地论稿》，天津古籍出版社 2005 年。

从 20 世纪 50 年代"大跃进"开始，不断有人提出大运河全面恢复通航，实现从杭州坐船到北京的"梦想"，现在还不时有人提及。按照现在的条件，在技术上、财力上不会有什么困难。三峡工程、南水北调工程都能建，哪怕是重挖一条大运河，又有何难？但如果是出于经济目的，那就不妨计算一下成本。即使不考虑建设成本，运行和维护的费用又需要多少？无论是客运还是货运，能与铁路、公路竞争吗？到时会有足够的货源、客源吗？近年来，长江客运、沿海客运不是基本上都维持不下去了吗？

如果是为了保护文化遗产，那更不能全面恢复。运河部分段的废弃已经上百年，遗迹遗物所存无几，即使不考虑成本，也只能恢复出一条假运河，或重建一条新运河，全面恢复实际上将是一场全面破坏。这样的假、新运河建成之时，也就是运河的遗迹遗事彻底消除之日。

今天，沿运地区的人口压力比当初大，工农业和服务业所需要的水量比以往大，山东和北方缺水现象已经相当严重，即使南水北调的东线和中线工程完成，前景也未必乐观。如果不考虑经济、社会和环境效益，非要让运河故道中有水，能行船，甚至让这些船上下船闸，还要恢复早已废弃的桥梁、闸坝、河房，有必要吗？有可能吗？假使仅仅是为了旅游、景观、民俗，或者是为了发思古之幽情，岂不是太奢侈了吗？近年来，一些北方城市或沿运城镇盲目扩大水景，挖掘景观水道、人造湖，造成大量水蒸发、渗漏，或者留下一潭死水脏水，很不妥当。我们应该吸取教训，亡羊补牢，采取补救措施，千万不要再打着"保护运河遗产"的旗号，实际做着破坏遗产和环境的蠢事。

当然，山东以南的大运河从来没有废弃过，并且一直在发挥越来越大的作用，称得上"活着的文化遗产"。但同样应该注意，文化遗产重点在保护与保存，不要盲目地"恢复"。

大运河历史与大运河文化带建设刍议

2014 年，中国大运河成功列入世界文化遗产名录。2017 年 2 月和 6 月，习近平总书记两次就大运河保护、传承、利用作出重要指示和批示。为贯彻党的十九大精神，落实习近平总书记重要指示，我们应该如何推进大运河文化带建设？

大运河文化带建设的议题很宏大，应注意全面把握。过去很多人对"一带一路"倡议有误解，党的十九大以后大家才逐渐认识到："一带一路"倡议不是为了重建历史上的丝绸之路，而是为了推动形成全面开放新格局，构建国际利益共同体乃至人类命运共同体，符合这一目标的都属于"一带一路"建设。各地方的"一带一路"建设谋划应当建立在深刻理解其实质、历史背景和自然条件等的前提之上。

同样，大运河文化带建设应当基于马克思主义历史唯物论，实事求是，综合考虑历史背景、地理环境和经济建设要求等，不能仅仅从历史方面考虑，也不能夸大历史或任意想象历史。

一、实事求是探寻大运河历史

中国的运河有悠久的历史，重要的运河不止一条，京杭大运河无疑是其中最重要的，但不应与其他运河，如隋炀帝开凿的运河相混淆。隋炀帝开凿的运河有两条，一条是从洛阳通往涿郡即今天的北京的永济渠，还有一条是从洛阳通往扬州再连接到杭州的通济渠、邗沟和江南河，两条运河中间并不连通。元朝为了在北京建立全国性的首都，解决运粮问题，修浚、利用一部分隋唐以来原有的运河和某些天然河道，又在山东开凿济州河、会通河，在北京、通县间开凿通惠河，才形成了京杭大运河。

所以我们今天讲大运河、运河，一般就是指京杭大运河；讲运河文化，就是讲这条运河所承载的文化，以及在这条运河沿线形成和长期存在的文化。当然，广义的运河应该包括中国历史上存在过及今天还存在的全部运河，广义的运河文化也应以这些运河为存在的基础，但必须作具体界定，不能混淆概念。

京杭大运河的主要目的和功能就是为了保证国家的统一和首都的安全，保障首都和北方边疆的粮食供应。到唐朝后期，太行山以东华北平原生产的粮食已经无法满足首都长安和关中地区的需求，不得不依靠江淮和江南的供应。元朝统一后，北京成为全国性的首都，北京周围和北方无法承担粮食供应，只能依靠江南。而要把数百万石粮食运到北京，当时唯一可行的办法是通过运河水运。元朝也尝试过部分海运，但没有成功。明朝继续建都北京，又沿长城设置"九边"，驻扎大量军队，江南的粮食不仅要保证首都的供应，还要调运到北方边疆，运输量更大。清朝疆域空前辽阔，首都北京的功能更强，人口更多，保障粮食供应的任务更重。直到清末海运兴起，基本取代运河，1901年（光绪二十七年）才停止漕运。从历史大势和全局看，元、明、清三朝只有将首都设在北京才是最正确的战略选择，才能最大限度地维持稳定和安全。可以毫不夸张地说，没有大运河保证漕运，北京就不可能成为元、明、清三朝的首都；没有大运河，元、明、清的统一就无法维持和巩固。

但为了达到此目的，历代政府和人民也付出了巨大的代价。

首先，要使大运河南北贯通，无论如何都绕不开山东这片丘陵，而这片丘陵的海拔比南北两侧大约高40米，比一座十层楼房还高些。运河河床要逐渐提高到海拔40米的高程，然后再逐级降低40米。在完全没有机械动力提升工具的条件下，要靠人工将运河水逐级提升，建一座座水闸、船闸加以拦蓄，还得将装载粮食的船用人力拉上这些船闸，然后通过逐级下泄降低水位，粮船逐级下降至正常水位。为此，这段运河要建设和维护大批水闸、船闸，常年保持大批修建、维护、操作人员，每次粮船过闸都要耗费大量人力和水量。偏偏山东丘陵长期干旱缺水，为了确保粮船通航，必须维持运河水位水量，所以连周围的山泉水都被引入运河。官府还下严令，只要粮船没有过尽，即使农田干涸，滴水也不得汲取。大运河在河北境内水位虽不需升降，但河北经常干旱缺水，要确保漕运则无法兼顾农业生产。

其次，大运河沟通了海河、黄河、淮河、长江、钱塘江五大水系，固然为通航创造了条件，但也使各水系的灾害相互影响，甚至破坏了正常的水系。各水系的水量、水位、流速、含沙量并不相同，本来都自成体系，内部调节，连通后就不可避免地产生新的矛盾。如海河水系最早都是分流入海的，自从曹操开平虏渠运粮，加上以后形成的连通各水道的运河，使这些河道的下游逐渐淤塞，形成众水合流于海河入海的格局，一直无法有效消除水灾。中华人民共和国成立后治理海河，不得不重开或新开这些河流下游河道，恢复分流入海。淮河的下游也早已淤塞，治淮工程也包括开凿苏北灌溉总渠和一系列下游新河道。

在不具备修建大型渡槽或水下隧道的条件下，大运河必须直接穿越黄河。干旱时黄河水位低，宝贵的运河水会大量流入黄河；只有黄河洪水泛滥时，才能保证运河有充沛水量。明清时每当黄河水灾，或决溢泛滥，往往为了保运河通航而不能及时堵截治理。

今天，大运河江苏段一直保持通航，江苏利用运河运输超过历史上任何时段。但大运河山东段和河北段则大多废弃淤塞。有人提出要恢复大运河通航，这种观点没有考虑经济代价，并不可取。

现在有些人一再提出要全面恢复大运河，我敢肯定，他们根本不了解这些事实。当初不得不付出的巨大代价，不自觉给自然环境造成的破坏，今天还有必要重演吗？

总之，要实事求是了解和研究大运河历史，不要因为历史重要任务与今天的目标不同就回避隐瞒。

二、辩证评价大运河文化，弘扬精华、抛弃糟粕

还有些人想当然地认为，既然大运河那么长，沟通了五大水系，连接北京、天津、河北、山东、江苏、浙江，包括济南、扬州、镇江、苏州、杭州这些经济文化发达、人口稠密的地区，肯定在经济、文化的交流和人口的流动中发挥了巨大作用。事实并非如此。因为大运河的基本功能是保证国家的漕运和治理需要，所以在每年的运粮任务完成之前，是不对民船开放的。而当船队过尽，往往山东段的水也泄得差不多了，可利用的运力相当有限，而且也是官船优先、官方的货物优先。由于山东段的运力有限，多数货物过淮河后就得在王家营"起陆"，改为陆路运输，过了这一段后再走水路。

所以，贪官污吏、勾结官府的商人都利用漕运夹带私货，或让民船混入运粮船，或者在漕运过后获得优先通行的机会。想要尽快通过这数十座船闸，往往离不开徇私枉法、勒索贿赂，由此滋生的腐败屡禁不止，愈演愈烈。依托运河的驿传系统本来是国家治理、政令上通下达、公务往来便捷的途径，结果成了假公济私、超标准享受、人浮于事、敲诈勒索、鱼肉百姓的祸国殃民系统，到明末被完全裁撤。运河的维护和运行需要庞大的人力和物力，每年有大量正常的工程和灾险工程，国家投入巨资，自然成为贪官污吏垂涎的肥缺、劣绅猾胥钻营的渊薮。漕运衙门与河道衙门一样，是明清时期最腐败的两个政府部门。同样，依托运河与水运形成的食盐产销网络被徽商掌控。为了巩固自己的垄断地位，徽商以其部分利润建造园林、蓄养艺伎、赞助艺术、附庸风雅、结交官员，因此扬州等地公款吃喝盛行、奢靡成风、青楼林立、"瘦马"闻名。运河沿线也是秘密会社活跃、黑社会猖獗的地带，漕运中的青帮、水运道上的水火帮、码头上的帮派、各色人员中的团伙，因交通便利、人口聚集和物资充足而形成更大的破坏力。

大运河文化中地方服从中央、举国一体、创新文化等精神需要弘扬和提升，而其中腐败、奢靡和秘密会社性质的糟粕应当坚决抛弃。工程、建筑、水利、规划、管理、园林、饮食、书画、戏曲、工艺、风俗等物质和非物质文化要尽可能加以保护、保存、记录，但在继承发扬时也要有所选择，进行创造性转化。

三、运用历史唯物论综合研究新时代大运河文化带建设

新时代大运河文化带建设研究应当运用历史唯物论，处理好保护与开发的矛盾、传承与创新的冲突，因地制宜，加强文明互鉴和综合性研究。

第一，大运河交织着世界文化遗产，涉及世界遗产的部分应当加强保护，避免破坏原状的扩建改建。比较矛盾的是，大运河江苏段被称为活的遗产，大部分还是今天的黄金水道。但是太活了，遗产就没有了。这里应当区别对待，被列入遗产的历史遗迹段不应谋求扩建重建，而是要尽可能保存下来。保护遗产和发展经济、扩大运输发生矛盾时，只能将保护放在首位，另谋发展途径。

国内的文物建筑保护修缮曾倾向于整旧如新，以假乱真，但近年又有另一个极端——修旧如旧。世界历史文物建筑保护存在一个《威尼斯宪

章》，其精神是要"留白"，要求在文物保护修缮过程中，将古时遗留的建筑部分和为保护遗产新建的部分进行明显的颜色等方面的区分，让新旧建筑部分一目了然。《威尼斯宪章》是1964年5月31日从事历史文物建筑工作的建筑师和技术员国际会议第二次会议在威尼斯通过的决议，包含"任何不可避免的添加都必须与该建筑的构成有所区别，并且必须要有现代标记"，"缺失部分的修补必须与整体保持和谐，但同时须区别于原作，以使修复不歪曲其艺术或历史见证"，以及"任何添加均不允许，除非它们不至于贬低该建筑物的有趣部分、传统环境、布局平衡及其与周围环境的关系"等条款。

第二，运河文化带的建设不是简单的复古，而是创新；不是恢复元、明、清大运河的风貌，实际上也恢复不了，而是着眼于今天和未来，将古代运河文化的精华融入现代的运河带，转换为符合社会主义核心价值观的新文化。

第三，在不破坏历史遗产的前提下，合理规划大运河文化带建设中的旅游项目。旅游要满足民众精神和物质享受的需要，但作为一项产业要讲经济效益。从中国和运河地区的实际出发，不要将运河地区的旅游资源估计过高，对不利因素要有充分认识。例如，还在利用的运河河道是黄金水道，承担着繁忙的运输任务，能够用于游船的安全水域有限。运河周围现有景点的游客已相当饱和，而多数河段缺乏观赏性。又如有些地方准备发展豪华游船，但水上旅游时间较长，有消费能力的人没有时间，有时间的人又没有消费能力，所以不能盲目上这些项目。

第四，大运河文化带建设一定要与环境保护、生态平衡结合。运河文化离不开水，但大运河的山东、河北段历来缺水，今天更严重。好不容易通过南水北调输送到北方的宝贵的水不能浪费，用得不好还会破坏环境。现在不少地方滥建水景，动辄"再现运河繁华"，甚至要完全恢复运河故道，根本没有考虑河里的水哪里来，怎样常年维持，更没有认真做过环境评估，很可能造成不可弥补的损失。

第五，大运河文化带建设应当加强经济、文化、旅游、生态等各方面的综合性研究。每个相关学科不应只看到自己的长处。这种综合性研究单靠一个人无法胜任，而要依靠群体力量。历史学无法单独解决实际问题，但对解决实际问题又不可或缺。离开历史学研究，领导和其他学科专家就难以获知真实的历史背景和文化精华。而为了提供真知，各个学科的研究人员都应当实事求是，要讲真话，不要为了取悦领导、取悦民众，就隐瞒真相，专挑好话讲。在建设规划过程中，应当鼓励研究人员探讨风险和可能出现的问题，包容不可行性研究，不能一味地谈可行性。不可行性研究往往更有利于规划方案的完善。

总之，我们应当在习近平新时代中国特色社会主义思想指导下，根据马克思主义历史唯物论，发扬实事求是的优良传统，加强对大运河文化带建设的研究和规划。

运河与江苏文化

从历史上讲，大运河分为两个阶段：一个是从春秋时期的邗沟逐步形成的由中国政治中心长安、洛阳通往东南的扬州以及杭州的运河；第二个是元代开通的从首都大都（今北京）到杭州的京杭大运河。不管哪个阶段，江苏都是得益的，大运河对江苏的文化、经济、社会各方面的发展都是有益的。

我们现在研究大运河，作为一种历史现象，它其实有两方面影响，有积极的一面，也有消极的一面。从地理上看，水系的沟通未必是好事。比如说，历史上的海河水系，原来不是连通的，而是分流入海，后来由于人为原因连通了，上游的水一旦泛滥，主要河道就成为其他河流共同宣泄的地方，时间一长，其他河流的下游就淤塞了。我们在研究运河的时候，往往忽略自然方面的特点。中国河流的基本流向是由西向东的，但是运河为了水运必须沟通南北、跨水系才能发挥它的作用。正因为如此，它在便利跨水系交通运输的同时，把水患也连通了。

开通大运河时，江苏由于地形上的优势——由西向东平缓倾斜，是不需要人工去调节水势的，因此它是受益者。但山东却在默默地承担着一切——因为要使大运河南北贯通，无论如何都绕不开山东这片丘陵。而这片丘陵的海拔比南北两侧大约高 40 米，运河河床要逐渐提高 40 米，然后再逐级降低 40 米。在完全没有机械动力提升工具的条件下，要靠人工将运河水逐级提升，建造一座座水闸、船闸加以拦蓄；还得将装载粮食的船用人力拉上这些船闸，然后通过逐级下泄降低水位，粮船逐级下降至正常水位。而山东恰恰是缺水的地方，所以明朝、清朝为了保证国家漕运，规定在漕船过境以前，运河是不能作其他用途的。为了保证运河水位，连山泉水都得引入运河，甚至连遇旱灾时周围农田也"滴水不得用"，不惜牺牲农业。

还有一个问题就是运河和黄河水患之间的关系。黄河与运河是在同一海平面上交叉的，水位相同。黄河旱时运河也缺水，而黄河洪水泛滥时运河水量也充足，对漕运有利。统治者不得不在两者之间作出选择。为了保运就不堵黄，在漕运完成前不堵决口，不修河堤，所以沿黄河地区都受影响，苏北里下河的水灾也与此有关。

既然运河成本这么高，为什么不实施海运呢？将粮食从南方直接海运到天津，或者从山东运往天津，其实并非没有试过，只是没有成功。一个原因是当时还没有轮船，海船本身没有动力，中国沿海没有稳定的洋流，只能靠风力，无法保证安全、及时运到。另一个原因是当时没有电报、电话等长距离通信设备，粮船在整个航程中都无法与岸上联系。首都和沿边军事重镇的粮食供应必须确保，显然不能采用风险如此高的海运。

但这些不利因素基本与江苏无关，所以江苏是运河最大的得益者。在运河的第一阶段，中国的政治、经济重心在黄河中下游。无论是从长安、洛阳还是开封，要沟通江南，沟通江苏，都可以首先利用黄河、淮河的支流进入淮河，再通过邗沟形成的运河水系到达扬州，进入江南。船一过长江，就进入一个非常畅通的水道体系。清朝末年漕运废除和津浦铁路的通车导致京杭大运河山东段、河北段淤废，但江苏段运河至今还是黄金水道，运量始终在增长。

两个阶段的运河都沟通了人流、物流，也沟通了南北的文化交流。中国历史上几次重大移民，无论是战国后期、秦汉之际、两汉之际、永嘉乱后、安史乱后、靖康乱后，主要都是按中原—淮河支流—运河这样的路线南迁的。包括江苏在内的南方是主要受益者，不仅吸收了大量高素质的移民，也因此使本地的经济文化水平显著提前，本地的人才也因之产生。如吴郡（治今苏州）人陆逊，在三国时期还是一个地方性人物，但是到了西晋初年，他的后裔陆机、陆云便成为全国知名人物，这无疑与这一带因北方移民的迁入引起经济、文化的进步有关，与南迁有关。京杭大运河的山东、河北段往往因水量有限，在漕运结束前不允许民船使用，也不许搭载普通旅客；江苏段河道开阔、水量充足，不受此影响，成为真正的经济文化交流的渠道。

我们现在讲文化，不能太抽象，要根据马克思主义历史唯物论——文化就是特定的群体在特定的时间和空间范围里长期形成的生活、生产、生存方式，以及在此基础上形成的行为规范、风俗习惯、心理心态、政治制度、伦理道德、价值观念、意识形态及相应的学术、艺术、宗教等，这些都离不开它们赖以存在的物质基础和自然环境。运河文化的物质基础，就是运河及其周边地区。物质基础的变化必然影响甚至决定了相应的文化变化，在外部和内部都是如此。上海本属江苏，与江苏各地通过运河水系与太湖水系相连，有便利的人流、物流条件。近代上海崛起为中国新的经济文化中心，也成为中外交流的中心。江苏通过水运向上海提供了大量物资、资本、劳动力和人才，成为上海资本和移民的重要来源。与此同时，上海也为江苏对外开放和吸收全国、全世界的新文化创造了条件。如清朝废科举后，大批江苏的知识分子和青年学生就是通过上海赴日本和欧美留学，科学技术、新知识、社会主义、马克思主义通过上海传播到江苏各地。江苏的优秀人才在上海成为全国知名的专家学者、政治领袖、企业家、作家、出版家、记者、艺术家等，有的又回江苏活动，提升家乡的经济文化。

而苏北的衰落，一个重要原因就是大运河中断后，津浦铁路成为南北交流的主流，不再经过苏北。清江浦、王家营曾经与山东的临清一样是天下闻名的大码头，现在大概连地名都不大有人知道了。

总之，我们应当根据马克思主义历史唯物论，发扬实事求是的优良传统，尊重历史事实，全面深入研究运河和运河文化，特别要重视地域性的、专题性的研究，以加强大运河文化带建设。

江河流淌看中国

江南：

以水为源，因水而兴

"苏常熟，天下足"与"湖广熟，天下足"

　　从唐朝后期开始，中国的经济重心不断南移。随着人口的增加和农业生产的发达，南方特别是江南，在全国的经济地位越来越重要。经过五代和北宋两百余年的持续发展，江南的农业生产在全国已占有举足轻重的地位，当地生产的粮食已成为国内主要的商品粮来源。在陆游的文章中已出现"苏常熟，天下足"这样的说法，说明最迟到北宋末年南宋初年，苏州、常州（大致相当于今江苏省苏州市、常州市、无锡市和上海市西北一带）生产的粮食不仅能满足本地日益增长的人口的需要，还可以有大量富余，用于保证中央政府的调拨并供应外地。

　　江南的农业生产能达到这样的水平实属不易，因为这一带虽然气候温和，雨量充沛，土地肥沃，但地势低洼，洪涝频繁，有时也会出现持续干旱，还容易受到台风和海潮的影响。只是自晚唐、五代以来不断兴修水利，形成了比较完善的排灌系统，才形成"鱼米之乡"的格局。江南土地有限，在人口增加后更是地少人多，因此逐渐形成了精耕细作的传统，复种指数不断提高，土地利用达到极致。北宋初年从今越南引进的早熟双季稻已在江南推广，对增加粮食产量起了一定作用。

　　当然，江南的农业生产能有如此重大的作用，还与北宋总体形势有关。当时的首都开封一带需要大批粮食，主要通过汴渠运输，而汴渠又通过淮河至扬州间的运河与江南相连。沿线的豫东南、淮北、淮南、苏北都无法提供大批粮食，江南自然成为最理想的来源。北宋的北界已退到了今河北、山西的中部，西北又受到西夏威胁，今陕西已是前线，所以对南方的依赖性越来越大。西南边境在今云南一带，是自立的大理国，今广西和湖南西部还是少数民族的聚居区。四川盆地虽已相当发达，但向中原的运输非常困难。

由于南宋的疆土局限于淮河和秦岭以南，南宋后期川陕战事不断，经常交通断绝，江南的重要性更加凸显，苏常的粮食生产成了南宋的经济命脉。

但到了明朝中后期，却出现了"湖广熟，天下足"的说法，并且再也没有改变。显然，以今湖北、湖南为中心的长江中游平原已经取代苏常，成为全国商品粮的基地。

江南的农业生产并没有退步，依然保持着鱼米之乡的美称。但毕竟土地资源有限，除了围湖造田、拦河造地或利用沿海滩涂外，已经没有任何开拓的余地。而向水要地很快会导致水旱灾害，而且成本很高，并非小农经济所能承受。明朝初期全国已有约 7000 万人口，到明朝后期已突破两亿，加上境外的蒙古、女真等民族也需要部分粮食供应，如此大的需求自然无法由江南一隅来满足。再说江南本身的人口密度也在不断提高，稳居全国之最，能够提供的商品粮越来越少。像人口最稠密的苏州地区，已需要从外地购买商品粮了。

商品粮生产格局的改变，非但没有降低江南的经济地位，相反，在明清的大多数年代，苏州府、松江府（今江苏省苏州市和上海市一带）承担的赋税额度是全国最高的。如果加上长三角地区的其他府州，所承担的赋税经常占全国半数以上，是朝廷最重要的利薮。清朝前期将江南的大多数县一分为二，主要也是出于征收赋税的考虑。如果说湖广的粮食主要供应各地百姓，那么充实国库的主要还是江南的粮食。

这种转变既是江南经济发展的巨大进步，也是江南人在生存压力下的明智选择。显然，在如此人多地少的条件下，完全依靠粮食生产已经无法充分发挥当地人力资源的需求，甚至难以养活持续增加的人口。所以在继续精耕细作，不浪费一寸土地的同时，大批劳动力逐渐转向生产经济作物和从事手工业、商业及其他服务业。尽管一部分由自己生产粮食转变为购买商品粮，江南由粮食输出地变为局部粮食输入地，但经济发展没有受到影响，生活水平继续提高，城镇增加和扩大，商业手工业持续繁荣。为了节约土地，江南的民居相当密集，就连富人的私家园林也以精致高雅取胜，占地面积一般不大。

在"湖广熟，天下足"格局形成后的数百年间，江南的经济在全国始终保持领先地位，说明江南由以粮食生产为主向重视粮食生产、发展多种经济和服务业的转变取得了完全成功。这也为 19 世纪后期上海的崛起准备了条件，中国的现代化首先在江南展开绝不是偶然的。

以水为源，因水而兴

——上海：从水乡、水镇、水县到水都

公元 10 世纪后期，一个聚落在一条名为上海浦的小河旁形成，因而得名上海。

到 1023 年（北宋天圣元年），这里设立了一个征收酒税的机构——务，显然得益于这一带发达的水运。因为无论是为酿酒提供充足的商品粮，还是因为这里是酒贸易的集散地，都离不开农田灌溉或水运。

至迟在 1267 年（南宋咸淳三年），上海正式建镇，至 1292 年（元至正二十九年）上海镇升格为县。这无疑是当地人口增加、农业和工商业繁荣所致，这些正是水利、水运条件得到充分利用的结果。

元朝在全国设立七个市舶司，专门管理沿海贸易和船舶、港口事务，其中一个就设在上海。上海通过吴淞江可以通向长江口和东海。至迟到 14 世纪后期，黄浦江—吴淞江（今苏州河）水系已经形成，上海县城位于黄浦江畔，距吴淞江汇入黄浦江处也不远。这使上海在中国东部占据了"江海之会，南北之中"的绝对优势。世界第三大河、中国最大的长江在此入海，而长江口正处于中国海岸线的中点。清朝在江苏、浙江、福建、广东四省设立海关，管理从浙江乍浦到江苏连云港的江海关原来在连云港的云台山，1687 年（清康熙二十六年）迁至上海，就是上海这一区位优势所决定的。

鸦片战争后，清朝被迫开放五个通商口岸，上海为其中之一，在 1843 年正式开埠。随着外贸量日益增加、外贸对中国经济的重要性逐渐加强，上海自然成为中国经济最活跃、增长最迅速的都市，并很快成为中国和远东最大的工商城市。在航海是国际人流最主要的交通方式的条件下，上海

也成为中国最大的进出口岸。10世纪后，长江流域已取代黄河流域，成为中国经济、文化相对发达的区域。通过长江及其支流水系，这里的物资，如桐油、猪鬃、矿产等汇集在上海出口，国外的工业产品和中国需要的物资，各种"洋货"如洋布、洋油（汽油、煤油）、洋烛、洋灯、洋车等，通过上海进口。长江流域的劳工、青年、学生、学者、官员先到达上海后，再乘船出国务工、留学、考察、研究，返回上海后又流入全国各地。当年邓小平、蔡和森等都是乘船沿长江到达上海，再从上海去法国勤工俭学的。中国最大的留学日本群体——江浙学生、青年，都是从上海往返于日本的。

黄浦江、吴淞江水系的上游连接着长江三角洲，苏南、浙北，中国传统的江南地区，而这是近千年来中国经济和文化最发达的地方。这一水系还沟通京杭大运河，将上海的内河水运扩展到长江以北。上海开埠时，城镇人口不足10万，至1900年，上海租界人口已达100万。这些移民几乎全部是通过内河水运到达或往返于上海的。

上海地处江南，通过水运，上海始终保持着江南文化的特色。主要来自江南的高素质的移民带来了优秀的中国传统文化，与传入上海的西方文化的先进理念、管理、技术结合，形成以"海纳百川"的开放包容、契约精神、职业道德为特色的"海派文化"。

从吴淞江到苏州河

1843 年上海开埠后，来到上海的外国人逐渐增加。当他们了解到从黄浦江的支流吴淞江可以通向苏州，就将这条河称为"苏州河"（Suchow Creek）。1845 年 11 月，英国驻上海领事巴富尔与驻上海的苏松太道（上海道）台宫慕久签订了《上海土地章程》，确定将洋泾浜（今延安东路）以北、李家厂（今北京东路）以南、黄浦江以西之地 830 亩作为英国居留地，被称为英租界。次年又明确西界定于界路（今河南路）。1848 年 11 月，英国领事阿礼国与上海道台麟桂签订协定，将英租界西界扩展到泥城浜、周泾浜（今西藏路），北界扩展到"苏州河"，租界面积扩大到 2820 亩。大概是因为英国人提出要求时就使用了"苏州河"这一名称，并为协定文本所采用，而没有用这条河的正式名称吴淞江。这是"苏州河"这一名称首次出现在官方文件中，但当时的上海人大多还不知道这个名称，更不会用它取代吴淞江。以后，租界当局编制发行的《上海地图》将吴淞江北新泾至黄浦江一段标注为苏州河。随着这一区域发展成为上海这座新兴城市的主体，租界人口成为上海市民的大多数，"苏州河"的称谓完全取代了吴淞江下游，并且随着市区的扩大由北新泾向上游推移。时至今日，大多数上海人已经不知道吴淞江了。

其实，吴淞江的历史不仅比上海的历史长得多，而且要比这一片土地上的任何聚落的历史都要长。更确切地说，有了吴淞江，才有了其流域的人类文明，才有了包括上海在内的聚落，并最终发展为中国最大的城市。

吴淞江古称松江，因地处吴郡而被称为吴松江。吴郡始建于 129 年（东汉永建四年），虽然西汉初就因会稽郡的治所在吴县（今江苏苏州市）而称吴郡，但普遍使用应在吴郡设置之后，所以吴淞江的名称应形成于公元 2

世纪前期。以后又因作为水的专名，松字旁加了三点而为淞，一般就写为吴淞江，或仍称为淞江。吴淞江的水来自太湖，太湖古称笠泽，因而又有了笠泽江的别称。文人雅士更因太湖水源出于天目山东麓松柏茂密的山丘，又称之为松陵江。

相关的专家学者认为，松江就是《尚书·禹贡》中的"三江"之一。《禹贡》成书不晚于战国后期至西汉初，那么松江至迟在公元前2世纪初就已存在。至于包括松江在内的三江的确切位置和走向，历来聚讼纷纭，莫衷一是。其实，这本来就是一个不可能有标准答案的问题。因为从太湖往东至海是一片冲积平原，中间只有少数几个残留的山丘。这片平原的尽头还刚刚露出海面，在渐次成陆的过程中还没有形成茂密高大的植被，大多数地方人烟稀少，尚未开发利用。当年的太湖还没有任何堤坝之类的人为约束，湖水自然汇聚在平原上相对低洼的地方，在水的重力作用下流向更低的地方，最终入海。年深日久，平原上形成了若干条太湖入海的水道，其中主要的三条获得了东江、娄江、松江的名称，被称为三江。在先秦时期，这些水道都还没有堤坝的约束，加上这片平原几乎没有坡度，水道的比降极低，太湖来水多时自然会泛滥至水道两旁，而来水少时又会形成淤积，这些水道的位置和走向变化频繁。在本来就没有详细确切的记录的条件下，后人根本无法复原。秦汉以降，吴淞江两岸及其流域居民和聚落逐渐增加，开发程度不断提高，水道趋于稳定，直接和间接的记载也陆续出现，有的留存至今，使我们对各阶段的吴淞江有了更多的了解。

东晋的史料中出现了沪渎这个地名，《晋书·安帝纪》：401年（东晋隆安五年），"孙恩寇沪渎，吴国内史袁山松死之"。袁山松抵抗孙恩战死的地方沪渎就靠近吴淞江的入海口，此后吴淞江的下游被称为沪渎。沪（滬）字来源于扈，本意是一种竹子制作的捕鱼工具。估计是当地人在吴淞江下游靠近入海口处普遍使用扈这种渔具，使这段河道获得了沪渎的别称。

由于太湖来水充沛，吴淞江河道深广，很多河段一望无际，像烟波浩森的湖泊，"可敌千浦"，到唐朝时河道还有二十里宽。便利的航运条件与丰富的水源滋养了沿岸聚落，在支流青龙江汇入吴淞江之处形成的聚落青龙在唐朝建镇。青龙镇的故址在今青浦区北部白鹤镇东境，往东可沿沪渎出海，往西可达苏州，往南通过顾会浦至松江镇（未来的华亭县治），也可通过青龙江连通以南各地。优越的地理位置、便捷的水运和周围丰富的物产，使青龙镇日益繁荣。南宋绍兴初年在此设置市舶务，成为重要的外贸港口。

镇上还先后设置过茶务、盐务、酒务等机构，说明这里也是茶、盐、酒的集散地和交易中心。青龙镇极盛时有三十六坊、二十二桥、十三寺院、七塔、三亭，号称"烟火万家"，蔚为江南巨镇。

1048 年（北宋庆历八年），吴江县的吴淞江上建成一座数十孔的长桥——垂虹桥，便利了陆路交通，却在一定程度上阻滞了水流。加上对沿江土地的盲目开垦，人工堤岸的约束，吴淞江水道变得狭窄，这又加剧了泥沙淤积。由于吴江南的太湖口日益淤塞，吴淞江的源头改到了瓜泾口。青龙镇以西的白鹤汇和以东的盘龙汇两段河道曲折，下游日渐淤塞，行水不畅，每到多雨季节极易泛滥成灾。北宋时先后废弃白鹤汇和盘龙汇，在其北另开新河，拉直水道，使太湖水经新河直流东泻，水患减少。但随着沿海新成陆地不断扩大，青龙镇离出海口距离越来越远。又因海潮顶托，吴淞江泥沙淤塞，海船溯流而上已很难到达青龙镇，外贸逐渐衰落，1166 年（南宋乾道二年）市舶务被废。

到 1542 年（明嘉靖二十一年）设置青浦县时，青龙镇虽已盛况不再，但其毕竟还是一个吴淞江畔的旧镇，因而被选为县治。但以后屡遭倭寇侵扰，1553 年县废。1573 年（万历元年）青浦县复置，县治迁至唐行镇（今青浦镇），青龙镇被称为旧青浦，从此沦为一个小集市。

在青龙镇以东，吴淞江的下游有一条支流名上海浦。10 世纪后期一个聚落形成，因靠近上海浦而得名上海。由于得上海浦与吴淞江的航运、水利之便，在 1023 年（北宋天圣元年）的史料中已经有了"上海务"的记录。至迟在 1077 年（熙宁十年），上海务已是秀州的 17 个酒务之一，说明上海是酒的集散地和交易中心。至迟在 1267 年（咸淳三年），上海已置为镇。按照宋朝的制度，只有在"烟火繁盛处"需要设置监官"掌巡逻盗窃及火禁之事"，方称为镇，可见上海的户口、经济都已达到规定的指标。这一发展趋势并未受到改朝换代的影响，1292 年（元至元二十九年）划出华亭县东北的五个乡设立上海县，县治就设在上海镇。

吴淞江下游航运的颓势却在加剧。1277 年（元至元十四年），元朝在上海镇设置了市舶司，是管理中外商船和对货物征税的专门机构。当时全国设置了七个市舶司，其他六个分别在广州、泉州、温州、杭州、庆元（今宁波）、澉浦（今属浙江海盐县），足见上海在内外贸易中的重要地位。值得注意的是，今浙江沿海已经有四个市舶司，相当密集，还要增加上海，显然是这一带贸易量和征税量大，确有需要。而无论外贸内贸，都离不开吴淞江及其支流的水运功能。但吴淞江上下游的淤塞日益严重，上游来水减少，"两岸漫沙，将与岸平，其中仅存江洪，阔不过二三十步，深不过三二尺"，下游"入海口故道，潮水久淤，凡湮塞良田百有余里"。到1298年（大德二年），上海市舶司显然已无法维持，只能并入庆元。至元末，下游自江口至赵屯浦约七十里，淤积的滩涂几乎将河道填平。

但太湖的来水并没有减少，特别是在内涝和多雨时节，已经变得浅狭的吴淞江水道越来越难以及时有效地将来水排入大海，经常泛滥成灾。1404年（明永乐二年）夏原吉主持治水，鉴于下游河道已无法恢复，放弃了治理，而在中游将吴淞江水引至浏河口入长江，又开范家浜引淀泖水由黄浦出海。由于由范家浜经黄浦入海的水道更加顺畅，而大水量的冲刷又使黄浦下游河道加深加宽，从此黄浦成为吴淞江的入海通道，吴淞江成为黄浦江最大的支流。到明朝中期，北新泾以下的吴淞江改从宋家浜在今外白渡桥以下的位置入黄浦江，延续至今。

黄浦江—吴淞江水系的形成，为黄浦江、吴淞江流域提供了一个连通长江的出海口，奠定了上海"江海之会，南北之中"的水运枢纽地位。清初在江苏、浙江、福建、广东四省设立海关，管理自江苏连云港至浙江乍浦沿海20多个河口的江海关本来设于云台山（今江苏连云港市东北），1687年（清康熙二十六年）迁至上海。

在上海开埠前，港口主要集中在县城外的黄浦江岸线，吴淞江还在县城郊外。当英租界扩展到苏州河边，苏州河就成了新城市的边界。随着美租界的设立和此后与英租界合并为公共租界，加上华界的闸北的城市化，苏州河成了新兴的大都市的内河。一座座新建的桥梁和渡口将南北两岸连成一片，上海话中出现了"浜南""浜北"这两个名词，分别表示苏州河南北两个城市区域。

苏州河尽管已成为黄浦江的支流，市区段宽度不足百米，但在上海由一个江南县城发展成为中国和远东最大的工商城市和国际大都会的过程中发挥着不可替代的特殊作用，成为上海市的自然和人文地理环境不可或缺的组成部分。

开埠之初，整个上海县的人口不过50多万，城镇人口估计不过一二十万，但到20世纪初，上海市区人口已突破100万，半个世纪后已高达600万。增加的人口中大部分是外来移民，其中苏南、浙北的移民又占了很大比例，而这些移民迁入上海市区往往离不开苏州河和吴淞江—黄浦江水系。在汽车、火车尚未普及时，太湖流域和江南的移民大多直接乘船，由苏州河进入上海，或者由黄浦江转入苏州河登岸，因为黄浦江岸的码头一般停泊海轮、大船，内河客轮、小船只能停在苏州河边。即使在公路铁路开通后，便宜、方便的水运仍是多数人的选择，在水道密如蛛网的江南水乡，水运可以到达离家最近的码头，甚至直达家门。已经在上海定居的移民，也通过苏州河与家乡保持着密切的来往。1956年夏天某晚，我在家乡浙江省吴兴县南浔镇（今属湖州市南浔区）的轮船码头上了至上海的班轮，天亮时已进入黄浦江，看到了传说中的大轮船和高楼。船从外白渡桥下驶入苏州河，停在河南路桥前南岸的码头，我随大人上船，从此成了上海人。

迁入上海的人口中，富人、外国人、知识青年、有一技之长者、甘冒风险者、有投靠亲友者，会以租界或越界筑路地段为定居的首选；其他人，特别是穷人、难民、灾民、苦力，往往只能先在华界安身。因为两地的房价、房租、生活费用相差很大，产业构成也不相同，西藏路以西的苏州河，就是租界和华界的天然界限，由此划定的浜南、浜北就像两个世界。苏北发大水、闹饥荒后，一些灾民摇着一只小船，由运河入长江，过江后直摇到苏州河，将船靠在苏州河边，或者找一条支流小河停船。以后找一块空地，弄些竹子、茅草搭一个"滚地龙"（一种低矮简陋的茅草房），就此安家。男人拉黄包车（人力车）、三轮车，到码头扛包，工地做小工，拾垃圾（收废品）；小姑娘到苏州河边的纱厂当童工。苏北移民在苏州河畔和闸北形成了几片聚居区，到1965年我成为闸北区的中学教师时，我们学校的近半生源就来自这些聚居区。在那里，在上海出生的学生也只会讲苏北话，不会讲上海话。

上海开埠后，新建筑成片建造，大楼高楼拔地而起，工厂作坊如雨后春笋，苏州河水运提供了最便宜的物流成本，是最便捷的物流手段。特别是那些机器、原料、产品体重量大的工厂企业，像机器厂、面粉厂、纱厂、布厂、丝厂、造纸厂、建材厂、仓库、堆栈，无不竞争苏州河边的土地和厂房，以便让货船能直接停靠最近的或自己专用的码头。因此，大量产业工人汇聚在苏州河边，成为中共办夜校、组织工人运动、扩大革命力量的红色基地。

西藏路以东的苏州河两岸都属公共租界，浜南、浜北的差别并不大。苏州河与黄浦江交汇点外白渡桥更是上海的黄金节点，外滩的高楼大厦逐渐向桥北延伸，也沿着苏州河向西扩展。银行、领事馆、豪华酒店、高档公寓、写字楼、邮政局、俱乐部、电影院、博物馆、报馆、教堂、医院鳞次栉比，在那里工作和生活的人，除了服务人员和警察，就是洋人、富人和高等华人。北岸西段的大片仓储建筑也都是钢筋水泥，坚实稳固，分属各大银行、大企业。在这些建筑的后方，是大片石库门建筑或新式里弄，是上海人口最稠密的居民区。再往南，就是最繁华的"十里洋场"南京路。由此产生的地名不计其数，有典雅的，也有通俗的；有中文的，也有外文的；有含义深厚的，也有莫名其妙的。

一二·八事变，日本侵略军突袭闸北，狂轰滥炸。八·一三事变，日寇全面入侵，中国军队奋力抵抗，闸北沦为战场，被日寇破坏殆尽，工厂民居荡然无存。直到 20 世纪五六十年代，闸北恒丰路与共和路相交处还被称为"三层楼"，因为淞沪抗战后，这里是唯一残存的一幢三层楼房。中国军队坚守的最后一个据点——四行仓库，就处于闸北的东南角，东面与公共租界仅一路之隔，南濒苏州河与租界隔河相望。淞沪抗战结束后，西藏路以西的苏州河成了阴阳界。河南成为暂时未被日军占领的"孤岛"，利用它的特殊条件，中国和世界的各种政治力量、利益集团在那里活动和较量。中共通过各种途径，以各种方式领导和坚持抗战。高官富豪敛财有道，醉生梦死；芸芸众生艰难求生，朝不保夕。

1949 年 5 月 27 日，红旗插上了苏州河畔的上海邮电大楼，从此苏州河的历史展开了新的一页，苏州河迎来了她重新焕发的青春。

经常有人问我：上海的母亲河究竟是苏州河还是黄浦江？

最早滋养今天上海市辖境这片土地和人群的是吴淞江水系和黄浦江水系形成前的诸多河流。到吴淞江成为黄浦江的支流，形成黄浦江—吴淞江（苏州河）水系后，这一水系提供了上海生存、发展，直到成为国际大都会的基本资源和条件。吴淞江若不被引入黄浦江，就避免不了逐渐淤塞的命运；如果没有吴淞江水的注入，当年的大黄浦也不可能形成通向长江口的黄金水道。所以，苏州河及其前身吴淞江、黄浦江都是上海的母亲河。

上海与长三角的历史渊源

　　从秦汉开始，长江三角洲的南北两岸就分属两个不同的政区。这是由于当时长江的入海口比今天偏西，海潮直达今扬州一带，以下的江面相当宽，很多地方还没有成陆，两岸的来往非常困难。直到元朝，长三角北岸与南岸还不是同一政区，上海才刚从镇升格为县。

　　明太祖朱元璋建都南京，划定了一个跨淮河和长江两岸的大政区——京师。明朝迁都北京后，南京成为陪都，与首都享有同等地位，南京（南直隶）的辖境也保持不变。长三角的大部分属南京，小部分属新建的浙江布政使司（行省）。清初改南京为江南省，又分为江苏、安徽两省，浙江与江苏的界线大致不变，至此形成了长三角分属江苏和浙江的格局。但在南京和江苏内部，长江两岸始终分属于不同的府。

一

　　当1840年鸦片战争爆发时，上海县是江苏省松江府的属县，今天上海市的辖境还是松江府全境和太仓州的大部分。与其他长江三角洲的县城相比，上海县城属于中等水平，唯一的优势是地处"（长）江（东）海之会，南北之中"，并且有一条黄浦江通向长江口，黄浦江的上游和支流吴淞江连通三角洲南部。所以，早在1687年（清康熙二十六年），原设在云台山（在今江苏连云港）的江海关就迁至上海县城，管辖的范围自浙江乍浦至黄河老口，沿长江至南通狼山。从1730年（雍正八年）开始，分巡苏松太兵备道的驻地一直在上海，因而俗称上海道或沪道。又因这个道兼管驻在上海的海关，又被称为海关道、江海关道、关道。而在长江三角洲的范围内，仅省级政府的驻地就有南京、苏州与杭州三地，而杭州、嘉兴、湖州、苏州、松江、常州等府城在全国也属繁盛，上海县无论从级别或发达程度上都无法望其项背。

根据中英《南京（江宁）条约》的规定，上海于1843年开埠，从此上海的政治地位节节上升。首先，英国、法国等西方列强嫌上海知县级别太低，职权有限，不愿与他打交道，要求清朝另派大员。清政府只好让驻在上海县的苏松太道（简称上海道）台作为地方政府的代表与外国谈判，导致上海开埠的《土地章程》（Land Regulation）就是由上海道台宫慕久与英国领事巴富尔签订的。从此上海道的名气越来越大，成了清朝在上海的外交代表。等到英租界、法租界与美租界（数年后英美租界合并，后改称公共租界）设立并扩大，由公部局（Municipal Council）管理，租界俨然成为国中之国，也成为中国与外国谈判交涉的重要场所。到清朝末年，上海已成为中国第二个政治中心，辛亥革命后的南北代表就是在英租界内达成协议的，甚至连清帝的"逊位诏书"也是在上海起草的，其重要性于此可见一斑。

1927年北伐战争胜利后不久，南京国民政府就将上海设为特别市，三年后改为上海市。此时上海已是中国第一、亚洲前列的国际大都市。不仅长三角的其他城市已不在话下，就是新定的首都南京也相形见绌。由于国民党政府特别重视与列强的关系，一些重要的交涉往往不是在南京而是在上海进行的。而且，由于国民党与政府的高官一般都把上海当作享乐的场所，大多在上海置有住宅，他们的子女也大多在上海读书，每逢周末与节假日，沪宁线上都会加开专车。直到南京政府崩溃，大批高官、军政人员和他们的家属也是从上海撤离大陆的。

中华人民共和国成立后，上海长期是华东军政委员会、华东行政区、中共中央华东局的驻地，整个长三角都在其管辖范围之内。作为中央直辖市，上海市与江浙两省同为省级，但上海市的书记往往兼着华东局的第一书记，或者兼任中央政府的要职。如自1955—1965年，柯庆施以中共上海市委第一书记、上海市市长的身份先后兼任中共中央政治局委员、华东局第一书记、南京军区第一政委、国务院副总理。这样的身份，不仅在长三角，就是在整个华东也是独一无二的。

1958年，原属江苏省的松江专区——苏南最富庶的专区之一——全部划归上海市，使上海市的面积增加到6000多平方千米，其中包括中国的第三大岛崇明岛。这样调整的目的之一，是要使上海与北京一样，有一个比较大的郊区，以便自己能解决大部分蔬菜、油料、肉类和一部分粮食的供应。同样，为了上海人食有鱼，属于浙江的嵊泗列岛一度也划归上海。而为了保证工业原材料的供应，划归上海的"飞地"甚至扩大到长三角之外，如在南京郊区的梅山铁矿和江苏大屯煤矿等都曾是上海的一部分。为了安置上海的劳改犯人，江苏大丰、安徽白茅岭和军天湖等地还设有上海的劳改农场。20世纪70年代上海建设金山石化厂时，码头就设在浙江境内的陈山。

二

上海的特殊地位还反映在从开埠至1942年期间存在的租界。从太平天国、军阀混战、北伐战争到抗日战争，江浙两省饱受战祸，长三角地区满目疮痍。但上海的租界却始终未受破坏，抗战开始后也保持着"中立"，直到太平洋战争爆发才被日本占领。所以每当战乱发生，大批来自长三角的难民涌入上海，带去大量财富、人才和劳动力。其中相当大一部分从此就留在上海，很多江浙地主因此而转变为上海的投资者。就是在平时，长三角也是上海主要的人口来源。1843年，整个上海县只有50多万人，但到1949年上海解放时已有近600万人，其中绝大多数是外来移民和他们的后代。江浙两省一直是上海外来移民的主要输出地，而来自长三角的移民又占了江浙移民的大多数。这不仅使上海的人口在短期间内有大幅度的增加，而且使上海获得的移民的质量大大高于国内其他城市。这是因为长三角在以往的千年中一直是中国经济文化最发达的地区之一，当地人口的总体素质较高。而且，由于人口密度也居国内首位，长三角早就形成了比较发达的商品经济，商业、手工业和服务业相当繁荣，因此来自长三角的移民比较容易适应上海的环境，比较容易转化为上海这个大都市中的居民。

近代在上海活动和居住的名人中，祖籍属长三角或直接迁自长三角的占有很大比例。如丁文江（江苏泰兴）、上官云珠（江苏江阴）、马相伯（江苏丹阳）、马建忠（江苏丹阳）、马叙伦（浙江杭县）、马寅初（浙江绍兴）、戈公振（江苏东台）、丰子恺（浙江桐乡）、王韬（江苏长洲）、王一亭（浙江湖州）、巴人（王任叔，浙江奉化）、石筱山（江苏无锡）、卢于道（浙江鄞县）、叶圣陶（江苏苏州）、叶澄衷（浙江镇海）、史良（江苏常州）、包达三（浙江镇海）、冯桂芬（江苏常熟）、吕思勉（江苏武进）、华蘅芳（江苏无锡）、任颐

（浙江山阴）、任熊（浙江萧山）、任鸿隽（浙江湖州）、朱东润（江苏泰兴）、朱生豪（浙江嘉兴）、朱葆三（浙江定海）、刘鸿生（浙江定海）、孙冶方（江苏无锡）、严独鹤（浙江桐乡）、杜亚泉（浙江绍兴）、李公朴（江苏武进）、吴琛（江苏无锡）、吴友如（江苏元和）、吴蕴初（江苏嘉定）、应云卫（浙江慈溪）、汪康年（浙江钱塘）、沈尹默（浙江吴兴）、沈玄庐（浙江萧山）、沈志远（浙江萧山）、沈泽民（浙江桐乡）、沈钧儒（浙江嘉兴）、沈雁冰（茅盾，浙江桐乡）、邵力子（浙江绍兴）、邵荃麟（浙江慈溪）、陆费逵（浙江桐乡）、陈布雷（浙江慈溪）、陈光甫（江苏镇江）、陈其美（浙江吴兴）、陈蝶仙（浙江钱塘）、张元济（浙江海盐）、郁达夫（浙江富阳）、周建人（浙江绍兴）、周信芳（浙江慈溪）、周瘦鹃（江苏吴县）、经元善（浙江上虞）、柳亚子（江苏吴江）、荣宗敬与荣德生（江苏无锡）、赵之谦（浙江会稽）、胡子婴（浙江上虞）、胡愈之（浙江上虞）、洪深（江苏武进）、贺天健（江苏无锡）、夏丏尊（浙江上虞）、袁牧之（浙江宁波）、钱新之（浙江吴兴）、徐寿（江苏无锡）、席德懋（江苏吴县）、陶成章（浙江会稽）、盛丕华（浙江宁波）、盛宣怀（江苏武进）、章炳麟（浙江余杭）、章锡琛（浙江会稽）、鲁迅（周树人，浙江绍兴）、虞洽卿（浙江镇海）、蔡元培（浙江山阴）、潘汉年（江苏宜兴）、瞿秋白（江苏常州）等。上海之所以能在中国的政治、经济、文化各方面发挥如此巨大的作用，无疑得益于这些来自长三角的杰出人物。

三

　　上海的崛起也使长三角乃至全国的经济格局发生了巨大变化。上海虽然一直拥有"江海之会，南北之中"的地理优势，但在闭关锁国的条件下，英雄无用武之地，发挥不了应有的作用。开埠前，中国唯一的合法外贸港口是广州，而在国内贸易中，上海只是长江的终点，至多只能将部分商品和物资转输到沿海港口。但当对外贸易发展起来后，上海很快超越广州，跃升为中国第一外贸大港。如一度是中国主要出口物资的桐油、猪鬃，大多是沿长江水路而下，在上海集中出口的。外贸的兴起，一方面使上海成为长三角出口物资的集散地，带动了当地的经济；另一方面，也使长三角原有的商业和外贸地位被上海取代。例如，浙江的杭嘉湖地区一向是出口生丝的重要基地，但在太平天国战后，出口业务已经集中到上海。浙江湖州的丝商因及时与洋商合作或充当买办而迅速致富，湖丝也成为世界知名的品牌。与此同时，苏州、杭州、湖州、扬州等传统商业城市和大批市镇逐渐衰落，而得风气之先的无锡则成为繁荣的"小上海"，由上海传播的新兴工商业，如纺织、日用品生产、百货业等，迅速取代了传统的手工作坊、家庭副业和旧式商贩，这又驱使更多破产的小商贩、手工业者、雇工迁往上海，成为新的劳动力来源。

1943年，日本侵略军导演了由汪伪政权"收回"租界的闹剧，但抗战胜利后，租界已不复存在。1949年后，随着国家计划经济的实施，行政区域的强化，以及城乡之间、城市之间自由迁移的中止，上海与长三角的关系进入了一个完全不同于以往的新阶段，但深厚的历史渊源和双方千丝万缕的联系始终无法断绝，这些成为改革开放以来上海与长三角地区合作和融合的内在动力。

江南文化在长三角一体化中的作用¹

马克思主义历史唯物论的基本观点是，任何一种文化都是在一个特定空间、特定时间内，一些特定的群体在长期的生活、生产、生存的过程中逐步形成的。马克思去世后，恩格斯在其墓前发表的著名演说中指出，马克思从繁芜丛杂的意识形态中发现了一个简单事实：人们首先必须吃、喝、住、穿，然后才能从事政治、科学、艺术、宗教等活动。我们现在讲江南文化，实际上是讲的江南文明。江南文化是中华文明的一部分，是中华文明下面的一个亚文明，是江南特定范围内从古到今所创造出来的全部物质财富和精神财富的总和。

江南文化在长期形成发展过程中具有很多共同特点。无论是狭义的江南还是广义的江南，都具有相对共同的自然条件。如地域主要是平原，即使是一些丘陵山地，也离平原不太远，气候、自然条件等方面总体上比较相似，而且都适合农耕。另外，江南内部的交通非常便利，完全融为一体。在出现机械交通工具以前，出行最方便的方式就是水运或者海运。江南本身有蜘蛛网般的水系，再加上早年开凿的人工运河又把这些水网连通起来，因此，江南地区的人际交流、物产交流、信息交流在中国范围内是最方便的。即使江南的边缘或是与狭义江南相邻的地区，如徽州当时跟下游的交流就是利用了新安江、富春江、钱塘江水系。当年的徽商把本地产的相对粗重的原料，通过水运顺流而下。以前江南大的住宅用的木材石料就是从徽州顺流而下运下来的。徽商们同时又把下游的百货、相对价值更高但分量较轻的物资，通过水运再运回去。到了明朝，江南文人之间交流，诗酒应

1 本文为作者 2019 年在"地方志与长三角一体化论坛"上的演讲，据录音整理。

酬，甚至很多名人不是住在城里而是住在乡下，因为便捷的交通方式，距离并没有影响他们跟行政中心之间的联系。在自然条件基本相同的情况下，便捷的交通方式使江南内部以及与相邻地区之间的人流、物流、信息流都变得非常便捷，这样就形成了江南文化共同体。

江南文化的产生和发展，得益于自然条件所发生的有利变化。4000多年前，中国的东部气温比现在还高，江南当时处于湿润的气候，到处有沼泽，水体过多，江南的先民处于断发纹身的原始状态；秦汉时，江南还没有被充分开发，至公元前一二世纪时，还有所谓"江南卑湿，丈夫早夭"的说法。这个"江南"比较多的还是指长江中游的长江南面，即今湖南、江西这一带，但也概括出当时"江东"的江南一些基本特点。此后随着气候的缓慢变迁，特别是整体的气温逐渐下降，黄河流域变得有点干旱，而江南的气候则变得越来越舒适，气温降低，降水变得适宜，气候温和。在这样的背景下，江南的文化发展也进入到一个更加繁荣的阶段。唐朝后期，从北方比较先进地区来的高素质移民不断大批迁入，使江南在经济、文化等方面越来越发达。唐朝后期，诗人们已开始赞扬"江南好，能不忆江南"。到了北宋末期，已出现"苏常熟、天下足"的说法，苏州府、常州府这些地方如果粮食丰收，全国的商品粮就充足。宋代民间已经出现"上有天堂，下有苏杭"的说法，江南最终成为全国最先进的地区。

江南文化整体而言有几个鲜明的特色。

第一，在很多方面都是最高水平、最先进的。具体反映在某一种文化上，一般都是高雅而不是粗俗的。在学术方面，一般代表了当时的最高水平。在人才方面，数量多、水平高、门类全。即使在民风民俗生活方面，一般也赋有更多的历史底蕴和文化厚度。一些高雅的文化有的尽管不是在江南发源，但是在江南得到发展，还有的就是在江南产生，比如昆曲、古琴、诗词、曲艺，好多门类在江南流行的结果就是把它提升到更高水平。

第二，江南文化始终是开放的。从秦汉开始就有大批北方移民进入江南。中间有几次高潮，像西晋末年永嘉之乱以后一直持续到南北朝，唐安史之乱以后一直持续到五代，北宋末年靖康之乱以后一直持续到元，近代太平天国运动以后大批北方移民进入江南。长期的移民慢慢形成了江南开放的传统。永嘉之乱以后，北方移民特别是那些上层贵族，在进入江南后，曾与江南土著发生过激烈冲突。他们不习惯南方的生活，如他们原来习惯吃面食，而江南主要是稻作，当时这些皇族贵胄曾经在江南试种小麦，但最后失败，所以他们不得不改变自己的生活习惯。正因经历长期这样的过程，江南文化才变得有一种自觉的开放。江南在文化上、在人口上都吸收了全国的精华，从中国早期最发达的北方地区迁入的大批高素质移民，跟江南的本土文化相结合，最后形成江南整体优势。上海经常讲海纳百川，这是事实。一方面上海一直比较开放，但另一方面因为移民占据上海人口的多数，客观上你不开放也不行。这些移民是从哪里来的？其中大部分恰恰是从江南过去的。因此，上海在开埠不久就拥有了一批高素质的，有开放心态的，有高技能、高技术、高文化的移民人口。上海公共租界中外来移民最多的是来自浙江，特别是浙江北部；华界中移民最多的是来自江苏，特别是江苏南部，这些移民构成上海的主要人群。我们曾经统计过上海近代名人列表，发现大多数人是江浙移民或者江浙移民的后代。有些人其实已经生活在外地，但他们是从江南迁过去的，他们的家族其实也是传承了江南的优秀文化。比如著名作家巴金，大家都知道他是四川人，但其祖籍为浙江嘉兴；又比如国民党的理论家戴季陶，他实际生活在四川，但他的祖籍是湖州。我们当年统计中国科学院院士，很多人其实早就迁到了外地，但是一查祖籍都是从江南出去的。到了近代，江南的很多年轻人，包括中年人，因为科举的路走不通，为了找出路，大批留学日本。他们在日本较快接受了西方文化、新式教育，然后又回到江南。我小时候，有的小学老师都是留学日本的。另外，很多外国文化通过上海进入中国，江南文化呈现出双向开放，接受新生事物非常快，很快就把外来的新文化跟本土结合起来。

第三，江南有发达的商业文化。中国主流的儒家文化历来轻视商业，不重视商贸流通。当年司马迁在《史记·货殖列传》中曾充分肯定流通商业的作用，把它跟农业、手工业的地位并列。但司马迁的这种见解在传统文化认同中只是凤毛麟角。中国长期形成的传统还是轻视商业，所谓士农工商，把商业作为末。江南表面上还是维持了这样一种观念，但实际上，从宋代以后，江南的文化中商业文化、重商倾向、从商氛围在全国最突出。到明代，江南很多地方由于人口增加，赋税繁重，靠简单的农业生产已经不能供养本地人口，更不能纯粹通过农业来维持富裕的生活。所以，连士人、官员、知识分子等都已经意识到商业、服务业的重要性，即使江南那些纯粹的知识分子也明白商业对维持自己的生活、支撑自己精致高雅的文化所具有的作用。你不要看他们写的文章还是维持传统观念，但实际上很多观念已经改变。农业已经向经济作物、向精耕细作转化，更多的还转化为商业、服务业。明代就有人注意到，苏州的商业、服务业已经突破传统的观念。一般人的观念是生活要俭朴，不能铺张浪费，但苏州人恰恰相反，就是靠比较讲究的生活、比较豪华的排场、比较讲究的节庆来维持经济的繁荣，很多人在农业以外的行当得以谋生。苏州婚丧喜事都主张尽可能大操大办，当时已有了类似今天婚庆公司专门帮人家承办婚丧的专业户。租赁服务，一方面节约了成本，另一方面通过这种服务也养活了一大批专业服务人员。江南地区把一些基本的物资利用开发推到极致，松江成为"衣被天下"的纺织品生产基地，苏州成为全国的时尚之都，苏州的产品工艺"苏样"成为全国的样板。像我出生的湖州南浔，当地人凭借发达的商业头脑，同样的产品在近代为他们赢得了更多财富。比如丝绸，他们敏锐地看到国际市场上对丝绸的需求，同样的蚕丝，他们从事外贸业可使财富倍增。当时的商人甚至通过学习洋泾浜英语，与外国贸易的代表直接洽谈业务。又比如，张静江在法国看到中国的一般古玩很值钱，就开古玩公司，获得很大的财富。他还创造了一个奇迹。当时他带出去的一个识字不多的小书童卢芹斋，在法国成为一名鉴赏中国文物的顶级专家。今天世界上主要的博物馆所收藏的第一批中国文物，大多数经过卢芹斋的鉴定。中国文物在世界上受到高度重视，跟卢芹斋早期的努力分不开。卢芹斋的文物鉴定其实只是商业文化的副产品，张静江当时带他出去不过是为了自己公司业务。实际上，江南商业文化对服务业的重视在早期上海的发展中发挥了巨大作用，江南的移民到上海如鱼得水，很快适应了新式的资本主义工商业模式，并且有了创造性的发展。尽管江南从表面看还是维持传统文化士农工商的等级，还是重农轻商，但实际上江南文化中的商业文化是全国最发达的。

我们历史学界经常考虑一个问题：为什么明代有这样发达的手工业、商业、服务业，中国资本主义的萌芽没有发展下去？尽管对原因大家还有不同的意见，没有作出一个大家都能接受的结论，但有一点是明确的，中国早期能被称为资本主义萌芽的地域，最发达的就在江南。当然也可以假设，如果这种萌芽没有夭折，那么中国的资本主义最发达的地方还是应该在江南。正因为这样，江南的市民文化也是相当发达。明朝中期后，江南已经形成一个数量相当大的市民阶层。农村里的人是分散的，没有聚集，农村人在当时的自然生产条件下也没有更多的余暇时间，他们往往又都是不识字的。但市民阶层一般人口集中，比如一个作坊、一个工厂、一排商店，里面的学徒、工匠、管理人员是聚集的，他们有一定余暇时间，而且这些人多少识几个字，有一定的文化，这就形成一种市民文化。明代那些通俗小说，最初的读者实际上都是这批市民，包括今天大家所谓的色情小说、言情小说，真正发展流通的地方也恰恰在江南市民中间。如果这种情况得到正常发展的话，会带来人性的解放、社会的真正进步。这些部分，江南市民阶层也是最有基础的。

今天我们讲江南文化与长三角一体化，应该从历史中汲取经验教训，这些积极的因素，在今天特别是改革开放后应该有更广阔的发展余地。但是另一方面，我们也应该看到江南文化利己主义的因素在历史上曾起过消极的影响，今天也是继续需要防止的。行政区划制度主要的着眼点，在中国历史上首先是地方对中央朝廷负责，而不是关注地方的利益，具体就是首先对自己的区域负责，这样就人为地把整体的江南文明、江南文化分割开来。在衡量中央集权跟地方权力时，往往首先考虑中央，相邻政区之间首先考虑本身的政区。清朝为了增加赋税收入，把江南一些富裕的县一分为二甚至一分为三，因为江南一个县的财税往往等于北方一个府甚至一个省。这样人为地把一个县或是以中间一条河为界，或是分成两个单位，就碰到一系列的问题，如原来就近可以交赋税的，现在被一条河划到对面另一个县去交了。刑事案子处理也是这样，全部一分为二。修方志就碰到这个事了，这个县原来是一个县，现在分成两个县了，方志怎么修？如果是到了分县的阶段，前面的历史归谁写？我看了一些资料，方志里面这一段就像江南下面两个省，有的一个县里面分了两县，如常熟与昭文、无锡与金匮分开以后，分以前的历史归谁？有的时候两边都把它写进去，有的时候两边都没有写，本来是一个单位，一下一分为二了。

到了计划经济年代，往往这条行政界线就成为经济、文化、商业各方面的界限，不是尊重自然，不是尊重经济规律。20世纪70年代，我带学生在上海郊区学农，一去就是半年。我们那个地方离上海边界很近，（太仓）浏河的猪肉就比上海要便宜一毛多钱，但是一般是不可以去买的。我叫两个学生骑自行车过去，到店里分开买，每个人少买一点，多买会被抓住。上海当时陆路边界几个站都要检查，为了逃避检查，有些人就开辟小道，请当地人带着你骑着自行车绕过去。类似这种情况，历史上可能更多一些。你们仔细看看旧志，当时重新分政区或者强调是两个政区，才造成了这个状态。考学也是这样。科举是分名额的，江南有些地方有水平的考生很多，但是名额有限，当时规定你必须在户籍所在地考试。那个时候已经有了

"高考移民"，打听到旁边哪个县，考生水平比我们差，有富余名额，就想办法冒充那个地方的户籍，考上了。但是考上后如果被发现冒籍，不但革除你的功名，而且还有可能处理你。明清时，江南有些名人冒籍冒了另外的县（府）才考上。从选拔人才角度讲，应该是有共同标准，应该公平，但实际上因有行政区划的原因，有时不得不失之偏颇。特别是1958年户口制度改革了以后，户籍流动受到限制。那时候要进上海或者上海人到其他地方，都要有户口的。我们复旦大学图书馆老馆长的夫人在江西工作，他想把夫人调回上海，必须找到一个上海人愿意调到江西的，而且要求同样的级别。比如说大城市、二线城市找到这样的人，两个人才能对调。他只找到一个名额，他还有女儿，最后只好把女儿留在江西。

在江南内部，因为这种行政制度户籍关系，影响了内部合作交流和正常流动。过分讲究行政关系后，很多交流就舍近求远。如上海跟苏州空间距离其实很近，但是像复旦大学跟苏州大学的交流就比跟北京大学的交流少得多。跟安徽也是这样，行政上复旦大学是教育部直属的高校，很多事情都是跟北京的交流比跟安徽的交流多。

另一个因素是利益，因为没有协调机制，往往很难做到利益共享、分享。江南有一些分割就很厉害，如太湖的水系治理，从明朝时就碰到这个问题，上游跟下游上海所在的松江府，往往在这个问题上出现矛盾，甚至以邻为壑。到了近年，在治理环境污染、进行生态建设的时候，往往也人为地把它分开来。

太平天国运动以后，江南很多地方受到严重破坏，本地人口骤减，大批北方移民纷至沓来、络绎不绝。像河南光山估计就有100万人迁到江南，他们迁到最富庶的苏州、无锡、常州、湖州。这些地方尽管当时受了很大破坏，但在战争结束、本地人回来后，本地人还是非常强势的，他们抵制外来移民，往往最后在官府的压力下把移民送出去。但在边缘地区，如我们曾经调查过浙江长兴县，这个县当时受到战争的破坏，城里的人、比较富的人，当初战争发生时都逃难到深山里。等到大批移民来了，浙江南部的移民捷足先登，首先到了县城；河南的大批移民过来时，镇上已经被占了，于是就住在农村。等到战乱完全平息，躲在山里那些想回来的本地人已回不来了，所以现在长兴最早的本地人多变成山里人了，长兴县城里的人都是浙江南部的，长兴农村里的都是河南人。至今我们在长兴调查，还有整个村都说河南话的。这个模式在较富裕的地方如湖州是办不到的，本地人还是相当强势的。这种分布跟我们讲的江南的开放、江南的不同文化融合就完全不一样，根子是他们之间的利益冲突，没有一个机构或者群体的协调。

回顾这个过程，我们今天讲长三角一体化，一方面要发挥江南文化的整体优势，另一方面也要吸取教训。其中两个是最重要的，一是怎样真正打破不适当的行政壁垒，把一些妨碍经济文化社会各方面交流合作的不适当的行政壁垒打破；二是政府要协调不同群体、不同地区之间的利益。我们曾向上海市提出建议，今天讲长三角一体化，首先要从建设大大小小的利益共同体着手，比如说把断头路打通，在几不管地带建桥修路，打通人流、物流、信息流、资金流，使其形成一个利益共同体，这样的联合、合作才能够巩固，才能够充分发挥应有的作用。有些已经做到了，比如户籍的障碍，在内部已经破除了。还有社会保障、教育，有些地方也可以逐步打通。教育资源其实完全可以共享，使长三角真正建立在一个开放的、先进的、文明的江南文化的基础上。

从"苏松常太"到"沪苏锡常"

"上有天堂,下有苏杭"(原文是"天上天堂,地下苏杭",见范成大《吴郡志》)的出处现今可查的最早出现在南宋,但对江南,特别是对苏州、杭州的赞誉在唐朝后期已盛行。天堂的含义不仅是经济富庶,还包括风景优美、生活宜人。这固然离不开适宜的自然环境,更需要坚实的经济基础。在唐末时,经济来源主要是农业生产和城市的服务行业。苏州与杭州的治所就在今天的苏州与杭州,杭州的辖境大致与今天的杭州市相当,但苏州的辖境包括除崇明以外的今上海市和嘉兴市,所以与杭州是连成一片的。在苏杭这一区域,苏不仅排在杭之前,辖境也比杭州大得多。说苏州为当时江南之首,应该是没有争议的。

到了南宋初,就有了"苏常熟,天下足"的说法,说明苏州(1113 年北宋改置平江府,治所、辖境不变)和常州已是南宋最主要的商品粮基地,苏州、常州的丰收就能保证南宋的商品粮供应。唐代苏州的东部已在五代时期分置秀州,已不包括今上海市的南部和嘉兴市辖区。常州的治所即今常州,辖境大致包括今常州市、无锡市和宜兴市。杭州虽是南宋的"行在所"(临时首都),经济的繁荣、服务业的兴盛和湖光山色仍能享受天堂的美名,但毕竟耕地有限,农业生产不能与苏、常相比。苏州的经济地位更加稳固,已居南宋之首。

在元灭南宋的过程中,江南未发生多少战事,入元后依然是全国经济重心所在。杭州虽失去政治中心的地位,商业、服务业多少也受到影响,但仍属经济发达地区。随着棉花种植和棉纺织业的迅速发展,松江府逐渐成为棉布的主要产地,有"衣被天下"之称。松江的经济地位虽难说已列江南之首,但肯定已可与苏州、杭州、常州比肩。

明初定都南京（应天府），太祖朱元璋划定了一个范围极大的京师，包括今江苏、安徽两省与上海市，一度还将已属浙江的嘉兴府大部划入。南京不仅是首都，也是江南的行政中心。尽管朱元璋曾以严厉措施打击江南富户，并将一部分苏州富户强制迁往他的故乡凤阳，但无法改变京师南北的贫富悬殊。他曾大力兴建的规模超过南京城的中都，最终不得不停建撤销，重要的原因就是所在的淮北实在太穷。待首都北迁，南京虽在名义上、制度上仍拥有京师的地位，实际却降回到了省级行政中心。由于基本的经济格局没有改变，加上手工业、商业的比重逐渐加大，苏州府、松江府的重要性更加显著。

明朝中期已有"湖广熟，天下足"之说，说明全国商品粮的基地已转移到湖广（今湖北、湖南），但这并不意味着苏常、苏松在经济上的地位有丝毫动摇。由于耕地开发殆尽，人口密集，苏州的粮食产量甚至已无法满足本地的消费，但发达的商业、手工业和不断创新的服务业产生了更多财富，使苏州人不仅能购买商品粮，还能获得丰富的商品和商业服务。"苏松赋税半天下"的说法虽不无夸张，但"苏松赋税甲天下"、其赋税额度所占比例为全国最高却是不争的事实。从明朝留下的各种赋税钱粮统计数字看，苏州府、松江府承担的赋税额度和实际上缴的米麦钱钞，不仅一直是全国最高，也远远超过了两府的田地、人口在全国所占的百分比。从数字上看，苏松无论在总量还是人均的赋税负担上都是全国最高的，但从各方面的记载看，苏松的官绅、百姓的实际生活水准不仅不低，而且还是相当富裕、舒适的，这应该是当地手工业、商业、服务业发达，还有农业以外的财富收入的缘故。因此就经济而言，苏州、松江稳居第一、第二，始终高于常州府与浙江的杭州府、嘉兴府和湖州府。明朝曾设苏松常镇（镇江府）兵备道，苏—松—常的排序已成定局。

清初改南直隶（南京）为江南省，又于1667年（康熙六年）分为江苏、安徽两省。清朝在各省督抚下设专管财赋和人事的布政使一员，只有在江苏省设二员，一驻江宁（南京），一驻苏州。这不仅显示了江苏作为全国财赋重地的特殊地位，更说明苏州财赋征集的功能不在南京之下，甚至更重要，俨然是与江苏省省会并列或第二。清初为加强赋税征集，将一些富庶的县一分为二，同城而治。在苏州府属县中，长洲本与吴县同城，吴县分设元和，吴江分设震泽，昆山分设新阳，常熟分设昭文，所有属县全部分县。常州府治武进分设阳湖，无锡分设金匮，宜兴分设荆溪。二府分设的数量和密度都居全国之最。正因为如此，在江苏省内设分守、分巡道时，虽曾在1670—1682年（康熙九年至二十一年）将苏州府、松江府和常州府置为苏松常道，但从1682年起就将苏州府、松江府与太仓州划在一个单位为苏松道，而将常州府与镇江府、通州、海门厅划在一个单位为常镇通海道。尽管两道的驻地分别是太仓和镇江，但苏州府与常州府无论如何都居两道之首，苏州府在全省和全国的排序也在常州府之前。

1730年（雍正八年），苏松太道改为苏松道，驻地由太仓移至松江府上海县。改名移驻的直接原因是原属苏松太道的太仓直隶州改属太（仓）通（州）道，自然不能再作为苏松道的驻地。但间接的原因可以追溯至1687年（康熙二十六年），江海关由云台山（在今连云港）迁至上海县城。江海关的功能是管辖从乍浦至云台山沿海24个出海口的船舶税收、航政、贸易等事务，由最北的云台山移至偏南的上海，显然是考虑到其优越的地理位置和区位优势——上海通过黄浦江连接长江口，具有江海之会、南北之中的最佳位置。而通过黄浦江、吴淞江（苏州河）水系，又可连接江苏的苏、松、常、太和浙江的杭、嘉、湖。因此，以后太仓又重新划归苏松道并改称苏松太道，该道的驻地也没有再迁回太仓，以致人们习惯上仍将苏松太道称为沪道或上海道。

当然，使天平完全向东倾斜还是发生在1843年上海开埠以后。租界所在的上海县虽始终只是松江府的属县，但随着租界不断扩大，并演变为实际上不受中国政府控制的"国中之国"，清末民初时上海已是中国最大的工商大都会，经济、金融、文化中心，甚至中国最重大的政治活动，如辛亥革命后的南北和谈等，都是在上海进行的。1927年国民政府定都南京，上海在政治上的重要性丝毫不减，称上海为中国实际上的政治中心并无不妥。相比之下，一度作为江苏省会的苏州黯然失色，常州更显得无足轻重。尤其是在沪宁铁路通车后，沿线城市的地位与影响力就与其距上海的远近成反比，形成苏—（无）锡—常的递减态势。

由于租界的特殊地位，上海成为列强进入中国的跳板、世界冒险家的乐园，也成了中国现代化的实验室。世界上先进的物质和精神成果，如商品、产业、发明、技术、设备、金融、保险、证券、文化、艺术、教育、医卫、新闻、出版、管理、公益、慈善、制度、思想等，大多先传到上海，或由上海引进，试验成功后再向周边传播推广。

在飞机成为交通运输工具之前，除俄国可以利用铁路进入中国外，其他列强只能通过海运。列强要求中国开放的口岸基本都在沿海,上海无疑是其中最重要、吞吐量最大、连接点最多、腹地最广的口岸。就苏、锡、常以至整个长江三角洲、长江流域而言,上海经常是唯一的对外口岸,无论是货物进出口、人员进出国、由物质承载的信息,都必须以上海为集散地。从事对外贸易和涉外活动的产业和人员尽可能集中到上海,自然能获得最大的利益和效益。

苏锡常与浙江的杭嘉湖一样,为上海输送了大批移民。在公共租界,浙江籍移民居首位,江苏籍列第二;而在华界,浙江籍与江苏籍仍居移民前列,只是第一、第二易了位。江浙移民中,迁自苏南、浙北(西)的又占多数。这批来自中国近千年来经济文化最发达地区的人口为上海提供了较高素质的人力资源,包括基础好、适应性强、善于开拓创新的各类人才,还带来了大量资本。尽管这些人力资源和资本在上海获得了前所未有的发展机遇,并且最终带动了原籍的长足进步,但在一段时间内拉开了两地的差距,形成上海的绝对优势。

上海的龙头地位最终排定了苏—锡—常的次序。明清期间无锡一直是常州府属县,1724年(雍正二年)分设金匮县,1912年(民国元年)合为无锡县后属苏常道,1928年废道后直属江苏省。但在民国年间,无锡已经有"小上海"之称。1934—1937年(民国二十三年至二十六年),无锡已成为无锡行政督察区专员公署驻地;1949年4月解放后,即设无锡市;1953年,成为江苏省辖市;1983年,通过"市管县"体制管辖了原属苏州地区的无锡县、江阴县与原属镇江地区的宜兴县,在行政区划上与常州市平起平坐。而在经济社会各方面的发展,无锡已全面超越常州,无论在江苏还是全国,都形成苏—锡—常的序列。

当上海成为区域中心和发展方向时,无锡与上海的距离较常州近成为一项不可取代的优势。无论是水路、陆路,特别是唯一的交通大动脉沪宁铁路,无锡都比常州近至少40千米。在一个自给自足的农业社会,这一点无足轻重,但到了近代工业社会,特别是在本地的发展离不开上海时,人流、物流都能节约成本和时间。更重要的是,无锡主动将上海作为主要的发展方向和空间,在经济、文化、社会各方面结为一体,复制、移植上海的模式和经验,形成本土化成果。

更关键的是,无锡主动向上海发展,实际形成经济和利益共同体。如荣氏企业,从一开始就将重点放在上海,最大限度利用上海在原料、市场、劳动力、人才、资本各方面的优势，由面粉业扩大到棉布、纺织以至金融行业，成为当时国内最大的民营家族企业。荣氏家族留在无锡的企业和资产，不仅使无锡的工业与上海同步发展，也促进了无锡的市政、社会各方面的现代化。就是在文化教育方面，也显示了这种互动关系。如著名的无锡国学专修学校，其创始人唐文治虽是太仓人，但此前先在上海任上海高等实业学堂（上海交通大学前身）监督（校长）12 年，并兼任高等商船学堂（今上海海事大学前身）监督 10 年。无锡国专的很多师资聘自上海，很多学生也来自上海。1939 年起无锡国专在上海办了分校，由唐文治亲自主持，直至 1949 年。

由苏杭、苏常、苏松、苏松常到沪苏锡常，经历了上千年时间，但最后一轮变化还不到两百年，显然是两个前所未有的因素起了革命性也是颠覆性的作用——资本主义方式的工业化和城市的国际影响力。

从运河到高速公路

　　长江三角洲地处长江尾闾，加上太湖水系和众多支流，自古以来就形成了密集的水网，水上交通十分便利。相反，由于地势低洼，河流阻隔，陆上交通相当困难。所以，长三角地区城镇的形成一般都离不开河流，而城镇的发展更依赖于水上交通。

　　长江三角洲与外界的联系主要也通过水路。早在春秋时期，吴国和越国就通过海路北上，进入山东半岛。秦汉时，今宁波、绍兴一带是连接我国福建、台湾、广东和越南、朝鲜半岛、日本列岛航线的起点，但与国内其他地区的联系并不都具备天然水道，所以早在公元前486年，吴国就从今扬州那里开凿了沟通长江与淮河的运河——邗沟。

　　就是在长三角内部，开凿运河也是便利交通的主要手段。这些运河或利用天然河道加以整治，或完全按需要的路线由人工开挖。如早在春秋时期，越国就开通了从今绍兴至曹娥江的运河。自西晋至两宋历代对天然河道的整治和新水道的开挖，最终形成自今杭州至宁波的浙东运河。隋炀帝开凿的大运河，其南段由京口（今镇江）至余杭（今杭州），以后历代不断修治，成为贯通长三角的江南运河。今天的镇江、常州、无锡、苏州、嘉兴、杭州，都分布在这条运河岸边。从镇江沿大运河可到达今洛阳和北京，元代以后可直达北京；从杭州沿浙东运河可达宁波，由此扬帆出海。又如，在今江苏高淳、溧阳间原来就有沟通太湖与长江的天然水道，五代后被改造为运河。明初建都南京期间，这条运河在运输太湖流域所产粮食过程中发挥了重大作用，也是南京作为首都的基本条件之一。运河是长三角内部的人造血脉，维持着长三角强大的生命力。除了近代兴起的上海外，长三角地区的重要城市都位于运河之滨。唐朝后期，江南和江淮间的粮食、纺织品源源不断供应首都和中原地区，主要通过运河输送，这种状况一直延续到明清。长三角能成为全国经济文化最发达的地区，承担首都北京和北方边疆主要的粮食和手工业品的供应，内部与外部的运河所组成的运输网络发挥了关键作用。就是在上海的发展过程中，由黄浦江经长江口的海运航道和以苏州河为骨干的内河航道也承担了大部分运输量，而现代的黄浦江和苏州河都是经过多次人工整治的产物。

进入近代后，传统的水路运输尽管依然是长三角地区的主要运输方式，但受到公路和铁路的挑战，对城镇和经济的兴衰还是产生了很大的影响。由于长三角的铁路干线沪宁线和沪杭线与传统的运河走向基本一致，不少地段还是重合的，所以那些有铁路经过的沿运河城市的地位没有发生什么变化。但当铁路取代水路成为主要运输线后，没有铁路经过的城市受到明显的影响，逐渐衰落，或者为其他沿铁路城镇所取代。津浦铁路通车后，大运河的北段趋于淤废，南段虽还通航，已降为地区性的航道。原来的沿江小镇浦口迅速崛起为新兴城市，而处于运河与长江枢纽的扬州和镇江却盛世难再。沪杭铁路本应经过桐乡，但遭到当地反对，而海宁硖石镇的开明士绅主动欢迎，并发动民众配合施工，使铁路绕道。通车后硖石镇越来越繁荣，县治也从盐官镇迁来。

由于绝大多数县城先后通了公路，所以公路网的建成对县城的分布和发展影响不大。但在县以下的市镇中，是否通公路就成了盛衰的分界线。不过那些一直不通公路的市镇和乡村也有意想不到的作用，因为交通闭塞，在战乱时往往成为避难的场所。在军阀混战和抗日战争中，来不及或没有能力远迁的难民一般都利用水网就近逃往不通公路的地方。相对封闭的环境也使这些地方的历史遗迹、古旧建筑和传统文化得以长期保存。如现在闻名全国的周庄，就是一座长期不通公路的小镇，一直默默无闻，却"因祸得福"，一跃成为旅游明星。

到20世纪的最后十多年间，高速公路出现在长三角，并飞速增加。高速公路往往成为一根发展轴，沿线的进出口和交接点一般都会建成新的聚落，这已被发达国家的大量经验所证明。可以预想，高速公路网的完成和充实，与之配套的长江、钱塘江、黄浦江、杭州湾大桥或隧道的建成，必将再次调整长三角的城市和聚落的分布，开创现代化的新篇章。

南浔的魅力

我出生在南浔镇，到12岁才离开。

幼时留下的记忆是苦涩的、破碎的。印象最深的是，镇上有不少"火烧白场"，是昔日的广厦巨宅毁于火灾留下的废墟。据说一部分是"长毛"（老人对太平天国的称呼）留下的，大部分是"东洋鬼子"（日本侵略军）烧的。家里和邻里的老人就像"白头宫女话玄宗"一般，絮絮地讲述着"天宝遗事"，从"四象八牛七十二条金黄狗"、小莲庄、藏书楼、适园、庞家花园，到土地堂、玄圣会、风水墩、极乐寺、七层眍倒塔，眉飞色舞后却掩不住阵阵牢骚和淡淡哀怨。对我来说，这些都已成往事云烟，或物是人非，或衰败不堪，听得发腻，毫无兴趣。只有适园还留着高大的假山和成片的石笋，是我们小学生攀登和捉迷藏的场所。藏书楼有铁将军把门，是浙江省图书馆的书库。小莲庄成了解放军医院，我们曾参加欢迎志愿军伤病员入住。有一年清明节破例开放，记得大假山下的山洞被封住，一位同学说此洞可通太湖洞庭山，害得我此后做了很长一段时间的系列梦，梦中我由此洞进入另一个天地。终于开始了新建设，我家门前的宝善街与最繁华的大街上面的条石与石板被彻底挖掉，铺上水泥，从东吊桥到北新桥成了一条大马路。到国庆节时，沿路用竹子松枝扎起了几座"彩牌楼"，插上彩旗，晚上还有一串电灯。这是我心目中最宽大、最漂亮的大街。

镇上的人不断外迁，到湖州考中学，去平湖读师范，上杭州进大学，到那时我根本不知道的地方去工作。最多的还是往上海跑，包括我的父亲在内，后来还加上我的母亲和我。我的足迹最远是十几里外的江苏震泽，是学校"远足"（春游、秋游）时一起去的。虽然震泽除了有一座宝塔以外，没有什么比得上南浔，但我总感到外面比南浔好，羡慕一切能去外地的人，

羡慕他们带回来的新鲜东西，如舅父带给我们的《连环画报》。父亲有一次回家过年，在一个大铝锅中装满熬好的猪油，不料在船上被查到"充公"了（因肉类统购统销，禁止省际输送），但锅上没有刮净的猪油还是让我们增加了几天油水。

老人们依然重复着"金窝银窝不如屋里草窝"，不时传播旧上海的"洋装瘪三"、拆白党、仙人跳的故事，议论上海人在一根水管里淘米洗菜，一间房间里吃喝拉撒，一条弄堂里倒马桶生煤炉。他们的信条是"千好万好不如南浔好"，湖州（当时县府、行署驻地）和杭州（省会）的方言都是他们的讥笑对象。

1956年我随父母迁居，从此一直在上海读书工作。1957年暑假我回到南浔，发现原来熟悉的水泥大街竟如此狭窄，两旁的商店竟如此简陋，就问一位老同学是怎么回事。他感到莫名其妙，因为实际上什么也没有改变。我在上海很少听到有人谈论南浔，尽管不时能遇到祖籍南浔或出生于南浔的人。高中时我的同桌恰好也是南浔人（1983年才知道他是"小金山"的后人），但偶然谈起的也是他从父辈那里听来的"天宝遗事"。以后我对文史产生兴趣，对南浔的历史有所了解，但知道得越多，越感到它的衰落，更不愿想象它的未来。偶然在书摊上买到了一册"适园丛书"的初版朱印本（雕版刻本开印前用朱墨试印），当时爱不释手，后来在"文革"期间丢了，居然没有感到什么懊丧。

1978年秋，我成为先师谭其骧先生的研究生，两年后又当了他的助手。他是嘉兴人，对南浔的掌故很有兴趣。他的好友唐长孺教授是刘承幹的外甥，自幼住在小莲庄，中华人民共和国成立后为划清界限，只字不谈刘家，晚年却时时思念南浔。先师另一位好友兼亲戚谢国桢先生，对南浔历史如数家珍。这样的老辈还不少。每当他们谈论旧事，常会问我南浔的情况，有时我也主动插话。先师常会感到惊异："照你的年纪，你怎么会知道？"但往往自己作答："怪不得，你是南浔人。"似乎南浔人就应该多知道些往事。

随着国际交流的增加，我先后结识了不少日本学者。他们一旦知道南浔是我的故乡，便会肃然起敬，甚至以为我必定有什么渊源："原来先生是南浔人。"一些研究明清江南的学者一再要求我带他们去南浔参观，提过不少问题，有的我根本无法回答。在一次大型国际会议的明清专题讨论中，一位日本教授于激烈的争论中忽然提议："让我们听听出生于南浔的葛教授的意见。"当我陪同一位日本教授到达南浔时，他说好像在朝圣。他取出当时还很罕见的掌式摄像机，边走边拍，还随时录音："我正在南浔镇。前面是百间楼屋，明朝宰相朱国桢的住宅就在这一带。"

1983年9月，先师等由莫干山返回上海，途经南浔时想参观嘉业堂藏书楼，正好杭州大学一位研究生在此实习，得知后立即让管理人员开门迎接，我也第一次踏进楼门。此时我才发现，这不是一件古董，而是20世纪20年代中国最现代化的藏书楼，不仅设计和管理的理念很新，而且用上了当时最新的材料马口铁（俗称洋铁皮）。我还了解到，刘承幹的为人处世也很现代，他采用资本主义方式经商，才积累了购书的巨额财富；本人早已移居上海，充分享受着现代物质文明；日占期间一方面利用伪"满洲国皇帝"溥仪题字的匾额当书楼的护身符，一方面却已将大批珍本秘籍让与大学；中华人民共和国成立后主动捐出财产、图书，既保全了藏书楼，也使自己能安享天年。中国近代的藏书楼中，嘉业堂中藏书楼是最晚建的，但一度最辉煌，归宿最圆满，留下的建筑、设施、图书最完整，不能不归功于刘氏的现代化观念。

1997年，我与同仁参观开放不久的张石铭旧宅，尽管事先就知道它是中西合璧，但面对精致的法国刻花玻璃和瓷砖地坪，特别是那栋纯粹的法式建筑，还是不胜惊叹：当初的南浔真是得风气之先！记得幼时曾一次次走过张宅后墙外的小巷，只见那两棵参天大树，想不到树荫下竟隐藏着如此纯正的西洋文明。这也唤醒了我的依稀记忆，在老人们的絮叨中其实也提到过汽车、轮船、汽艇、电话、电灯厂、洋龙会（消防救火会）、蚕种场、丝厂、丝业会馆、防疫针、女校、留学生、福音医院、耶稣堂、打菩萨、新四军、地下党、秋瑾、张静江、张善琨、庞莱臣等，有的我还见过遗迹，只是那时不懂，所以没有留意。

近年上海在飞速发展的同时也打开了尘封的记忆，我惊奇地发现，不少记录竟与南浔或南浔人有关。为中国赢得首次世博会金奖的"荣记湖丝"，虽由广东籍商人包装，却产在南浔；当初美轮美奂、东亚第一的百乐门舞厅是南浔人所创建；不少叱咤风云的名人、贸易中外的巨商、享誉海内外的学者原来都有南浔的渊源。

一个千年古镇能经久不衰，靠的是不断更新，靠的是一次次现代化。我幼时熟悉的怀旧不过是一支插曲，一个过门。如果你有机会去南浔，在寻访古迹的同时，一定要去体会一下嘉业堂、张石铭旧宅的现代化，还可以找找当年其他现代化的痕迹。如果你有重大发现，请不要大惊小怪——这就是我的故乡南浔，这就是南浔永恒的魅力。

通古今之变的南浔

　　与其他江南水乡的古镇一样,你可以在南浔看到典型的小桥流水人家,
找到千年的古桥、百年的老屋,听到不少在史书上提到的名字。如果说有
什么不同的话,那就是在充分领略传统的同时,你还能品味时尚——20 世
纪初叶的时尚。

　　小莲庄由南浔豪富"四象"(四家最大富豪的俗称)之首刘镛祖孙三代
所建,从 1885 年(光绪十一年)起历时 40 年才完工,是镇上保存最完整的
私家园林。广约十亩的荷塘四周,环绕着长廊曲桥、亭榭楼阁,比起苏州名
园来毫不逊色。但仔细观赏,却见飞檐斗拱、花墙漏窗,连着一幢小洋房,
而这种中西合璧浑然一体、天衣无缝,以致常常被游人忽略。在江南名园
中,小莲庄的历史并不长,却能被定为全国重点文物保护单位,显然也考虑
了这一特色。

　　步入毗邻的嘉业堂,发现这座建成于 1924 年的砖木结构二层楼房并
不是一件古董,而是 20 世纪 20 年代中国最现代化的藏书楼,不仅设计和
管理的观念很新,根据藏书的特殊需要在形制上作了变通,还用上了当时
最先进的建材进口马口铁(俗称洋铁皮)和铸铁构件。楼主刘承幹虽以前
清遗老自居,处世却相当现实,日占期间一方面利用伪"满洲国皇帝"溥仪
题字的匾额当书楼的护身符,一方面却已将大批珍本秘籍让与大学;中华
人民共和国成立后主动捐出财产图书,既保全了藏书楼,也使自己能安享
天年。中国近代的藏书楼中,嘉业堂是最晚建的,但一度最辉煌,归宿最
圆满,留下的建筑、设施、图书最完整,如今也被列为全国重点文物保护单
位,成为国宝。

　　不远处的懿德堂是同为"四象"之一张氏长孙张石铭的住宅,也是全国

重点文物保护单位。这座建于晚清的巨宅占地 5135 平方米，建筑面积达 6137 平方米，有大小 244 个房间，1949 年后长期作外贸茶叶仓库被占用，从而保存完整。跨过一道道高门槛，穿过一进进厅堂和院落，精美的石雕、砖雕、木雕、奇石、匾额、门楼令人目不暇接。从第三进起，内厅两侧的漏明廊窗都雕刻成芭蕉状，当年院墙旁还遍植芭蕉，是名副其实的芭蕉厅。更使人啧啧称奇的是，楼窗上都镶嵌着法国进口的菱形刻花蓝晶玻璃，刻着各式花果，格外高雅别致，也显示了张家与法国的渊源。进入第四进，但见大厅地面铺着、墙上嵌着法国进口的彩色瓷砖，是一个带化妆室和衣帽间的豪华舞厅。在铺着青砖的小院对面，竟是一座巴洛克风格的两层小楼，花岗石台阶、巴洛克立柱、半圆阳台、楼花铁栏、克林斯铁柱头、百叶窗、刻花蓝晶玻璃，清水红砖墙，法式时尚和生活方式早在 20 世纪初就为张氏年轻一代所钟爱，但又深深地掩盖在两棵高大的玉兰树下，被四周高墙所隐藏。我幼时从墙外的路上经过了多少次，却从来不知道这座大房子与镇上其他宅子有什么不同。

出懿德堂沿河北行，有今天的南浔镇史馆。即使不看陈列的内容，这座建筑——建于 1925 年的商会会馆——本身就是南浔近代史的重要部分。南浔镇商会成立于 1921 年，附设于丝业会馆，首任会长是"八牛"（仅次于"四象"的八家富豪）梅氏第三代履中，继任的是"四象"之一庞氏第二代族人庞赞臣。集资六万银圆建成的商会会馆，在江南集镇同类建筑中最为宏伟，今天漫步其中还能感受到这种气派。

河东的丝业会馆后被改作小学，建筑虽与商会会馆不好比，但当初也有过一段辉煌。这不仅是因为南浔所产"辑里湖丝"名闻遐迩，更由于它见证了南浔丝业的外向发展和国际交流。1920 年，丝业同行组团赴美国纽约参加第一届万国丝绸博览会，1923 年和 1925 年会馆分别接待了美国丝商参观团，使"辑里湖丝"成为中国重要的出口商品和世界知名品牌。我国首次参展世界博览会并获奖的"荣记湖丝"，虽由广东籍商人提供，但也产于南浔。

近年整修复原的"红房子"是亲沐西风的刘镛第三子梯青所建。这座几乎"全盘西化"的两层建筑能出现在近百年前，正是这座千年古镇的时尚追求。幼时我在镇上还看到过一些"洋房"，都是 20 世纪前期的产物。在我的记忆中，不仅有适园、庞家花园（宜园）、百间楼屋、土地堂、分水墩，还有与西风东渐和近代化密切相关的一些名词——耶稣堂、洋龙会（救火会）、电灯厂、蚕种场、丝厂、育婴堂、女子学堂等，它们都曾是南浔当年的时髦，如果能够一一寻访，正是一部江南市镇由传统步入现代的历史。

鸦片战争后清政府被迫实行五口通商，1843年上海开埠后，随着上海新兴工商业的发展，很快成为进出口贸易的中心，这也导致江南传统手工业和商业萎缩，使江南的市镇日趋衰落。太平天国运动造成绝大多数江南市镇残破，南浔也未能幸免。但南浔的商人敏锐地把握潮流，纷纷将资本转往上海，开店设厂，引进先进设备和技术，并直接经营外贸，有的还远渡重洋，在法国、美国经商。土丝商转变为"丝通事"和洋行买办，一大批南浔人成为上海的新移民，南浔的经济发展也与上海的兴盛连接在一起。

但是南浔不愧有凝聚了千年的文明，趋时和西化并没有改变它厚重的文化传统。即使从今天的遗存也可以看出，两者结合得相当和谐，因此南浔并没有因为西式建筑的出现和西风的浸润而受到破坏，却形成了中西合璧的特色。在南浔豪门富户的"四象八牛七十二条金黄狗"中，既有巨商大贾、民国元老、党政要人，也有名动海内的学者、书画家、鉴赏家、收藏家，他们的后人中还产生了中华人民共和国的科学家（包括"两弹一箭"元勋）、院士、经济学家、诗人、作家、大学校长、部长。在聚集大量物质财富的同时，南浔一度拥有大批价值连城的古籍、书画、金石，在全国城镇中罕有其匹，其中一部分成为今天上海博物馆的珍品和复旦大学图书馆的善本。

这就是南浔历千年而常新的奥秘，也是南浔的魅力所在。

徽商与长三角

提起昔日的徽商，稍有历史常识的人都会知道他们曾经拥有的显赫地位。但说到徽商形成和久盛不衰的原因时，却往往不注意他们与长三角地区的关系。其实，徽商与长三角息息相关，他们的兴盛和衰落都离不开长三角。

为什么明清时有那么多的徽州人外出经商呢？多数地方志是这样解释的：徽州多山，田地有限，靠当地的农业生产百姓无法维持生计。不少学者也沿用这样的说法。但稍作分析就不难发现，这样的解释至多只是因，却不是果。因为山多地少，无非是使百姓穷困，或者驱使他们外流，但外流未必只有经商一条路，为什么没有去打工、当佃农、从军、乞讨、当盗匪？即使只能经商，也未必肯定能致富发财。实际上，中国多山少地以致百姓贫穷的地方有的是，外流的人口也多得很，为什么其他地方不能产生"某商"（"晋商"等是少有的例外）？为什么其他地方的外流人口经不了商，发不了财？

其实，经商的成功与否固然与商人的能力素质有关，但市场无疑更重要，甚至可以说是决定性的。对徽商来说，最幸运的是，在离徽州不远处就是全国经济最发达、人口最稠密的大市场——长江三角洲。而且，从徽州出发的交通路线非常方便，沿新安江而下，经富春江、钱塘江，即可到达杭州，进入浙江最富庶的杭嘉湖地区。经青弋江等水路进入长江，顺流而下就可至南京、镇江、扬州，经大运河沟通各地。由于都是顺流而下，便于将徽州的土产如竹、木、石料、药材、纸、茶叶等外运，回程则可运输丝绸、百货、粮食等商品。有了这样一个稳定的大市场，徽商的生存和发展就不再受到徽州本地的制约，不再限于经营药材、茶叶、纸墨、竹木等本地产品，

而是以从事"两头在外"的商业为主，即从外地采购商品，在外地销售。徽商还充分利用扬州和大运河的特殊优势，通过承包官盐销售，获得巨额财富，形成一个盐商群体，长期垄断官营盐业，并扩展到沿运河城镇的商业。

所以，长江三角洲是徽商经商获利的主要场所。所谓"无徽不成市"的说法在其他地方或许有所夸张，在长江三角洲地区却千真万确，因为没有哪一个市镇会没有徽商。多数徽商自幼离家，追随在外经商的父兄，或者在同乡、亲友的商店当学徒，成年回家结婚，然后又外出经商，仅年节返乡团聚。明清以来还有不少徽商迁离家乡，在经商地定居，只是偶尔回原籍扫墓省亲。年深日久，一些徽商后裔便融入迁入地，其影响也扩大到商业以外的范围。但他们继续通过会馆、行会、同乡会等途径维持着徽商群体，保持相互间的联系。

成也萧何，败也萧何。徽商因长江三角洲而兴盛，最终也因长江三角洲而衰落。上海开埠后，资本主义工商业迅速发展，使上海成为新兴的工商业中心和进出口基地，并且辐射到整个长江三角洲和周围地区。机器生产的或进口的纺织品、日用品取代了手工生产的传统商品，在新的商店、经营方式和商业网络的进逼下，徽商节节败退，在长江三角洲这个最大的市场中最终失去优势。加上官盐经销制度的废除、交通路线与方式的改变、徽商后裔中商业成分的减少、帝国主义和买办势力的打击，盛极一时的徽商从此衰落。

今天，在徽州不时可以听到"重振徽商雄风"的口号。时过境迁，今古异势，当年的"雄风"能否重振，如何重振，都应认真研究。但回顾历史，有一点是可以肯定的，新的"徽商"也离不开长江三角洲这个大市场。

娄水东注：何处江南

大家都熟悉"江南"，而我们生活的地方——上海，也是江南的一部分。"江南"这个名称是怎么来的呢？

我们知道，黄河的南面叫河南，为什么这里就叫江南呢？就是因为以前"江"是个专用的名词，就是指长江，这个"长"字一开始是没有的，就叫"江"或者"大江"。就像黄河，它正式的名称就是"河"或者"大河"，"黄"是后来加上去的。因此，长江的南面就是江南。但是如果我们有点地理概念，就会知道，不是长江所有的河段都是严格的东西向的。比如说，从今天的安徽中间一段到南京，基本上就是从西南到东北的。正因为这样，在这一段就产生了一个名词——"江东"。所以项羽当初带领的子弟，被称为"江东子弟"。项羽最后兵败，到了乌江，一般认为是今天安徽和县这一带，他就说，没有面目再去见江东父老了，因为过这一段长江就是江东。一直到三国的时候还是称江东，如孙坚父子渡江而来，还是称江东的。

那么，古代的江南到底是指哪一带呢？早期比较多的应是指长江中游的南面，这一带是江南。当然，它也可以泛指整个长江以南，但并不是我们今天所讲的"江南"所专用的，更多的是指今天的江西、湖北、湖南那里的长江以南。熟悉古典文学的人肯定知道，南朝庾信有《哀江南赋》。那个江南指哪里呢？北朝的军队在今天湖北江陵这一带灭掉了梁朝，杀了梁元帝，把梁朝的官员、士人、百姓驱赶北迁。那么庾信所哀的"江南"当然不是我们今天这个江南，而是指江陵那一带。以后北方人对长江下游这一带慢慢地熟悉了，所以到隋唐以后讲的江南，就是指我们今天的江南了。

之后出现了"江南道"这样一个政区，"道"是介于行政区和监察区之间的。因为"江南道"这个行政区太大，所以后来又分为江南东道和江南西道。江南西道简称江西，以后就有了"江西"这个地名。江南东道的名称以后没有延续，但江南的名称延续下来了。所以古今"江南"具体在哪里，是有很大变化的。我们现在一般讲"江南"，基本上就是明清流传下来的概念。当然也有广义、狭义之分，但一般而言，就把江苏南部传统的苏州府、松江府、常州府、太仓州，还有浙江的杭嘉湖，即杭州府、嘉兴府、湖州府这七个地方称为江南。

但也有些方面并不受自然地理条件影响。比如说方言，吴方言的范围包括上海崇明岛，崇明岛再往北就是长江北面了；但启东、海门讲的方言和崇明一样，都是南方话；再往北就是北方话了，如大丰、如东等地；再往西到南通，当地的方言已经是南方北方混杂，所以不大听得懂的；南通再往西，到海安、如皋这一带就全讲苏北话了。之所以没有受到长江的限制，是因为启东、海门、崇明这些地方的人主要是从南方迁徙过去的，他们还是保持了南方话。尽管他们在长江以北，却不以江北人自居。在长江以南，从常州往西到了丹阳，丹阳的方言也是两种交叉，所以也是不大容易听得懂的。丹阳再往西就是镇江这一带，现在已经完全说苏北话了。太平天国运动以前，南京、镇江这一带南方人的比例比现在高。在太平天国运动中，南京这一带，特别是南京城，人口损失非常大，幸存下来的人都逃难去了。后来南京城一部分老的居民回去了，但多数是外来移民。苏北、淮北移民迁到了城里，更远的河南人，最多是河南光山这一带的，迁到了南京郊区。不仅南京这样，周围很多城市的郊区都有河南移民，都是太平天国运动以后迁来的。在历史上，南京也被称为江南，因为它是长江南面，并且是江南的行政中心。

当然，这个江南不是一直那么有魅力，文化一直那么发达，一直被认为"上有天堂，下有苏杭"的。虽然有考古发现，证明这一带孕育了良渚文化、河姆渡文化，上海的广富林、福泉山、马桥文化，给人的感觉，是这一带的文化自古以来就很发达，上海特别以拥有六千年文化自豪。其实，这对于上海而言是有点讽刺意味的。上海本身在全国地位高，在世界地位高，但那是因为开埠以后其现代城市的成形。六千年的文化，是靠1958年上海扩大范围，把原来江苏的松江专区全部收纳进来，而后才能言说所谓"六千年文化"的，这六千年文化可以说是和上海的现代城市毫无关系。不仅如此，今天江南的文化，在很大程度上也不是当初良渚、河姆渡等文化延续下来的。

研究考古的都知道，考古的文化层应该是分得很清楚的，比如最下面的八千年前的或者六千年前的，那么如果今天的文化真是从那时延续过来，这文化层应该是一直延续到近代的。但是恰恰相反，所有这些文化层都是中断的，也就是说它没有发展到今天，这是到现在为止，大家都不得不面对的事实。那么，是什么道理呢？为什么他们发展到一定的时间就中断了呢？现在找不到很有说服力的证据，所以，更多的是一种推测。有一种说法，是自然环境变了，发生了大规模的海水倒灌（海水上涨，即海侵），所以这些人要么淹死了，要么跑了，跑到其他地方去了。那么这个时间倒是和地理学家所讲的东海一次大规模的海水倒灌的时间差不多一致。是不是肯定就是这一次，现在还缺少证据，不能确定。但是有一点是共同的，就是这些文化遗址都是出现了忽然中断的现象，比如说八千年前、六千年前的，忽然到四千年左右就断掉了，这个是大家都一致承认的。

照理说，文化越来越发达的，其范围应该越来越广，但是，我们现在看到良渚文化那些大的遗址，都不是延续到近代的，中间都结束了。包括良渚文化在内，现在依旧有很多谜。大家可以到博物馆里看很多玉器，有的玉器非常精美，就是现代的加工技术加工到这样也是不容易的。

几千年前，古人是怎么加工的呢？比如，有的玉上有孔，玉的硬度是很高的，要用原始工具打一个孔是很不容易的，而且打得那么细、那么圆，怎么制作出来呢？我想，任何伟大的艺术品，肯定是天才与信仰相结合的产物。毫无例外，仅有天才，或者仅有信仰，都未必做得好。在良渚文化持续的时间中，算短一点，在这一千年里，能不能出一个天才？一定可能。这些人里，会不会有一个人既是天才，又决心把从事这件工作作为信仰，终生全身心地投入呢？如果有，就有可能会创造出一个我们今天所不能想象的奇迹。至于这个奇迹的创造是完全依靠手工，还是完全依靠最原始的工具，或曾经发明一个我们现在还不知道的工具（当然这是猜测），不管怎么样，出现这样的天才是完全可能的。而且，这样的天才人物，是无法以进化论序列判定的。

有一点可以完全肯定，江南最早的文化并没有反映在其之后的岁月里。甚至有人解释说，大禹治水也可以反映江南早期的发展。现在绍兴有大禹陵，然而这个地方不能肯定是真的。当然，司马迁《史记》中就记载，他到会稽，就是来绍兴这一带探访"禹穴"（大禹陵）。所以大禹陵的遗迹，在两千多年前西汉的时候，在今天绍兴这一带就有了。

我们知道，传说中的"大禹治水"是发生在黄河中游的故事。对这个说法，我们以前是深信不疑的。到了近代，有人掌握了地理学、水利学知识以后，著名的水利专家李仪祉就提出怀疑了。他说，黄河中游这一段怎么可能出现延续十几年的洪水呢？不可能的事啊。我们记得1998年，长江洪水不是一会儿就退了吗，因为洪水是要入海的。黄河也是这样。如果出现大洪水，最多一段时间，不可能出现十几年不退的水。如果出现，只有一个可能，就是海水倒灌，否则是不可能出现十几年水不退的。那么，大禹治水到底在什么地方呢？有人把这两件事情联系在一起，认为大禹治水是在沿海。

这个故事到了中原，是因这些人的后代后来迁到了中原，所以把祖先的故事也带到了中原。今天中国有很多地方都自称是大禹的故乡，包括四川。这些传说，都是有根据的。因为，在一段时间里，中国各地的人口都纷纷迁到了中原，并且把他们对祖先的追忆、祖先的传说统统带到了中原，形成华夏文化，这就是移民的汇集。

商人，一般认为是北方过来的；周人也是其他地方过来的，有的说是西部过来的，有的说是北方过来的。所以，中原的人都是从其他地方迁来的。为什么要迁到黄河中下游的地方呢？很简单，那里的自然环境比较合适。当初，这一带气候比今天要温暖，都是黄土高原或者黄土冲积形成的平原，比较容易开发，特别是在没有铁制农具的情况下，疏松的黄土是最容易开发的。

这也就说明了为什么不管江南古时候有多么发达，到了四五千年或者三四千年前这一阶段，它不如黄河流域，原因主要也是地理环境。为什么呢？那时平均气温比现在还要高一度到两度，那么黄河流域是温暖湿润的。而长江流域，江南这一带，就是太闷热、太潮湿，植物生长太茂密，很多地方不是低洼积水就是丛林，不利于开发。在这种情况下，往往传染病会流行，所以古代很多地方都有瘴气、瘟疫的流行。

因此可以这样讲，大概相当于周朝早期的时候，江南这一带是不太适合人类开发的。也正因为这样，我们看到，吴国的先祖太伯迁吴，说他当时到了这里，要跟当地的人一样断发文身。和北方比起来，这里是一个比较野蛮、落后的地区。所以，江南并不是一开始就是大家说的"人间天堂"，不仅是长江下游的江南，长江中游的江南在北方人眼里也属蛮荒之地。气候差，地理环境不好，用两个字来讲，就是"卑湿"，司马迁《史记》里也讲"江南卑湿"。"卑"就是地势低，"湿"就是潮湿。"丈夫早夭"，男人活不长，年纪轻轻就死了。早期江南就是这么一个地方。所以，在西汉初，贾谊被任命为长沙王太傅，要他到今天的湖南长沙去工作。贾谊就想到，在这个地方，人要短寿活不长的，郁郁寡欢。最后他虽然回去了，但是早早就死了。

比较而言，当时长江中游的江南还算是好的，下游的江南条件还要差。所以一直到西汉后期，汉光武帝刘秀的祖先被封到江南以后，宁可减少封邑的规模，也要调到北方去。北方是有吸引力的，南方没有吸引力。比如无锡，汉武帝封侯封在无锡，无锡那时是安置南越投降的人的，北方的贵族一般是不愿意封到南方的，南方是很穷、很落后的地方。

那么为什么江南到最后越来越发达呢？我想这有两方面的原因。一方面是自然原因，就是中国古代的气候，经历了一个由比较暖到比较寒冷的过程，当然中间也有几次反复。从汉朝以后，天气逐步变冷，到南北朝曾达到最低点，以后又慢慢变暖。在这个过程中，黄河流域的气候变得不适合开发了，因为它温度降低，降水量减少。在这个情况下，南方，特别是长江流域的气候变得比较适宜了。原来很湿热，现在气温有所下降以后，气候条件反而改善了，气温更加适宜人类居住，适宜作物生长，客观上就具有了开发的条件，这是自然的原因。

人文的原因又是什么呢？从秦朝开始，就陆续出现了北方的人往南迁的情况。当然，秦朝的时候还是少数，比如说项羽，当时项家就是为了躲避仇人，从今天的安徽迁到苏州的。项羽带领江东子弟，但他自己不是江东本地的人，当时苏州已经集聚了不少为了抵制秦的统治迁来的人。

但是，到了两汉之际，就有比较多的人南迁了，所以当时会稽郡一度接收了不少北方的名人，这些都是迁过来的。虽然东汉的时候又有很多人迁回去了，毕竟他们发展的基础在北方，首都在北方，而且北方还是很发达的。南迁的势头到了东汉末年三国时期就加大了。从 220 年至 280 年，有60 年的时间，特别是江南这一带，属于吴国，它和北方的曹魏及以后的西晋有 60 多年的时间是分离的。所以就有很多难民，特别是孙权手下江淮一带的，尤其是北方的人，他们迁过来以后，基本上都在南方定居了。这些人主要生活在今天的江南，有的已经在当地形成了世家大族，比如陆逊的后代——松江二陆——陆机和陆云。尽管他们又到北方去做官，但陆家在江南延续下来了。

刚刚统一没有多久，又出现了大量人口南迁。三国时江南已经形成了一些大族，因为统治中心长期在建业（后改名建康，就是今天的南京），到了永嘉之乱以后，大量的北方衣冠望族，特别是一些世家大族都纷纷南迁。

当时人们很重视门第，比如姓王的人，门第最高的是太原王氏，然后是琅琊的王氏，像王羲之、王献之都是。还有，比如说陈郡谢氏，谢安、谢石等，还有好多的望族都南迁了。南迁之后一部分在江淮一带。因为建康是首都，所以都聚集在现在南京周围。但南京不是最适合居住的地方，因为一方面南京是政治中心，经常发生战争，是政治争夺的对象；另一方面南京这一带还是丘陵，所以好多人就集中在今天的绍兴、湖州这些地方。如果从4世纪初西晋算起到后来589年隋统一，在这么长的时间里，那些从北方迁来的人就已经在南方定居了。因为他们过了一两百年再回北方已经没有什么家产、没有什么后人了。

所以，北方的精英、世家大族一次次南迁，就使南方在人口、文化水准以及名人的数量方面慢慢超过北方，南迁很重要的地方就是江南这一带。讲江南的风景，唐朝初年文字记载还不多；从中唐以后，就有大批文人雅士赞扬江南了，江南这个名称开始用得越来越频繁。这时所指的江南，就和我们今天说的江南差不多了。大批北方人到了南方，也看到南方的山和北方的是完全不同的。因此，在早期山水诗盛极一时的时候，诗中的"南方"也不仅仅指江南，特别是不仅仅指浙江南部真正南方的风光。

江南是什么时候真正超过北方，成为全国一个经济发达的地区的呢？我们一般认为，南方超过北方是从唐代后期开始，到宋代才完成的。原因也有两个：一方面，是经济的开发；另一方面，大批人口急剧南迁。安史之乱以后，一直到五代，大批北方人南迁，迁移像波浪一样，一浪一浪过来。最早的时候，渡过淮河，他们觉得安全了，就在这里定居下来，没有一定要迁到哪里的目标，总之要躲避战乱，只要有块安定的土地就可以了。后来，北方战争又打过来了，江淮一带成为战场，移民就渡过长江，到了长江南面，所以移民一拨接着一拨。安史之乱以后，出现一个特点，江西的人口增加，开发很快。北宋靖康之乱以后，人口继续南迁，迁到湖南、广东甚至海南岛，一步步往南迁，越迁越远。

除了移民本身，中国的政治制度有很多特殊情况，在这个时候也发挥了作用。往往一些地方在大统一的时候得不到开发，因为所有的财富都归中央、朝廷、皇帝所有，地方上没有自主性，不能够留下来。到了分裂的时候，地方上反而能够得到比较快的发展。所以，江南最终的发展得益于五代时期的分裂，因为到了唐代后期，中央政府已经管不到地方了，地方上就是藩镇割据。地方上独立了，很多节度使就把地方归自己管，中央就管不到了。

与此同时，全国各地都有地方割据，地方官与军阀结合。江南这一带，就是吴越王钱镠。今天杭州、临安这一带所称的"钱王"，就是指他。很多姓钱的都说自己是钱镠的后代，如钱穆、钱三强、钱学森、钱伟长等。钱镠王实行的统治是"保境安民"：对北方政权，不管怎么更迭都臣服，反正江南会保证进贡的财产，而他也不称皇帝。这样一来，地方上反而得好处。得什么好处呢？因为在原来唐朝的统治下，所有的赋税财产统统上交，地方上是没有的，而他在地方，相当于一个独立的王国。虽然统治者内部的宫殿也很豪华，生活也很奢侈，但因为大量的钱不再上交中央，地方上的财富就增加了。拿这笔财富做什么呢？钱镠有一支专门的部队，用今天的说法，就是水利部队，修海塘、疏通河道、做水利，包括疏浚西湖。西湖，从那个时候开始就做成一个风景区了。西湖里有淤泥，就不断疏浚，弄得干干净净的。江南的海塘、河流都是靠这支部队来做的，这种事统一的时候反而做不到。统一的时候这些钱全部上缴，都收得干干净净，所以，江南的发展也得益于这个原因。

五代以后，到了宋朝，江南就成了人们很向往的地方，成为"天堂"了。因此，北宋末年的时候，有这样的话："苏常熟，天下足。"苏州常州一带要是农业丰收了，天下就足了，可见当地的商品粮的重要性。一直到明朝中期，此话才变成"湖广熟，天下足"。倒不是江南衰落了，而是江南人口多，发展重点也不再是粮食了。相反，今天的湖南湖北地区当时获得了开发，农业发展，也就有了比较多的余粮，商品粮变成"湖广熟"。不管怎样，从"苏常熟，天下足"，还是可以很容易地看出江南一带的地位的。

在文化上，江南是不是到了宋代就已经很先进了？还没有！我们知道，文化的发展其实有两方面条件。一方面是人，人往往不一定产生于本地，很多就是移民，高素质移民使这个地方文化水准提高。另一方面，就是经济基础。文人靠什么生活？又不能当场领取稿费或是马上卖画换钱，文人是很不屑拿画出来卖的，他觉得这是低档的事啊！所以，他的艺术活动不能马上变成财富，反过来要用钱养着的。所以江南的经济尽管在宋代以后已经全国名列前茅了，但是文化上的发展还是有过程的。

南方文化比较早发达的地方是哪里？其实是江西。唐代以后，江西的北方移民有很多，政区兴建，经济发达。所以，在北宋的时候，江西的文化开始发展起来了，出了很多人，像王安石、曾巩、欧阳修等。到了南宋的时候，江西继续发达，甚至在明代时，江西出的三鼎甲，也就是状元、榜眼和探花，也是全国最多的。到了清代，苏州出状元，江苏的三鼎甲大大超过了江西，江西衰落了，大概是这样一个过程。尽管江西出的总人数不少，政治影响比较大；但从整个基础来讲，自宋代起就已经不如江南了。所以，一般来说，江南文化的发达是从南宋开始逐渐步入如今全国的这一地位的。到了明清，这个地位基本上就确立了，不改变了。到了近代，又有一个重要的因素，那就是上海，上海的兴起更加巩固了江南在各方面的地位。为什么呢？因为江南很多人跑到上海来发展了，所以"海派文化"中，来自江南的人物以及他们所拥有的文化要素占了非常高的比例。

江南的发展有自己不少特点，这个和江南的自然环境也有关。联想到娄东画派，大家都会觉得他们的画很精细、很经典，但是也有人觉得缺少创意、缺少震撼力，有些山水景物比较单调。其实，如果我们的眼光就局限在这个狭义的"江南"上，也就是浙江的杭嘉湖、江苏的苏松常太，如果仅集中这里的话，我们的确可以看到它主要的特点是平原，还有大量的湖泊、沼泽地和水网地带。如果看中华人民共和国成立初期的地图，一个县往往大量地方都是水面，到处是河流，如果俯瞰大地，陆地是非常破碎的，全是大大小小的湖泊和河流。这些湖泊和河流有很多名称，有的叫"湖"，有的叫"荡"，有的叫"漾"，像上海就叫"浜"。比如上海这一带，河流以前叫"浦"。我们上海的名称就得名于这个地方旁边的两条河，一个叫"上海浦"，一个叫"下海浦"，这个"浦"就是河。"黄浦"本来是黄河，但是到了近代，为了规范一点，再加一个"江"，成了黄浦江。简称黄浦还好，如果简称浦江，这个浦本来就是江河，而且还与浙江的浦江同名，所以我的老师谭其骧先生在世的时候已经多次指出了这个名称最好不要用。这一带，没有什么高山，像松江出名的"松郡九峰"，多少人写诗描述还作画。我们看看最高的佘山、天马山，都像一个小假山，像人工建设的一样，一百米都不到的。苏州、无锡一带的山都不高，并没有太多险峻的山峰，一直要到镇江南京之间的丘陵，平原地带就没有什么山。江面虽然很开阔，但是也不可能像中游的河流那么浩浩荡荡，一般都是水势平缓。除了刮风下雨时，江面、湖上浪比较高，正常情况下还是风平浪静。

所以，在这样一个环境里，最大的好处是交通非常方便，为什么呢？因为古代没有机械交通工具，那么最便利的是什么？是水运，船不仅载重量大而且可利用风帆，拉纤的劳动力便宜，所以这个成本也很低。船上生活比较安逸，你要用车的话，车子做不了很大的。最差的是独轮车，你坐在上面很不舒服的，就算是马车、牛车，当时都是木轮子，没有打气的轮胎，所以坐在里面是不舒服的。还有抬轿子，轿子能做多大呢？坐在里面，这个轿子不见得很舒服。当然也有很豪华的，张居正从北京回家乡有特别大的轿子，里面可以睡觉，还有放吃喝，有书童伺候，这已经是特例了。这是戚继光为拍他马屁，专门为他做的大轿子。但是船可以造得大，船里面吃喝玩乐、吟诗作对、画画，都可以。所以对于文人雅士、达官贵人而言，水路的交通舒服极了！皇帝也是这样：隋炀帝当时为什么要将运河开到南面来？因为要巡游。康熙、乾隆南巡下江南，经常是坐船，船可以造得大，里面很舒服。

到了近代，最著名的是嘉兴南湖上那艘船，中共一大最后一天的会议就在船上开的。我们现在看到的是仿制的，但是跟当时的差不多，上面可以摆酒席。

水运对江南起的作用是非常大的。江南的文人雅士都有在水上旅行的经历，写在日记里，吟在诗歌中，都反映当时通过水路取得联系，江南好多市镇、乡村集中的名人比城里要多。特别元代以后很多名人高官、退休官员、地方豪绅并不是住在府城县城里，有的住在镇上，有的住在乡下。什么原因呢？因为交通很便利嘛！如果发生战乱，冲突的中心一般都在府城、县城，如果再往上就是省城，一般不大会到乡下来的。但是他要去了解情况，干预政治，或者进行活动，也很方便，坐自己的私船，由前门、后门的私家码头便可往返。水路交通成为主要的交通手段，所以在江南的县城，或者市镇，每天都有来往的船。

浙江湖州一带，这些船被叫作"航船"，有的地方叫"班船"，稍微大一点的村庄都会有船每天早上到镇上去，或者到县城去。船停在那里，船主到茶馆去喝茶，然后把带的东西送到市场上，有的小贩拿去自己卖。下午有回去的人，搭他的船就回去了。所以船就像水上的公交路线一样。不认识的人也可以搭，稍微给两个钱就可以了。富人家都自己有船，而且往往船码头都连在家里，所以很方便。如果到柳亚子的故居，就能看到。当初有人抓他的时候，他就躲藏在复壁中间，那是两层墙壁的中间，然后他就从后门坐船跑了。很多富家的花园旁边都有船，船就直通外面运河，所以江南的一些名人建宅，未必就建于政治中心，名人雅士并非集中在城市里面，很多在乡下，很多文化活动不一定就是在县城。

到了明代，一些市镇已经相当发达，不少镇的发达程度无论是人口、经济交易的数量或者集中的文化设施，比如书院、私塾，往往超过县城，特别是经济活动。因为手工业、服务业相当发达，所以也就产生了一个比较大的市民阶层，这是非常重要的。苏州，明代的时候就已经有了记载，服务业相当发达，用今天的话讲，文化产业相当发达。有的人说，老祖宗教我们勤俭节约，但苏州的例子证明，消费适当奢侈一点是对社会有好处的。因为苏州这个地方到明代时人口相当稠密，如果人人都靠农田吃饭，不要说维持好的生活，连生计都很艰难。

为什么明朝中期以后变成"湖广熟"，苏州的商品粮是靠外地来的呢？本地人干什么呢？因为农田有限，这已经是到了农业发展的极致了，剩下来就从事手工业、纺织。还发展一些文化产业，比如专门做裱画的行业，专门做版画、雕刻的行业。还有呢，为了生活有点雅趣，苏州已经专门有做假古董的，实际上就是工艺品，仿造一个青铜器，仿造一个瓷器。文人有各种需要，书房里需要摆放文具器玩，当时即使是一般的人家，家里都要挂一幅画，放一点假古董，提高一点生活情趣。苏州专门有这样一个行业，畅销全国。甚至婚丧喜事都有专门的服务。办个婚事家里要布置，举行宴会要那么多的餐具，苏州就有这样的服务行业，像办喜事、办丧事，事无巨细，都可以包下来，乃至办丧事时哭丧的人不够也可以租。这样一来，苏州的服务业相当发达，大家对生活的要求就高。

文人有一点钱，还能干什么呢？造花园，造私家花园。周围没有什么山，那就堆假山。一方面苏州土地很紧张，不像北方人能买下一大片土地，有的是人家的房子失火以后拆掉，多出来了一块地方，或者某人家里败落了，卖了旧院子。自己造花园就有事干了，小小一方寸的地方怎么办呢？堆上假山，做上漏窗，让它弯弯曲曲，就小小的地方，看来好像有高山、有流水，苏州园林就这样产生了。所以，苏州园林从本质上讲是私家花园，有很多妙处，妙就妙在很安静，像居家一样，三五个朋友坐坐，喝喝茶，听听曲。要是现在游园，必须排队，前面后面都顶着人，如何能进入欣赏的心境呢？这又说明什么呢？天然风景太少啊！周围就这点山，所以文人就发挥丰富的想象力，堆假山。

苏州有两种工匠，一种工匠就是专门造墓、修墓。修墓的人劝人家：墓其实也不要修太好，过两天就拆掉了。他们手里不知道拆了多少墓，拆下来的砖就拿来给你造墓。还有就是造花园的，也是这样。今天给张三造花园，到张三儿子可能就败了，然后就把里面的建筑、假山拆掉，到王五家里去造了。总而言之，明代，苏州这一带文化产业、文化服务业已相当发达。

不得不说一说市民阶层，市民阶层是了不得的。为什么市民阶层了不得？市民阶层是谁？商店里的服务员、学徒、手工业工人吗？小店主和作坊老板，他们都是住在城里，人口集中，不像农村这么分散，生活水平不算太好，但是其中一部分过着中等的生活，其余基本上是衣食无忧的。有空闲时间，多少有点文化，识几个字，但是文化程度也不怎么高，所以也就没有什么顾忌。市民什么话都敢讲，什么书都爱看，什么事情都能议论。像当时苏州抗税，市民组织得很好，和太监斗，市民敢说敢干。明代有很多色情小说，那么流行，实际主要就流传于市民阶层，他们无所顾忌。读书人，买一本悄悄地藏起来，连自己的老婆都不让看见，偷偷翻。市民才不管，照看照议论。于是，明代这些书特别多，《金瓶梅》之类有得卖。市民阶层就是这个特点。说文化，仅说文人是不行的，都在农村也不行，综合因素放在一起，才有一个这样的江南。

江南的农民、手工业者生存压力还是很大的。一方面大家追求比较精致的生活，另一方面又要尽量节约。因为他们的经济生活水平不是很高，客观上讲提高了生活质量，也增加了很多新的服务产业的机会，某种程度上有点像上海人。上海人现在比较好一点了，以前也是这样，要生活过得好，又要省钱、体面、实惠。上海人，是什么东西都要自己做的。当年的上海人，自己做沙发、做家具、装收音机，后来做喇叭箱，再后来装黑白电视机，都是到虹江路淘旧货组装的。淮海路的旧货店为什么那么受欢迎呢？就是缘于人们用比较少的钱体验比较体面的生活。这种传统，是在江南逐步逐步形成的。

在这样一种情况下，一些有钱、有势、有才的人，包括一些高官富人、有钱的文人，他们的艺术品位、生活情趣一方面很精致，一方面不可否认缺少创意，贪图安逸。另外，在当时的条件下，如要他们跑到西南、西北去写生，到那里去考察，他们是不干的，做官的人很多也是没有时间的。当时很多都是相当于现在正局级、副部级的官，怎么可能会去做这种事情呢？所以明清时很多人跑了比较多的地方，都是利用到各地做官的机会。江南的生活比较安逸，放弃江南的生活跑到别处，江南人会觉得受不了，适应不了。

江南出了一个大旅行家、探险家徐霞客。但是，徐霞客没有什么同道，就他一个，没有什么张霞客、王霞客跟他走。徐霞客这个人的出现也有很多特殊的因素，其中一个因素就是他科举不利，要是考上了，他也跟他的朋友一样去做官了，绝不会成为一个旅行家。他还有他的条件，家里是地主，所以可以放心去云游。他母亲管家，家里日子过得很滋润。每年春节之后，他带上银子、仆人就出去旅游去了。明朝对知识分子相当优待，这样一个没有科第、没有功名的普通读书人跑到地方上，居然可以让政府的招待所招待他，并且派出驿卒为他服务，这是其他朝代没有的。徐霞客有一次跑到驿站，要求派驿卒，驿卒嫌路险不肯去，徐霞客把他绑起来打。路上太险太苦，连自己家的佣人也跑掉了，吃不消了。但他母亲支持他。有一次他带着他母亲从老家江阴跑到宜兴的善卷洞去玩。更加幸运的是，他有一批朋友在他死了以后出版了他的日记，否则，就不会知道有这么一个奇人了。如果文人都像徐霞客这样，我们今天看到的他们创作的山水作品肯定是更加辉煌，可惜，徐霞客就这么一个。

　　江南的风气是这么柔弱，怎么清军南下后会有这么多人拼死抗清，比如嘉定、松江这一带？一方面，当时的民族观念很强，华夏与夷狄之间界限分明，这不是一般的改朝换代。另一方面，这和清初实行错误的政策是有关的。清朝进驻南京，人们躲的躲，逃的逃。钱谦益的夫人柳如是鼓励他殉国，他说我也想跳到水里自杀，但水那么冷受不了。后来清朝下令男人要剃掉头发，留一根辫子，衣服形制都要换掉，这才激起了大家的愤怒。汉族人有"身体发肤受之父母"的传统观念，要求这样是不可接受的。有趣的是，等到清朝的统治稳定以后，特别是到了乾隆年间，修《国史》时专门辟出《贰臣传》，凡是投降清朝的都是叛徒，收在这里面。相反，像史可法这样坚持抗清而死的列为忠臣。所以，用现在的话讲，清朝要重新建立核心价值观，这个价值观叫作"忠君"，忠于明朝也是对的。因为现在天下已定，不怕再反了，清朝要理顺满汉之间的关系。不仅这样，他还在江南各地、全国各地普遍调查，在修方志的时候，把所有抵抗清朝而死的官员统统列为忠臣，老百姓都是义民，女人成为节妇。这样一调查，江南的士大夫扬眉吐气。

　　清朝这样解释有道理啊！当时忠于明朝没有错，清朝是由当时看到明朝被李自成灭了以后帮你们报仇的，但是，后来发现老天爷已经把天命交给清朝了，推都推不掉，现在清朝得了天下，这么一来，无论是归顺清朝的、抵抗的，都心安理得。抵抗的，忠臣传家，现在忠于皇上也就对了。所以，这个文化关系很复杂。康熙、乾隆都下江南，并不是简单地吃喝玩乐，还要做江南士大夫的工作，甚至跑到南京去祭拜朱元璋。当时不像现在，如果他在十三陵祭拜，南方不知道，也不相信。跑到南京来就不同了，江南士大夫很感动，这个皇帝原来对前朝的皇帝那么尊崇。另外，康熙派他的心腹、曹雪芹的祖父曹寅做江南织造，表面上是为皇家专用纺织厂监工、生产云锦之类，实际任务是让他了解南方这些文人的动态。一方面顾炎武不忘光复明朝，到十三陵祭拜，到西北看地形；另一方面他的外甥徐乾学做了清朝的礼部尚书，他也接受他外甥的资助。所以，其实江南这个地方的民族矛盾已经逐步缓和了。大概到康熙以后，基本上恢复了明时的文人雅趣。当然，清朝的文字狱让人胆战心惊，但这种情况下，文人一般就埋头做学问，或者过一种雅士孤芳自赏的小日子了。

江南还有个问题呢，明朝有个特殊情况，朱元璋出身穷苦，他希望官员都廉洁，采取了一些极端的措施，除了严惩贪官以外，还把官员的俸禄定得很低。低到什么程度？如果做清官，那么家里人口的生计都不一定维持得住。海瑞是个清官，海瑞晚年尽管没有实权，但是他的地位相当于现在正部级这样的职位。他死了以后，有人清点他的遗产，连安葬他的钱都要人家赞助。在这种情况下，还有谁能做真正的清官呢？可以说无官不贪，哪怕一些非常有名的文人忠臣。比如后来抗清的烈士，在家乡的声望都不高。著名的松江书法家、画家董其昌，在当地曾经有"民抄董宦"这样的丑闻，此事可能有仇人夸张，但他在地方上声望不好是不争的事实。这就造成了明朝时期，有好多文人人品和艺术水准往往不相应的情况。但是另一方面，流动总人口文化程度高，服务业、商品经济发达，这也为中国走向近代化准备了条件。

上海开埠非常顺利，跟广州不同。广州哪怕已经订了条约，同意英国人入城，当地人还是不让他们进，只是最后挡不住。而上海开埠的过程相当顺利。除了有一些经济纠纷以外，租界的设立总的来说是很顺利，为什么呢？因为租界里的人主要来自江南，他们原来的生活方式、原来的商品经济就比较发达，很容易适应新型的资本主义工商业。而且江南向上海租界输送了大量的人才，从一流的文人、学者到普通的熟练工人、学徒。不仅如此，近代中国出自江南的人物也比比皆是。

以上，漫谈我所知的江南，原因有二。我们做历史地理研究，江南历来是重点。到现在为止，很多学校、很多研究所都在研究江南。另外一个原因，我出生的地方在湖州，当时叫吴兴县南浔镇，我在那里生活到 12 岁，再到上海。至今还经常回去，还能看到前文提及的那种航船，从前门出来后门直接到哪里，并亲身经历过的。我们读小学时春游（那时叫远足）都是坐船出去，镇上每天船来船往。很多地方古风犹存，旧的地方物件还在，故而，我们还是能够回到故乡的。

江河流淌看中国

湖泊：

『绿水青山』的重要构件

湖泊与人类文明

湖泊是陆地表面洼地积水形成的比较宽广的水域，是地球上一种重要的水体形态。地球上湖泊总面积约 270 万平方千米，占陆地面积的 1.8%。中国湖泊众多，有 24800 多个，其中面积在 1 平方千米以上的天然湖泊有 2800 多个。

在人类文明的进程中，湖泊有其独特的作用。在今天和未来，湖泊依然与人类社会密切相关。

从最早的人开始，要生存就需要基本的水量，如果不能摄入最低限度的水量，生命就无法维持。在尚未具备生产能力时，人只能通过采集或狩猎获得植物、动物或某些天然物质为自己提供食物。这些动物、植物的生存同样离不开水。所以一个人类群体维持生存所需要的水量，远远超过他们自己的饮水量，更多的是这些动物、植物所需要的水量。当人从采集、狩猎过渡到自己生产，无论是从事农业还是牧业，都离不开水的供给。

与其他获得水的途径相比，利用天然水体的水是最普遍、最有效、最便利的办法。河流无疑具有最大优势，但同等水量的湖泊也可以满足同样数量人口对水的需求。在特殊条件下，湖泊还能起到河流不能起到的作用。湖泊能否被人类利用，其所处的位置和环境往往起重大的甚至决定性的作用。

首先是湖泊所在地的气候。在尚未能用人工手段有效地保暖、防寒、去湿时，人的生存环境，如气温、湿度、风力、降水量等都不能超出人体适应的上限和下限。处在寒带和热带的湖泊都不合适，只有处在温带的湖泊才能为早期人类所利用。其次是地形、地貌。海拔太高的地方空气稀薄，含氧量低，不适合人类生存，那里的湖泊周围长期停留在蛮荒时代。处于沙漠、岩溶地貌、过于茂密的植被、崎岖险峻的山区中的湖泊，一般也不会被早期人类选择。再次是土地等初级资源，特别是土地。人类踏进文明门槛的前提是能够生产养活自己的食物，但无论是从事农业还是牧业，都需要一定量的土地，而牧业比农业需要更大面积的土地。所以濒湖区域或湖泊附近是否有足够的土地，往往是决定它能够吸引和容纳多少人口的关键。一些湖泊会因淤积形成湖积平原，会成为就近人口的首选。在完全依靠人工取水或灌溉的情况下，湖水能否被有效利用，往往取决于湖泊周围的一些自然因素，如有没有稳定而高差小的湖岸，湖水量是否稳定并在安全的范围内，湖泊与需水区域的距离，用水区域的蒸发量和渗漏量，等等。水量本身也是一项重要因素。在某种生活、生产、生存方式下，一个特定的人类群体的最低需水量必须得到保证，否则这些人中的一部分只能迁离，或者必须从其他水体找到新的水源来弥补不足。如果水量过多，特别是在短时间内或突然间的增加，往往会造成湖水暴涨，威胁濒湖人口与产业的安全。所幸就湖泊而言，这样的概率并不高。

　　一个面积较大的湖，如果周围及附近的其他条件合适，也可能产生一种文明，湖成为这种文明的物质基础。特斯科科湖位于海拔 2000 米的墨西哥谷中心，周围是完全封闭的火山和山峰，没有外流河，降水和融水完全汇聚在谷底，形成面积达 5400 平方千米的高山湖。早在几千年前这里就有人类居住，已经形成城市。在公元前 200 年，特奥蒂瓦坎城已有 20 平方千米面积，数万人口。在公元前 100 年前后，已经能以 300 万吨巨石建成梯形金字塔建筑物。在 4—7 世纪的繁荣时期，人口达到约 20 万。13 世纪阿兹特克人进入谷地，在湖面修建"浮动园地"，增加耕地面积，积累人口和财富。15 世纪前期，阿兹特克人控制了西至太平洋、东至墨西哥湾、南至尤卡坦半岛、北至格兰德河的广阔土地，直到 16 世纪初为西班牙所灭。正是特斯科科湖孕育滋养了美洲三大文明之一的阿兹特克文明。

　　中国已经发现的旧石器时代、新石器时代的文化遗址中，有一部分就处于濒湖区域或者湖泊附近，特别是在湖畔高地上。因为这样的地方既便于就近用水，又能规避水患。《尚书·禹贡》中提到的湖泊、与湖泊有关的平原以及湖泊的功能就有大陆既作、雷夏既泽、大野既潴、彭蠡既豬、震泽底定、云土梦作义、荥波既豬、被孟诸、至于豬野、至于敷浅原、至于大陆、东汇泽为彭蠡、九泽既陂等，显示出它们在华夏文明早期所起的作用，也记录了先民对它们重要地位的追忆。

水运是早期人类最重要的交通运输手段，湖泊也提供了适当的条件。即使是封闭的内陆湖，沿湖、穿湖也是最便捷的航路。由于湖水一般比较平静，湖中航行相当安全。有较大河流汇入的湖、外流湖在水运中的作用更大，与大江大河相连的大湖无不成为航运中心或枢纽，还能发挥调节水量、保证通航的功能。洞庭湖之于长江和湘、资、沅、澧，鄱阳湖之于长江和赣江，南四湖、洪泽湖之于京杭大运河，都构成这样的机制，起着重要的甚至是不可替代的作用。这一功能必然也在军事上得到运用，这些湖泊的名称一再出现在军事史的篇章中绝非偶然。

在经济史、文化史、区域开发史所记录的重大事件和发展过程中，有不少能看到湖泊的影响，甚至是决定性的作用。《禹贡》记录的"导水"成果中，一部分就是那些湖泊得到治理利用的结果。北宋末年"苏常熟，天下足"和明朝中期"湖广熟，天下足"的背后，都离不开太湖等江南湖泊和洞庭湖等长江中游的湖泊的贡献。"天上天堂，地下苏杭"（范成大语，后演变为"上有天堂，下有苏杭"）的物质基础就缺不了苏杭一带众多的湖泊。"江南鱼米乡"，无论是鱼还是米，相当大一部分就产在湖里或湖畔。就是咸水湖泊，往往也起着举足轻重的作用。地处中条山北麓、三晋大地上的运城盐池，春秋战国时就盛产食盐，是华北重要的内陆盐资源。陕西定边的花马池，曾经为陕甘宁边区的食盐供应和经济开发作出过特殊贡献。

湖泊本身还有一定的观赏性，在与雪峰、冰川、高山、峻岭、丘陵、坡地、瀑布、流泉、森林、草原、花木、鸟兽、蓝天、白云、朝霞、余晖、和风、细雨结合后，构成更加多彩的景观。实际存在或出于想象的湖，早已进入早期的神话和先民的遐想。瑶池在西王母所居的昆仑山上，袅袅秋风中飘下落叶的洞庭湖是湘夫人的居所，也走出了为柳毅传书的龙女。青藏高原上既有神湖，也有鬼湖。高僧可以根据神湖水中的倒影，打卦后发现灵童转世的踪迹。虔诚的信徒会叩着长头转神湖积累功德，却要远离鬼湖以驱除灾祸。以人造景观点缀，配上必要的服务设施，湖泊和湖滨就成为风景名胜、休闲旅游的胜地，云梦泽、昆明湖、太液池、曲江池、太湖、西湖、大明湖、玄武湖、北海、东湖、南湖、白洋淀、微山湖、阳澄湖、天池、滇池、洱海、抚仙湖、镜泊湖、青海湖、赛里木湖、纳木措，不胜枚举。这些湖泊早已成为中国人生存、生活、生产的构成部分，也是中国历史、中国文化、中华文明不可或缺的一部分。

大多数湖泊是天然形成的，如地壳地层下陷形成的构造湖，火山爆发后形成的火口湖,冰川运动形成的冰川湖,水流被拥堵形成的堰塞湖,石灰岩水蚀形成的岩溶湖,海湾被封闭形成的潟湖,河曲被淤塞形成的牛轭湖,风蚀洼地积水形成的风蚀湖等。少量的人工湖则是由人为因素造成的,如为饮水、灌溉、防洪、发电、航运等需要而由人工建造的湖,为观赏而开挖的景观湖,以及因人为阻塞河道、毁坏堤防、改变水源等无意造成的人工湖。有些人工湖是利用天然湖已有的条件建成的,有些是在天然湖的基础上进行扩大。

但只要有了人类和人类活动的存在,即使是纯粹的天然湖泊,也避免不了与人类的互动。一方面,湖泊为人类提供了或多或少的生存、生活、生产的条件和环境;另一方面,人类活动必然不同程度地加速湖泊的发育和演替过程。例如,湖蚀崖、湖蚀平台、三角洲、湖滨平原、湖岸沙堤、沙坝、沙嘴、沙岛、湖岸沙丘,都可能因人类活动的影响改变原有的自然演替、消长的节律和程度,而对湖泊的富营养化影响最大。人造景观和人工设施不可避免地会打破湖泊的天然平衡,对鱼类和水生物的捕捞摄取会导致生物链的断裂和水生态的失衡,围湖造田造地直接缩减了湖泊的面积和水量,甚至可能导致湖泊完全消失。但在人类自觉的、科学的呵护下,湖泊也能延缓不利的演替过程,甚至重新焕发出生命力。

先秦以来就见于记载的大陆泽、圃田泽、巨野泽、荥泽、澶渊、黄池、逢泽、菏泽、雷夏泽、巨定泽,而今大多已不见踪迹,有的连地名也没有留下。北宋时绵亘数百里的梁山泊,到清初已成一片平畴。烟波浩渺的洞庭湖、鄱阳湖、太湖,湖面都有过较大幅度的变化。在 20 世纪 50 年代的大比例尺地图上,江南地区和长江中游还有些大大小小的湖泊,对照今天的地图,很多湖泊已不复存在,地图上有的湖名实际上已是一个农场或乡镇。大规模的围湖造田、沿湖建房,是竭泽而渔;盲目发展水上旅游、水上餐饮,不仅加速了湖泊的富营养化和污染,而且直接导致一些湖泊消失,工业污染更使有的湖泊直接死亡。另一方面,黄河改道与人工治理又先后造成了总面积达 1200 平方千米的南阳湖、独山湖、昭阳湖、微山湖和面积达 1600 平方千米的洪泽湖。工业化以来,中国在江河上修建了数以千计的水库,三峡水库就是面积超过 1000 平方千米的人工湖。但其中一些水库设计并不合理,又不注意环境保护的人工湖,明显加剧了生态不平衡,影响了物种多样性,造成泥沙淤积,环境污染。

改革开放为中国湖泊演变史开创了新的篇章。中国人民不仅越来越认识到人类与自然和谐相处的必要性和重要性，而且以前所未有的强大物质力量来实践正确的生态理念。退耕还湖、退地还湖，休渔禁采，理顺水系，治理环境，修复生态，控制开发利用的规模，使大多数湖泊得以恢复原貌，休养生息。在整体环境得到整治、生态得到修复的前提下，大多数湖泊的生命机制得以运转，有望延年益寿。作为"绿水青山"的重要构件，湖泊的位置已列入从中央到地方的总体规划之中，将在现代化强国战略中占据应有的地位，成为有史以来最受人类关爱的湖泊，也必然会为人类呈现最美丽的景观，提供最丰富的物质和精神资源，发挥最合理的作用，与人类长期共存共荣。

黄河下游湖泊的变迁

一、大泽陈迹

今天，当我们飞越华北平原时，俯视大地，除了还能见到几条水量不多的河流外，已经看不到什么湖泊了。在我们乘火车从徐州驶向郑州的途中，更难见到一片水的景色。因此，我们大概不会想到，黄河下游地区曾经也是湖沼弥望的地方。如果你有机会在建于洪泽湖堤上的公路上旅行，面对这烟波浩渺的巨浸，也许不会相信，它的形成不过六七百年的历史，而扩大到今天这样的规模还只有 300 年。这一切虽然也与千百年来的人类活动有关，但主要的创造者却是黄河。

根据历史文献的记载，汉代以前（公元前 3 世纪以前），在今华北平原上，黄河下游有过很多湖沼，如黄泽（今河南内黄西）、鸡泽（今河北永年东）、大陆泽（今任县北）、泜泽（今宁晋东南）等。在今黄淮平原上，古黄河与鸿沟水系各河流之间的背河洼地和废弃的古河床，以及山东丘陵西部和平原交接处的凹陷地带，也形成了很多湖沼，如荥泽（今河南荥阳东）、圃田泽（今郑州、中牟之间）、崔苟泽（今中牟东）、逢泽（今开封南）、孟诸泽（今商丘东北）、菏泽（今山东定陶东）、雷夏泽（今菏泽城区与鄄城交界处）、大野泽（今巨野北）、阿泽（今阳谷东）等。

据成书于 6 世纪的《水经注》记载，对黄河下游的湖泊作粗略统计，大小湖沼陂塘有 130 多个，大的周围数百里，小的也有方圆数里。但在以后的 1000 多年间，黄河在华北平原上不断决溢改道，泛滥的黄河水带来了大量泥沙，洪水的冲蚀又使平原的地貌发生了巨大变化，这些湖沼经历了不

同的命运。

二、消失的湖泊

一些湖泊由深变浅，由大变小，最后完全消失。在今河南荥阳境内的荥泽是见于记载的最早完成这一过程的。古人说荥泽是济水的产物，当时黄河与济水相通，荥泽自然也接受黄河来水，黄河输入济水的泥沙首先就在这里淤积，所以在《汉书·地理志》中已经不见荥泽的名字了。东汉以后，由于济水、汴渠都筑了堤防，流入荥泽的水大大减少，荥泽逐渐成为浅平的洼地，今天已经毫无遗迹可寻了。

离荥泽不远的圃田泽则经历了相当长的时期。圃田泽最早见于《诗经》，是古代中原著名的浅水湖沼。公元前360年（战国梁惠王十年）引黄河水入圃田泽，又引圃田泽水东流鸿沟，使它成为调节黄河下游和鸿沟水系之间水量的水库。《水经注》记载的圃田泽跨中牟、阳武二县，东西四十多里，南北二十多里，湖中有茂盛的水生植物，湖中还有不少沙洲，将湖分隔成20多个浅狭的湖沼，各有名称，均有水道沟通，总称为圃田。到唐代，周围东西五十里，南北二十六里，面积并无明显变化。宋代已分为大小不等的水塘，当时称为"房家、黄家、孟家三陂及三十六陂"，但仍一度作为汴河的水库，起着一定的调节作用。元代，这一带经常受到黄河水泛滥的影响，不仅原来水塘的水量增加，而且在低洼地上形成新的陂塘，数量增加到150多个，大的周围有二十里，小的也有二三里，秋汛时一望无际。以后水量减少，较高的滩地被垦为田地，到清乾隆年间还可分为东西二泽，周围尚有不少小水塘。此后垦田扩大，逐渐都成为平陆。

宋代以后，由于黄河长期向南决口泛滥，金以后干流南移，一些湖沼受泛滥冲刷和泥沙淤积，继而断绝了水源，以至成为平地。如见于《左传》的孟诸泽，唐朝前期还有周围五十里的记载，以后就消失了。《水经注》所记的雷夏泽是东西二十多里，南北十五里，宋以后被黄河经常性的泛滥淤平。

三、巨野泽和大陆泽的迁移

另一类湖泊是从上游向下游移动，最典型的例子是河南的巨野泽和河北的大陆泽。

巨野泽又名大野泽，在今山东巨野县东北，古代是济水和濮水汇注的地方。汉武帝时，黄河在瓠子决口，流入巨野泽，使湖面扩大，逐渐将一些县治和居民点都扩入湖中。806—820年（唐元和年间），巨野泽的范围南北有三百里，东西还有百余里。以后由于济水断流，湖的上游一侧岸线开始收缩。10世纪初以后，湖的西南部上游因被黄河洪水带来的泥沙淤积逐渐抬高，湖区向下游（北部）低洼处移动。944年（五代后晋开运元年）黄河在滑州决口后，洪水绕着梁山注入汶水。梁山原来在巨野泽的北岸，由于巨野泽的南部已经淤高，洪水就北移到梁山一带积蓄，汇为梁山泊。1019年（宋天禧三年）和1077年（宋熙宁十年）黄河又两次决口，洪水都注入了梁山泊，使湖面又大为扩展，成了著名的"八百里梁山泊"。梁山成为湖中的岛屿，这就为《水浒传》中宋江等108位好汉啸聚提供了绝妙的环境。

湖面扩大的同时，洪水带来的大量泥沙也抬高了湖底，等到黄河南移，主要的来水断绝，梁山泊也就难逃消亡的命运。以后水面逐渐缩小，周围露出大片滩地，被居民开垦。元代黄河决口后黄河水又流入梁山泊，湖面重新扩大，已经开垦的土地又没入湖中。但好景不长，明朝中期以后黄河长期由淮河入海。为了阻止向北的决口，黄河北岸都筑了堤防，使梁山泊再次失去黄河水源，渐渐被周围居民开垦为农田。至清康熙初年，昔日浩渺的大湖"村落比密，塍畴交错"，完全成了陆地，甚至已经"一溪一泉不可得"了。今天我们如果再想寻访"水泊梁山"的遗迹，一定会大失所望。

梁山泊淤高后，原来注入的汶水下游改为折北流入大清河。到1855年（清咸丰五年）黄河夺大清河入海，河床淤高，汶水下游被堵塞而形成东平湖。从大野泽到东平湖，由西南到东北（上游到下游）移动了六七十千米。

大陆泽是河北平原西部太行山冲积扇和黄河故道之间的一片洼地，据《山海经》和《禹贡》的记载，是先秦时黄河经流的地方，西汉时期是漳水以南和泜水以北诸水汇集的地方，其范围大致在今河北任县、平乡、隆尧、巨鹿之间。6世纪以后，漳水改道从泽西流过，从太行山上流下的河流被漳水挟带向北流去，不再流入大陆泽。到唐朝后期，由于来水更少，面积仅剩下"东西二十里，南北三十里"了。而且湖中遍生"葭芦、菱莲、鱼蟹之类"，成为日渐干涸的浅沼。1108年（北宋大观二年），黄河北流于邢州（今河北邢台）决口，大陆泽受到洪水的灌注，泥沙淤积，湖底抬高，积水向下游相对低洼处排泄。

在大陆泽下游今宁晋县东南，原来有泜泽和皋泽两个小湖，此后成为大陆泽湖水下泄积聚的地方。到了明代，滹沱河向南改道，洪水流入，下游却排水不畅，这两个湖扩大成为宁晋泊。明清时的洪水季节，宁晋泊和大陆泽就连成一片，合称为大陆泽。但在枯水季节还分为两部分，宁晋泊称北泊，大陆泽称南泊。

但大陆泽的最终消失却是人为的。清代，这一带治理水患的基本方法，是将南泊的水排入北泊，北泊的水从滏阳河、滹沱河、子牙河流入东淀，因此北泊逐渐大于南泊。雍正年间，正定、顺德、广平三府广开稻田，将原来流入大陆泽的水引作灌溉，水量减少。到道光年间，大陆泽已只限于任县境内的一小片了。宁晋泊也因受到滹沱河水挟带的泥沙的淤积而使湖底升高，积水不断排入东淀，终于使大陆泽成为平原上的遗址了。

四、从无到有的南四湖和洪泽湖

第三类湖泊则是由于黄河的变迁而产生、扩大的，如鲁南和苏北的南四湖、洪泽湖、高宝湖等。

古代的泗水是沿着山东地垒西缘和黄河冲积扇东缘之间低洼地带南流入淮河的。自西汉开始，泗水不时为黄河决水所夺，下游河道也时有壅塞，所以在隋代时曾在今山东兖州南形成过一个大湖，这就是南阳、独山、昭阳、微山四湖的雏形。金元以后，黄河长期夺泗水入淮河，泗水河床被日益抬高，出现了一系列背河的洼地，西面受到黄河洪水的漫决，东面承受鲁中丘陵的山水，于是在济宁和徐州之间逐渐形成了南四湖。从明代中叶开始，泗水逐渐离开故道，而原来的河道演变成为今天大运河山东境内的南段和江苏境内的北段。这样，南四湖就与大运河联系在一起了。

明代重开会通河以后，昭阳湖在运河的东岸，是运河的四大水柜（水库）之一。这是因为当时鲁中丘陵的山水具有夏秋暴涨、春冬干涸的特点，所以要将运河以东地势较高的湖作为"水柜"，蓄积泉水，而将运河以西地势较低的湖当作"水壑"，宣泄余水。从嘉靖初开始，黄河不断决入江苏沛县和山东鱼台一带，并通过运河灌入昭阳湖，使湖底淤高，湖面扩大。至1566 年（嘉靖四十五年）开南阳新河后，运河改经昭阳湖东，地势比昭阳湖高，湖水不能再流入。此时，昭阳湖失去了运河水柜的作用，转而成为运河以西的"水壑"。同时，西面的黄河决水又不断流入，使昭阳湖的面积继续扩大。

明代隆庆、万历年间，黄河向东决口，洪水漫过运河而东，形成一连串的小湖泊，称为郗山、赤山、微山、吕孟、张庄等。1604年（万历三十二年）伽河修成后，运河再度移到微山以东，这些小湖泊就被隔在运河新道以西，成为运河宣泄洪水的场所；西面的黄河也不断有决水注入，两面的来水汇集在这里，将一连串的小湖连成一片，总称为微山湖。由于没有畅通的宣泄水道，积水迅速增加，湖面也迅速扩大。清代时，微山湖周围有百余里，与北面的昭阳湖没有明显的界线。黄河改道由山东入海后，昭阳、微山等湖因地势低洼，又有当地地表水的补充，仍然保持着原来的规模。1938年黄河在花园口改道后，微山湖的面积有所缩小。1947年黄河回到山东后，湖面恢复，可见黄河是通过地下水给予微山湖补给。

三国时，魏国的邓艾曾在淮河南岸今淮阴和盱眙之间修筑一些小陂塘，用以灌溉屯田，其中有的到隋代还在使用，如白水陂、破釜塘等。但直到宋代，淮河与南岸诸湖还没有连成一片。金元以后，黄河南移，淮河下游成为黄河的入海水道，河床抬高，黄河与淮河交汇的清口淤塞，下流不畅，积水就将原来的零星湖沼洼地连成一片，形成洪泽湖。开始洪泽湖面积还不大，所以元朝经常在洪泽湖屯田。明初，洪泽湖东岸筑高家堰防御淮水东侵，湖面向东扩展受到约束，就日益向西、向北发展，不仅淹没了湖与淮河间的陆地，而且越过淮河淹向北岸。万历年间，潘季驯为了抬高洪泽湖水位，以蓄积清水冲刷黄河，修筑高家堰，将淮河上中游的水流全部汇聚在这里，湖面迅速扩大。1680年（清康熙十九年），湖水向西扩展，泗州城完全沦没。向北扩展的结果则使溧河、安河、成子三大洼地中的一些小湖和洪泽湖形成一体。在康熙前期，洪泽湖周围有三百多里，湖面高于黄河水面。

明清时由于黄河水长期倒灌入湖，泥沙淤积使湖底抬高，湖面也大大高于东岸里下河地区的平原。洪泽湖的隐患在于没有出水口，所以在高家堰上开了口门，将湖水排入苏北里下河地区。湖东北部处在清口的西南，倒灌入湖的黄河水挟带的泥沙首先在此淤积，逐渐成为平地。背面三洼因地势较高又渐渐干涸，到清末淤成陆地，湖面后退了三十余里。

洪泽湖的形成还产生了连锁反应。洪泽湖的基准面抬高以后，淮河干流上游的坡降减弱了，各条支流注入淮河的水在汛期往往不能及时由干流下排，出现倒灌，溢入两岸低洼地，时间一长，逐渐形成湖泊。今天淮河两岸支流的下游有不少湖泊，如南岸的城东湖、城西湖、瓦埠湖，北岸的茨河、北淝河、浍河、沱河等河下游的花园湖、天井湖、沱湖、香涧湖等，就是这样形成的，大多还只有几十年，最多不满百年，因而在历史上都未见记载。

神山和圣湖

　　作为世界屋脊,青藏高原集中了一批世界级的高峰。在青藏高原上,大概很难找到看不见山的地方。山一直是藏民生活中不可或缺的一部分,对山的崇拜早就成为藏族的一种传统。在青藏公路经过的每一个山口,都可以看到藏民和过往行人竖起的风马旗、挂上的经幡、堆起的玛尼石。记得 1996 年去阿里时,每经过一个山口,藏族司机都要脱帽,我们与他一起高呼 "jijisosohasoluo",向 "赞神" 致敬,祈求旅途平安。据说赞神是一位驻在山口、要道和桥梁的神。

　　这次与我们同行的金巴师傅是青海藏族人,经过山口时的呼喊与阿里人略有不同,但同样满怀虔敬。尽管我们没有藏民那样的崇拜和信仰,但每次经过海拔 5000 米上下的山口,仰望一座座 6000 米以上的高峰时,也不由得心生景仰。

　　站在海拔 4100 米的玉珠峰站站台上,背后就是海拔 6718 米的昆仑山主峰——玉珠峰。洁白的峰顶和雪冠下的冰川在阳光下熠熠生辉,吹来的风却冷得令人打颤。第二天上午我们再次来到站台时,下着霏霏雨雪,玉珠峰已完全隐没在一片迷茫之中。经过 5231 米的唐古拉山口时,颇有一种 "一览众山小" 的感觉,因为积雪已将周围五六千米高的山峰连成一片,似乎都在手足之间。当我们来到沱沱河边,遥望唐古拉山的主峰——6621 米高的各拉丹东时,但见漫流的江水来自苍茫的雪山间,眼前不过是潺潺细流,然而那却是浩浩长江的正源。念青唐古拉山口不足 5000 米,念青唐古拉峰却高达 7162 米,是青藏路旁的最高峰。那天阳光灿烂,蓝天如洗,高耸的雪峰一览无遗。下午我们从当雄县城出发,翻过一座 5100 米的山口,来到念青唐古拉峰的另一面。由于距离较远,主峰已经没有鹤立的气势,但一片峥嵘的雪山映在碧透的湖面上，更显得气象万千。

藏族人自古以来就将高山视为神，不少高峰的名称在藏文中都有神圣、高贵、洁净、优美的含义。这些高山的影响所及，已进入佛教经典。例如佛经《俱舍论》中提到，从印度往北走，过九座山，有座"大雪山"。相传佛祖释迦牟尼尚在人间时，守护十万之神，诸菩萨、天神、人、阿修罗等曾云集大雪山周围。时值马年，因此马年成为"大雪山"的本命年。这座"大雪山"就是冈底斯山的主峰冈仁波齐峰，在藏语中就是"雪山之宝"的意思。

古代印度人大概已经知道印度河的源头在西藏的雪山，但当时藏族人或许还不了解，这些雪山也是中华民族的生命之源。青藏高原的冰川覆盖面积达 47000 平方千米，占全国冰川总面积的 80%。其中念青唐古拉山脉的冰川面积就有 7536 平方千米。正是这些冰川，孕育了长江、黄河和澜沧江三大水系，形成中国最大的河流和流域，也惠及南亚大陆和印度支那半岛。

在高山冰川下散落着珍珠般的内陆湖，整个青藏高原上的湖泊面积达32000 平方千米，其中的纳木措是世界上海拔最高的湖泊，湖面海拔高度4718 米，面积达 1940 平方千米。我见过青藏高原上好几个大湖，包括著名的圣湖；到过内地各个大湖；也体验过北美五大湖的浩渺和贝加尔湖的深邃，但当我站在纳木措边上时，还是抑制不住内心的震撼，以至找不出最恰当的形容词来。纳木措只能意会，无法言传，拍摄得最好的照片或录像也难以传递她的神韵。

我曾经描述过西藏的羊卓雍措（神湖）、玛旁雍措（圣湖）、拉昂措（鬼湖）和其他知名的或不知名的湖泊：远处是深蓝的，近处是浅蓝的；这一边是湖绿的，那一边是墨绿的；阳光照耀着的是闪亮的，云团遮蔽着的是灰暗的；倒映着雪峰的是水晶般的，反射着童山的是黄土样的；在云、光、风和人的互动中，映在眼中的色块和图案变幻无穷，神秘莫测。有时湖面笼罩着浓密的云层，天水相接，分不清何处是水，何处为云。偶尔一抹阳光透过云层，就如长鲸饮水，光随云移，龙与波游。蓦然间云合光逝，湖上又是一片迷雾。以往绝大多数藏族人是没有机会看到大海的，湖就是他们的海。这使我多少理解了，为什么湖泊在藏族人心目中拥有如此圣洁神秘的地位。

山和湖在藏民心目中都拥有崇高的地位，转山和转湖是他们祈求神灵赐予福祉的方式，向来有"羊年转湖，马年转山"的习俗。著名的神山圣湖不仅在羊年、马年或它们的"本命年"会吸引大批信众，就是在平时，也会有人长途跋涉前去转山或转湖。尽管他们只是出于善良的祈愿，客观上却起到了保护山水环境的作用。

　　但我们在旅途中也遇到了一些令人担忧的事：在圣洁的纳木措，有国内外游客跳进湖里游泳，还有游客让藏民牵着牦牛步入湖水照相。那天，我们见到有金发碧眼的外国游客，半夜了还在帐篷里放摇滚乐，吵得大家都睡不着。湖边的溶洞曾经是高僧修行的场所，竟有游客在此大小便。汽车刚爬上海拔4800米的岗巴拉山口，游人还来不及俯视羊卓雍措，成群的商贩就围了过来，一些人牵着藏獒——这种世界稀有的品种已经成为供人抱着拍照的道具。尽管这只是个别现象，但亵渎了神山和圣湖，应该防微杜渐，坚决制止。随着青藏铁路的通车，每年将新增加数十上百万游客。切实保护青藏高原的环境，大力保护藏族历史文化，是西藏地方政府和各族人民的当务之急，也是进入西藏的中外游客应尽的义务。

　　愿神山和圣湖永葆纯洁，长留人间。

江河流淌看中国

海洋：
命运共同体的蓝色联结者

烟波浩渺信难求

——古代中国与海洋

  谈到中国古代的海洋文化，一部分人会不以为意，因为他们认为中国古代只有封闭的"黄色文明"，即以黄河与黄土高原为代表的内陆文明，缺乏以海洋为基地的、开放的"蓝色文明"；另一些人则以为，中国的东部都面向海洋，有那么多的海岛和那么长的海岸线，中国有很悠久的航海史，海洋文化相当发达，根本不存在封闭性。

  其实中国那么大，历史那么长，凡事不可一概而论，海洋文化也是如此。

  的确，在古代中国人的心目中，海洋早就占据了重要的地位。例如，《山海经》是流传至今的最古老的典籍之一，从书名就可以看出，海与山一样，是容纳作者们记录下来的各种地理景观的主要领域。而且，《山海经》的一部分就是按"海内"和"海外"来确定范围的，如果没有海，当然就不会有所谓"海内"和"海外"；如果没有对海洋、海岛和海外其他陆地的了解或想象，也就编造不出"海外"的内容了。我们还可以找到种种证据，证明中国先民早已在两三千年前就越过海洋，到达朝鲜半岛、日本列岛或更远的地方。连孔老夫子也做了在"道不行"时乘竹筏去海外的打算，这是明明白白记在《论语》上的。

  不过，如果我们对中国历史作比较全面的考察，就不难发现，在近代以前，海洋对中国所起的作用的确相当有限，和世界上一些"海洋国家"迥然不同。直到 19 世纪中叶，统治者还动辄发布禁令，封锁海岸线，不许百姓下海，更不许远航海外。要是国计民生离不开海洋，他们会这样做吗？试问，哪一朝皇帝会下令不许下地，不许种庄稼？

原因很简单，中国的黄河流域早就形成了发达的农业，农耕的范围也不断扩大，生产的粮食足以养活逐渐增加的人口，以农产品和本地原料生产的手工业产品能够满足日常生活的需要，所以从上到下都以为"天朝无所不有"，完全可以自给自足，不必依赖外国。既然如此，还有什么必要冒风险到海外去呢？

另一方面，在当时中国有效的航海范围内，并不存在总体上比中国更发达的文明。无论朝鲜半岛、日本列岛、东南亚、太平洋诸岛，以至太平洋对岸的南北美洲，长期以来都没有出现对中国人有吸引力的地方。所以在近代以前，除了极少数特殊情况外，中国人既没有必要通过海洋向外扩张，也不愿冒着风险去海外寻求新的文明。《山海经》中对海外的记载一般都被当作野蛮落后和荒诞不经，或者是完全不可信的，于是产生了"海外奇谈"的成语。所以孔子说的是"四海之内皆兄弟"，兄弟只限于东南西北四海之内。虽然他没有说明"海外"有没有人，算不算人，但不在兄弟之列是毫无疑问的。同样，王勃的名句是"海内存知己"，朋友也只限于海内。

这并不是说，没有人关注海外，但他们着眼的已不是人世，而是另一个世界——神仙。因为在海内找不到，只能到海外去找。当然这绝不会是大多数平民百姓，而是极少数君主，因为只有他们才有资格和条件去找。要是其他人，即使有一定的地位和财产，也只能躲到深山去修仙风道骨，炼灵丹妙药。典型的例子是秦始皇和汉武帝，他们一次次劳师动众，不远千里到海滨巡游，或者亲自登船出海，或者派遣庞大的船队，携带大量财宝远航访求，为的就是要一睹蓬莱仙山的胜景，见到安期生等仙人的尊容，取得长生不老的灵丹妙药。

秦始皇求仙的副产品是徐福移民海外。据《史记》记载，徐福在秦始皇面前夸下海口，可以去海外向"三神山"上的神仙求得长生不老之药。但当他带着数千名童男童女、各类工匠、种子和物资出海后，就在一片有"平原广泽"的地方定居，再也没有返回。徐福带领的这批人究竟定居在什么地方？是否到了日本？徐福是不是神武天皇或日本其他先祖？目前为止还未找到令人信服的证据，所以无法取得史学界的共识。但有一点是可以肯定的，即在公元前二三世纪的战国后期、秦汉之际，为了躲避战乱或逃避秦朝的苛政，中国东部有人渡海迁往朝鲜半岛、日本列岛或近海其他岛屿。

不过在正常情况下，从中国大陆移殖海外的人数量有限。原因之一是，直到近代以前，中国大陆还有足够的土地可供开垦，不必向海外寻求生存空间，所以从东部一些人口稠密地区迁出的人口，主要是向内地、山区或边疆迁移，在那里定居，而不是移居海外。原因之二是，历代统治者都鼓励甚至强迫百姓安土重迁，以便纳粮当差，永做顺民，限制甚至禁止百姓移居海外。对无论什么原因迁往海外的人，统治者都会视为贱民、异类，或者当作盗匪和叛逆，为此制订过极其严厉的法律。所以直到清朝晚期，多数官员对政府应该保护本国侨民还一无所知，或者根本不承认在国外的侨民还是本国公民。就是在中国历史上比较开放的、中外交流相当频繁的时期，当时的政府也只是允许外国人来中国贸易、求学、游历或定居，而不是同时允许或鼓励中国人到外国去。如果统治者认为存在风险，还会实行更严厉的禁令。如明初实行海禁、清初执行"迁界"（将沿海所有百姓内迁数十里），都严格禁止百姓出海谋生。即使在沿海地区地少人多、生计维艰时，官府也从来没有为移殖海外敞开过大门，结果是当地民众的生活水准日益下降，还使冒险出海的非法移民增加了不必要的生命财产损失。

谈到海洋，古代人一般只想到鱼盐之利。盐是生活必需品，价虽不高却有利可图，而且事关国计民生，一向是沿海地区利薮所在，也是中央政府不可缺少的财源。但另一方面，在没有工业用途的情况下，盐的需要量只能与人口增长成正比，太多了卖不掉，还会跌价。由于盐的生产和销售一般都是由官方控制的，私盐贩运虽然获利丰厚，但统治者必定会以严刑峻法加以禁止，除了铤而走险的贫民和势力强盛的土豪，不会给沿海居民带来多少实惠。分裂割据时期，沿海的政权可以从盐中获益。但在统一时期，主要得益的是中央政府，而不是地方政府，更不是当地民众。鱼及其他海产品虽然可以大量捕捞，但因无法保鲜，不能长途输送，而腌制品价值又大为降低。当然海洋中还产珍珠、玳瑁等各种贵重物资，如南海之滨合浦的珍珠在两千多年前就享有盛名，但这些都是王公贵族、富室巨贾的特殊需求，与一般民众无缘。在文人学士的心目中，海洋中物产丰富，无所不有，以致将关中称为"陆海"，表示关中地区是像海洋一样物产丰富的地方。但实际上沿海地区一直不如内地发达，当地百姓并没有从海洋中获得多少利益。

至于现在一些人将海洋视为开放，而将陆地当作封闭，实在是一种误解。因为海洋本身只是载体，它本身不会产生文明，只是外来文明赖以传播的途径。同样，陆地也可以是外来文明传播的途径，与海洋并无二致，关键是看海洋的对岸或周围有没有文明，是什么样的文明。当中国航海所及的距离中不存在比中国更发达的文明时，即使中国将对着海洋的大门全部打开，海洋也不会成为文明传播的途径。相反，当中亚、西亚和西方的文明主要通过丝绸之路传到中国时，地处丝绸之路沿线的河西走廊和关中的长安（今西安），尽管地处内陆，却不是封闭的，而是比沿海地区更开放。如果用蓝色文明或黄色文明来代表二者的话，黄色文明未必比蓝色文明封闭或落后。

中国的航海可以追溯到三四千年之前，15世纪初的郑和下西洋更是中国航海史上空前绝后的纪录。在28年间，明朝的船队先后七次出海远航，遍及东南亚、西亚至东非各个港口和岛屿。船队的规模也是惊人的：一般都是百余艘船舶，最多一次达208艘，最大的"宝船"长44丈4尺、宽18丈，随员有27000人之多，带有大批物资和珍宝。但这些远航对中国历史的影响实在有限，付出了如此巨大代价换来的只是为数不多的一些动物和土产，还有一些小国名义上的效忠。

郑和下西洋对世界历史的影响，更无法与稍后的哥伦布发现美洲和1519年开始的麦哲伦环球航行相比。尽管哥伦布和麦哲伦的船队小得可怜，支持他们航海的国家的实力与明朝有天壤之别，但哥伦布的航行直接导致了地理大发现，而麦哲伦的航行是人类第一次实践证明地圆学说，开辟了东西方的新航路，也使西班牙等一些西欧国家一跃成为海上强国，建立起远远大于本土的殖民地体系。可以这样说，要是没有郑和的航海，中国的历史不会有什么变化；但如果没有哥伦布和麦哲伦的航海，世界历史肯定会改写，资本主义的发展必定会推迟。

通过海洋进行贸易在中国也有悠久的历史，但其规模与西方的海上贸易国家无法相提并论。而且从事中国海上贸易的主要是外国商人和外国船舶，中国自己的商人和船舶都很少。官府满足于税收的收入，不会想到去获取外贸利益。民间的对外贸易经济受到限制，或者完全被禁止，民间或地方只能通过非法途径进行走私贸易，在不得已的情况下只能武装走私。明朝实行海禁的结果是武装走私集团"倭寇"应运而生，所谓"倭寇"的首领和主要成员实际都是中国人，被他们雇佣的日本人只是少数。走私贸易的收入不仅养活了不少贫民和土豪，也补贴了福建地方政府的开支。所以只要中央政府的海禁政策不是十分严厉，地方政府对走私就会开一眼闭一眼，甚至包庇怂恿，坐收渔利。

江河流淌看中国

武装走私集团的意外贡献是台湾的开拓，郑芝龙、颜思齐等"海寇"集团在东南沿海无法落脚，就在台湾西海岸的北港建立基地，一批大陆移民就此在岛上定居。郑芝龙虽然没有再被称为倭寇，但他雇佣和收罗的日本人肯定不少，连他的太太（即郑成功的母亲）也是日本人。后来，郑芝龙投降清朝而内迁，台湾的基地一度被荷兰人占据，直到郑成功在大陆抗清失败，才渡海驱逐荷兰侵略者，"复先人之旧业"，开台湾行政区域建置的先声。

　　此时已是 17 世纪后期，西方人早已绕地球航行，在南亚和东南亚各地广开殖民地。但中国人对自己附近的海岛还知之甚少，台湾被称为"小琉球"，显然远不如明朝的藩属琉球那样为大陆所知。要不是有这一群"海寇"的话，中央王朝对台湾的开发肯定还会更晚。

烟波浩渺信难求

海洋与中国之路

　　早期中国的航海情况是怎么样的呢？据史料记载，在公元前 5 世纪，今天的江苏、山东、辽宁沿海一带已经出现比较频繁的航海活动。《论语》中孔子说"道不行，乘桴浮于海"。所谓"桴"，是指小船。他想到，他的政治主张、理念如果在这一带实行不了，怎么办呢？他愿意坐一只小船出海。这就说明，在孔子的时代，山东人出海不是什么太了不得的事，也已经不用冒太大的风险。

　　我们都知道，孔子到处去传播自己的学说，但是当时的统治者并不采纳，所以他说了这句话。我们据此可以推断，由于渤海湾相对来讲航海条件比较好，从渤海湾、辽东湾进入朝鲜半岛比较容易，所以相关的航海活动已经出现。

　　后面有很多证据，比如西汉的时候发生"吴楚七国之乱"，山东有一个姓王的人，渡海到了今天的韩国，在那里定居下来，以后他的后代又回来，就是当时专门治理黄河水灾的水利学家王景。这说明当时的航海条件很好，而且环境也比较开放。《左传》里面说："徐承帅舟师，将自海入齐，齐人败之，吴师乃还。"吴国要出兵，跟齐国打仗，除了走陆路，还用了海路，从今天的江苏省把一个船队开上去，结果被齐国人打败了，吴国的军队退回去了。这不仅是航海，而且还发生了海战。到底是上了岸败的还是在海上就被齐人打败的，我们还没有办法肯定。但至少吴人利用航海到了齐国，这是事实，时间是公元前 485 年。那么，要把航海用于作战，就说明航海已经不是一个新鲜的事物，如果刚有，怎么能用于打仗呢？肯定是航海技术、船的质量都已经达到了一定的水平，才能够用于战争。

　　还有一个例子，时间也差不多，《国语·吴语》说："越王勾践乃命范蠡、

舌庸，率师沿海溯淮以绝吴路。"这里有两件事，一个是沿海，一个是沿淮，以两路去断敌人后路。可见，当时也是利用了海洋航行的。

到了公元前 3 世纪，山东半岛和日本列岛之间的海上交通已经比较发达了，最有名的例子就是徐福航海。《史记》说，徐福向秦始皇上书，说海上有蓬莱、方丈、瀛洲等地，仙人居住在那里，秦始皇渴望长生不老，他尽管长期生活在关中，但喜欢到处巡游，一个很愿意去的地方就是山东沿海，每次会待很久，不愿回去，为什么？秦始皇希望待得久了，能够碰到仙人，求得长生不老之药，所以徐福就欺骗他，你要斋戒，要用童男童女祈求。秦始皇给了徐福 3000 个童男童女，带上五谷杂粮和手工工匠，出海到了一个地方，有平原，有大湖泊，徐福在那里自己称王，就不回来了。今天，在日本有很多关于徐福的传说，据说徐福的墓不止一处，甚至有日本人认为神武天皇就是徐福。

究竟徐福是不是今天日本人的祖先？学术界是有争议的。现在看来，就算他航海移民成功，也不能够说所有日本人都是他的后代。不过有一点可以肯定，那就是当时山东这一带已经有不少人迁到了日本，这有着充分证据。在山东，不管从哪里出发，到日本的距离都不是太远，而且当时日本的开发程度比中国低，比秦国差，有充分的土地可以开发，因此，3000 童男童女就在那里生根发芽，繁衍人口。这个记载不是一个孤立的事情。试想，如果山东人从来没有到过日本，徐福敢动这个脑筋吗？自然是当时的人对日本已经有了一定的了解，对朝鲜半岛有比较深的认识，平时的航海也早就在进行，所以才会产生一个这么大的事件。

那么，南面东南亚、广东一带的航线呢？我们现在找到的证据是《汉书·地理志》，时间是公元前 1 世纪。当时的人就知道，海南岛不跟大陆连着，从那里来大陆要航海。他们知道，从合浦、徐闻，也就是今天广西雷州半岛西面那一带，往南可以到海南岛。所以到了汉武帝的时候，就在海南岛上建了两个郡，当时全国大概有 100 个郡级单位。另一方面，如果到海南岛再过去，一直到汉朝领土的最南端，也就是今天越南的中南部，从那里出发，向东南亚、南亚航海，就很远了。这一点，《汉书·地理志》有很明确的记载。当然，其中提到的时间我们今天不理解，怎么这么长呢？不要忘记，那个时候船上是没有机械动力的，完全靠风、靠洋流，有的还得停下来一段时间再走，所以花的时间可能大大超过我们今天的想象。比如它说，从合浦开船，五个月以后可以到达都元国，一般认为这是今天印尼的苏门答腊；再开四个月的船，到了邑卢没国，大概在今天缅甸勃固这一带；再开20多天，可以到谌离国，也就是缅甸的伊洛瓦底江口；然后登岸步行十多天，到达夫甘都卢国，就是缅甸伊洛瓦底江中游；如果从夫甘都卢国坐船走两个月，可以到黄支国，一般认为这是印度的马德拉斯，也有人认为是印度尼西亚的亚奇。这一带的民风民俗跟海南岛差不多，地方很大，人口很多，还有各种异物、特产，从汉武帝时开始到西汉末年，一直都有人来"贡献"。

关于"贡献"。我们知道，这是中国人自己用的词，也许在对方，只是认为跟你进行物资交流，中国古代认为自己是天下的老大，所以对方来就称为"纳贡""贡献"。钱可以不计较，都给你，但是要讲究名分。而外国人随便你怎么叫，他们只要拿到钱就行。

记载中还有一句很重要的话："有译长，属黄门。"黄门是当时一个衙门，管理外交，里面有专门负责翻译的长官，叫作译长，这说明中国到海外的交流不是第一次，如果是第一次，怎么会一下子就有翻译了呢？所以，我们可以说，在公元前中国人已经通过南方航海至少到了或者是印度的马德拉斯，或者是东南亚的亚奇，这是确切证明的，而且官方已经管理了负责翻译的人。

到了公元1世纪，王莽执政，他为了显示自己的威德，派人带了重礼到黄支国，而黄支国则把犀牛献了出来。使者从黄支国坐船，八个月以后到达皮宗。皮宗是哪里？一般人觉得是在新加坡附近。再走两个月，就到了日南、象林的界地。而在黄支国以南，还有一个国家叫已程不国，一般认为是今天的斯里兰卡，汉朝负责翻译的人到了这里，再也翻译不出来了，因此我们大致可以认为，当时官方认可的航行范围已经到了斯里兰卡。

问题是，当时的航海不仅是为了沟通海外，还是国内联系的重要渠道，什么原因呢？我们知道，从中原要南下，要到达珠江流域，要翻过南岭，而那一带呢，当时人烟稀少，森林茂密，山路崎岖，甚至连路都没有，怎么走？比较方便的交通路线，是从北方走海路，从江苏的南部、浙江的北部，特别是在长江口或钱塘江上船，经过浙江、福建、广东，到达今天越南的河内，或者在广州登岸。也就是说，当时的人们用海上交通来解决陆路交通的问题，中国南北交通在一开始就主要靠海洋，而不是翻山越岭。

到了东汉末年和三国时期，浙江、福建与台湾岛也有了密切的交通，《后汉书》有一句话说："会稽海外有东鳀人，分为二十余国。又有夷洲及澶洲。"所谓"二十余国"，其实就是20多个小岛，而夷洲和澶州基本上指台湾、澎湖等岛屿。当时，福建、浙江沿海已经开通了到台湾、澎湖等岛屿的航路。

我举的例子好像很多，似乎说明古代中国的航海很发达，但是，为什么我们又总觉得航海对中国起不了什么作用呢？到底航海在中国古代处于什么样的地位？

我们看看西汉的地图。

中国今天的海岸线在西汉的时候就有了，因为西汉的疆域已达海边，领土包括了朝鲜半岛的北部和越南的大部分，海岸线比今天还长，那是不是可以说这很有利于航海呢？如果说是的话，那么我们再来看看另一幅地图——西周的地图。中国今天的海岸线在西周时期不是就有了吗？甚至在更早的时候，这些海岸线客观来说不就存在了吗？可是为什么并不是一开始我们的先民就重视航海？或者说航海为什么没有在一开始就占据中国人生活的主要地位呢？

我们不妨比较一下中国和地中海的周边国家。我们从山东半岛或辽东半岛出海，除了到达朝鲜、日本，其他就是太平洋的小岛，然后就是遥远的太平洋对岸。可地中海呢？地中海简直就是一个内湖。我曾去过直布罗陀海峡，站在那里，天气晴朗的话，隐隐约约是可以看得见对岸的，世界上没有哪个海有地中海这样好的条件：足够大的海域，又相对比较封闭和安全，更重要的是，人类的文明在它周围像群星灿烂，交相辉映，从地中海任何一个角落出发都可以很容易到达彼岸，在这一带生活的人面向海洋，海洋给他们带来的是希望、财富、文明，长期在这样的环境中生活，他们心胸开阔，目光远大。

我们总结地中海的地理优势：第一，它是个封闭的内海；第二，有众多的岛屿和海湾，避风港很多，航运条件很好；第三，海上航路的绝对距离都不长；第四，更主要的是地中海周围有非常发达的多元文明。

我们知道，埃及的主要腹地是尼罗河三角洲，三角洲往上走就全是沙漠。我曾经坐船从阿斯旺水坝去苏丹，沿途简直看不到什么风景，除了沙漠就是花岗岩的山，多亏有了海。有了海就不同了，埃及可以跟希腊和罗马发展关系、互通有无。又比如希腊，地形主要是山，水源不够，但它发展起来很容易，只要往地中海对岸开去就能轻易获得水源。再如罗马帝国，耕地不足，就向北非扩张，它的很多橄榄树都是种在非洲。

一直以来，地中海经济文化的发达地区都集中于沿海，城市都是沿海建的，中国的早期城市，特别在秦汉时期，有几个城市是沿海建的？山东的经济中心一度在青州，后来到了济南，如果近代不是外国人对沿海感兴趣，山东的经济中心怎么会到青岛呢？

中国有一个地方跟希腊特别相似，就是福建。我们将福建和希腊作一个比较，它们都是山多。福建号称"七山一水两分田"，从福建南部到北部要翻过一道道的山，陆上交通不便；河流短促，内河运输条件不良；地域面积有限，初级资源不多，内向发展余地不大……这些都跟希腊很像。同时，海岸线长，弯弯曲曲，有天然的港湾，有岛屿，航海条件优越，这些也是与希腊的共性。那么照理说，福建也应该像希腊那样发展出航海文明来，但它们有一点不同：希腊面临地中海，福建面临太平洋。从福建出海，最多能到达台湾、澎湖，但这两个地方的发展水平很低，不能给福建提供同等或者更加发达的文明；希腊面对地中海，拥有丰富的多元文明。

不得不承认，总体上讲，中国的文化是内聚型发展。古代中国人一直认为中国处在天下的中心，"普天之下，莫非王土"，认为中国的统治者完全有资格去统治天下。那么统治不到的地方怎么办呢？不是不能去统治，而是我不愿意，那边都是蛮夷，还没开化，是生番，太野蛮，不配做我的臣民——古代的中国人就是这么一种观念。东夷、西戎、北狄、南蛮，用英文都讲作"Barbarian"，野蛮人。因此中国古代的人很看重"华夷之辨"，他们统治的地方、称为"皆兄弟"的地方，是华、华夏、中华、汉人，而其他地方是夷、蛮夷、夷狄，这个界限要分得很清楚，不能混淆。如此一来，中国人当然就不重视海外了，缺少对外扩张的动力。

以前有个词语叫"流落番邦"。今天我们看历史，看到清朝政府选拔幼童到外国留学，似乎很开放，其实当中大多数是广东人，广东比较开放，还愿意把孩子送出去，可是其他地方呢？认为孩子的灵魂会被外国人拿掉，会被外国人加害。所以，为啥不在国内好好念书，要跑到外国去投奔番邦呢？有一个成语，我们今天不经常使用，叫山陬海澨。"山陬"是深山，"海澨"是海边，在古代看来是两种最落后穷困的地方。如今，我们认为海边是发达和开放的，但是古人就认为海边都是贫穷之地，因此宋朝苏东坡被贬至海南岛，就认为到了天涯海角，穷途末路。当时宋朝优待士大夫，规定大臣们除了造反，犯任何过错都不能杀，那最大的处分是什么？就是流放到海南岛。

我们不能怪先民缺乏远见，因为海洋确实不能为古代中国带来什么。

除了鱼盐之利，海边能为人们带来什么利益？航海，能到哪里去？附近没有更加先进的文明。为什么日本的航海积极性那么高，把遣唐使一船一船地送过来？因为他们知道，要学习先进的文化，必须到中国来。日本在历史上曾经把国家发展目标定在全面地学习唐朝，全盘唐化，尽管他们国小民穷，但如果要建都城，就会派人到唐朝，将其城市规划如法炮制。所以日本很多城市都是以唐朝城市为蓝本的。我在日本京都的时候，发现当地很多地名都带"洛"字，京都的西面叫"洛西"，京都的南面叫"洛南"，我问日本当地人是怎么一回事，他们说：我们这不就是洛阳嘛。日本的中央机构和制度也是全面地学习唐朝，他们的中央各部不叫部，称作省，借鉴的是中国唐朝的三省六部制，中国唐代中央最重要的三个机构就叫中书省、门下省、尚书省。连日文也学汉字，虽然他们自己创造了一部分文字，但平假名、片假名就分别是在唐朝的时候根据中国的楷书和行书的偏旁形成的。既然学习中国文化这么重要，日本人当然对航海十分重视。可是，中国有这种积极性吗？有这种必要吗？鉴真和尚东渡日本还不是主动去的，而是日本人来请的，鉴真和尚东渡的目的不是为了经济文化交流，而是为了弘扬佛法，是出于宗教的信仰和热情，传播文化只是附带。

中国自古以来缺乏航海动力，主要原因不是我们的先民缺少眼光。有的时候，地理条件太过优越，产生的结果不完全是积极的。中国古代正因为有足够的土地，生产的粮食足以维持自己的生活，其他物资也基本可以满足自身需求，因此反而缺少向外发展的动力。

中国古代认为天朝无所不有，无须仰赖外人，主流文化和统治者还强调"不贵奇技淫巧"，也就是不稀罕外国人的发明创造。说不稀罕，其实也稀罕。明清时期，西洋人把自鸣钟、老花眼镜卖到中国来，从皇帝到大臣都非常重视。康熙、乾隆有时为了对某位大臣表示特别恩赐，就赏他一副老花眼镜。可是，对于真正能够促进生产、改善民生的工业化产品，皇帝并不重视。乾隆80岁的时候，英国国王派马戛尔尼到中国来，要求乾隆皇帝同意让英国派一个贸易使团到北京来，并常驻北京，这个要求被乾隆皇帝断然拒绝。乾隆在赐给英国国王的诏书里说，你们想派人驻在天朝，这与我们的体制不合，断然没有可能，没有商量余地。马戛尔尼为了让乾隆开眼界，为了让中国人认识到跟英国做贸易的好处，就准备了各种各样的礼品，希望通过这些礼品让乾隆皇帝对英国工业化以后取得的成绩有一个深刻的印象，结果乾隆皇帝说，我们天朝无所不有，不稀罕你们带来的这些礼品，这次看你们一片诚心，路远迢迢地送过来，我就暂且收下，以后不要再来这一套。果然，等到后来英法联军打进圆明园，才发现当初费尽心思准备的礼品，好多都扔在那里，上面积满了灰尘，根本没有引起乾隆皇帝或者其他皇帝、大臣的重视。在带来的礼品中间，包括一件军舰的模型，上面装了108门大炮，这代表了当时英国海军能够达到的最高水平，居然也没有引起清朝人的注意。所以，等到几十年以后鸦片战争爆发，英国的军舰出现在中国海边的时候，大臣不仅不知道怎么对付它，而且洋相百出，有的官员说，英国人只能打打炮，我们就让他打，等到他们上了岸就不是我们的对手，上了岸才知道他们还有洋枪。

就连林则徐——一个如此关心世界的人，也出过笑话。据说林则徐作为钦差大臣到广州的时候，每天找人专门去买外国报纸，把文章翻译出来给他看，人们称林则徐为"第一个睁开眼睛看世界的人"，但他其实对外国情况的了解也非常有限。道光皇帝眼看战争无法避免，就叫林则徐来讨论作战方案，林则徐跟他的幕僚讨论出结果，给道光皇帝上了一道奏折，在奏折里，林则徐提到，我们研究发现，英国人的腿关节是不能弯曲的，所以我们准备长竹竿，在打仗的时候把英国人拨翻在地，他们爬不起来，就束手待毙了。这就是当时中国第一"牛"的人物的建议。我们不能责怪林则徐，因为他接触世界的时间很短，了解有限。

事实上，一直到道光年间，中国的4亿3000万人口都是依靠自己供养的，而且在中国内地，在边疆，还有很多荒地尚待开发，你叫它怎么产生向外扩张的动力呢？相反，我们看看欧洲的海上强国——西班牙、葡萄牙、荷兰和英国。譬如荷兰，它的原始面积和填海造地的面积加起来，才40000多平方千米，如果不算人造的陆地，可能比我国的台湾岛还小。在欧洲，荷兰并不是强国，但是它产生了一种向海外扩张的动力，一扩张，势力范围就变大了，连印度尼西亚都是荷兰人的殖民地。明朝的时候，荷兰在东南亚一度杀了很多华人，他们一开始很害怕，怕明朝来怪罪、征讨，后来发现明朝不拿这些海外华人当回事。又譬如西班牙，整个国家大部分是山地和高原，夏季炎热。我曾到过马德里，夏天气温接近40度。那里有很多牧区，这样的一个国家，也产生了向海外扩张的动力。

哥伦布航海的距离和规模跟郑和下西洋没法相比，但是哥伦布回国就成为民族英雄，百姓倾城出来欢迎，为什么？因为大家知道哥伦布给国家带来了新的土地，带来了奴隶，带来了黄金。而郑和呢？我们虽然不知道郑和回国的时候有多少人欢迎他，但是根据我们看到的记录，当时的大臣都在说：不能再走了，国库里的东西都被搬空了。这就是很大的不同！

又譬如英国，本土就这么一点点地方，为什么能扩张成为"日不落帝国"呢？英国当时把国内的农田都变成牧地，用来养羊，产了那么多的羊毛卖给谁？如果没有海外的市场，他们能发展吗？所以英国向海外扩张的动力非常强劲，而且也只有不断地扩张，才能够保障它的生存和发展。特别是在第二次世界大战，敦刻尔克海战大撤退以后，英国被德国的飞机不断轰炸，要是没有海外殖民地的支撑，英国能顶得住吗？所以有的时候，地理条件不是越优越就越好。

我们今天回顾中国历史，不能简单地看有没有航海，也不能孤立地看丝绸之路，而是要把这些地理条件跟当时中国的内外部条件联系起来，统一地看，才能够认识清楚。如果单从海洋条件来讲，山东的海岸线很长，航海条件不错，但是却缺乏西方航海国家那样的动力，即便民间有动力，也受到压制。例如清代东北，长期没有开发，因为清政府不允许开发，认为这是满族人的龙兴之地、祖宗的发祥地，他们要保留那片无人区，供他们采集珍珠、貂皮、野山人参，还要供部队到那里去训练。一直到1860年以后，清朝才意识到，再不开发此地就要被俄国人侵占了，所以才有了"东北开禁"。一开禁，去东北的移民谁最多？山东人，大量的山东人渡海前往。其实，渡海的条件早就有了，但是以前渡过去会被赶回来，或者登记不了户口而成为黑户，后来有了政策条件，所以大批山东人就从海路过去，现在东北的南部基本上是山东移民的后代，所以我们不能说山东人没有开拓精神。

中国古代对外交流的另一件大事是"丝绸之路"。最近我国提出要发展"丝路经济"。那么，大家知不知道"丝绸之路"究竟是谁开发的？名字是怎么得来的？

其实，丝绸之路这个名称在中国的古籍里是没有的，一直到19世纪60年代，德国地理学家李希霍芬到中国西北和中亚地区考察，前后花了三四年时间，回国发表文章称，他发现在历史上这里存在着一条"丝绸之路"。他的研究慢慢得到了大家的认可，这才有了丝绸之路的名称。这至少说明了一点：虽然这条路存在，但是古代中国人没有给它命名，也不知道它的重要性。为什么会这样？丝绸之路究竟是谁要开？是中国人自己要开丝绸之路以此向西方推广丝绸，还是西方因为迫切需要丝绸所以才开？当然是后者。积极性不是来自中国。中国国内哪里没有丝绸？中国人有没有想到丝绸在外面那么值钱？丝绸之路风险很大，如果把长安作为起点，要翻过陇东高原，还要穿过1000多千米的河西走廊，再经过戈壁，一路过去。有几个内地农民可以做这种事？相反，中亚的人，也就是古时候的胡人，他们在绿洲生活很苦，想发财怎么办？就靠长途贩运。他们能够吃苦耐劳，又可以利用骆驼作为交通工具，把丝绸一车一车地贩过去，到了罗马，身价百倍，这才有了丝绸之路。这条路开通后的益处，主要也不是被中国人获得。

我们还要知道另外一个史实：古代丝绸之路，畅通的时间短，被阻隔的时间长。公元前60年，汉宣帝在今天的新疆和中亚设置了西域都护府，也就是汉朝在当地的行政机构，统治了近200万平方千米的范围，但是，这个统治是很松散的，因为交通太远。在那里仅驻扎了几千个士兵，即使是几千个士兵，还得靠种田养活自己，无法通过漫长的交通线来保证粮食和物资供应。这个机构，主要是依靠中央政府的权威，和这一支小小的军队的威慑力量，再加上当地长官的个人魅力和智慧，才能够维持得住，一旦这些条件没有了，就难以维持。所以到西汉末年，王莽执政的时候，西域都护府被撤销了，一旦撤销，这条路就很难保证畅通。东汉时期，西域都护府一度恢复、撤销，再恢复、再撤销。东汉200年历史里，汉朝在西域的行政机构三通三绝，这条路也就被恢复了三次，又断绝了三次。到唐朝，唐高宗征服了西突厥，此时波斯内乱，波斯王子投降唐朝，于是唐朝的疆域达到了极盛，向西面一直扩展到咸海，囊括阿姆河流域、锡尔河流域，丝绸之路总算又通了。但是好景不长，不久之后，波斯内乱平息，唐朝的势力维持不了那么大的范围，就开始退缩。到了唐玄宗的时候，唐朝的军队在今天的哈萨克斯坦江布尔被阿拉伯军队打败。755年，安史之乱爆发，唐朝全面撤退，而今天藏族人的祖先吐蕃人趁机扩张，今天新疆、甘肃、陕西、四川、云南、青海的很大一部分通通被吐蕃人占据，哪还有什么丝绸之路？断了。这一断是多长时间？唐朝、五代时期都不能控制那块地方，北宋、南宋也控制不了。到元朝，中国大部分地方包括西藏都被元朝统治，但是偏偏新疆的大部分地区不在元朝统治范围，而是属于成吉思汗的另一个子孙建立的察合台汗国。明朝初年，统治范围一度到了今天新疆的哈密，但以后不断退却，最终退到嘉峪关。直到1759年，乾隆皇帝才重新统治天山南北。总结下来，从安史之乱开始，隔了一千年，才重新开通了丝绸之路。

实际上，在唐朝后期，阿拉伯人通过海路到中国，大批阿拉伯人在广州、泉州做买卖，开通了海上丝绸之路，陆上丝绸之路已经不起太大作用。

海上丝绸之路运输的商品其实已经包括了瓷器、茶叶和各色工艺品，因为船可以载很多东西，而陆上丝绸之路不行。海上丝绸之路扩大了商品运输种类，运输成本也降低了，所以主要的物资已经通过海上进行。

而且我们还注意到，陆上丝绸之路像一根很长的链条，其中任何一个环节出问题，整条路就会受阻。丝绸之路畅通的时期，都是因为中原国力强盛，可以控制中亚关键的地方。那么，如果今天我们重开丝绸之路，这些因素我们都要充分考虑。如果不了解历史，我们就会有很多盲目性。所以，今后中国的物流通道主要还是应该在海上，而不是在陆上，因为陆上的风险太大、代价太高。

对于另外一件对外交流的大事——郑和航海，我们也要全面地认识。

郑和航海，的确说明中国在 600 多年前就已经具备强大的航海能力，能够出动如此之多的人，如此庞大的船，航行如此遥远的距离。但是，不要轻易地夸大郑和航海对中国经济发展和文化传播的影响。郑和航海的目的，不是科学探险，也不是想发现新大陆，一个公开的、主要的原因，就是明朝初期，很多原本到中国朝贡的国家没有再来，再加上明成祖朱棣的继位是使用了不正当的手段，他在继位以后，很想通过这样一个壮举来证明他的合法性。如果郑和航海的结果是带回了各国的使臣，那么，万国来朝，这个皇位不是很正当吗？因此郑和航海更多是政治目的，所以才不惜工本，不计较经济利益，也不会想到出去可以顺便开拓市场、顺便做做贸易。郑和每到一国，规定动作是召见当地的国王或者酋长，开读诏书，代表大明朝皇帝欢迎该国前来朝见，然后开始发赏赐，如果对方响应了，就带他们的使者回来，给予更多的赏赐。这样的航海是得不偿失的，因为皇帝本来就不想做买卖，自然是出去的多、进来的少，而且明朝认为天下都是我的，我要来随时都能来，也就不存在干涉内政的概念，也从来没有想过要在那个地方建个殖民地，或者驻扎军队，压根没有这些打算的。正因如此，郑和航海没有带来明朝的经济发展进步，也没有使一般的明朝人开阔眼界，更主要的是，由于它不符合社会经济发展规律，所以受到了明朝内部许多大臣的抵制。

到了宣德年间，宣德皇帝有一次想起来了，对大臣说，你们去把郑和下西洋的档案拿来给我看看。大臣害怕了：如果给皇帝看了，皇帝想第八次下西洋，而仓库里已经没有什么金银财宝了，怎么办？于是大臣回答说，皇上，这些材料都找不到。从此以后，这批档案就消失了。有人猜测，就是那位大臣把档案销毁，他害怕皇帝看了以后，激起了兴趣，再来个第八次航海，那就完了。当时国库财政开支一度困难到什么程度？过年的时候，大臣们发现，国库里没有足够的银子发给官员过年，怎么办？过年总要发钱，不然这年怎么过呢？终于有一天，有人发现仓库里有郑和带回来的胡椒、香料等，干脆把这些发给大臣。于是，一品官拿多少，二品官拿多少，依次派发。大臣抱着这些东西能有什么用呢？还好，当时已经有"倒爷"了，商人出面收购，官员才拿到钱。

哥伦布航海，马上就给国家带来了领土；郑和航海，给明朝带来了什么？

在人类历史上，海洋本身的变化不是特别大，可能有些地方原来是陆地，现在它到了海里。譬如上海附近的大金山、小金山，在宋代还与陆地连在一起，现在已经沉到海中。还有更多的地方原来是海洋，现在成为了陆地。这些变化的影响并不大。发生巨大变化的，是中国面临的周边环境，以及中国本身。

未来，海洋的意义对中国而言主要在两个方面。第一个方面是物流，海洋将成为世界上最重要的物流媒介。可以预见，未来的物资来往更多会依赖海洋，因为这更加符合环保节能理念，而且，随着船舶技术、航海技术进一步提高，它还有很大的发展余地。第二个方面是军事和国防，随着战略武器的发展，一个国家要完全依靠一次打击置对方于死地，或者要防范对方的一次打击，不是容易的，但是只要你具有发动二次打击的能力，对方就不敢轻易地发动一次打击。每个国家的陆地总是有限的，而且目标明显，但如果哪一个国家能够控制海洋，充分利用海洋的优势，那么，至少它的威慑力量就是所谓的"global"——全球性的。除了这两个大的方面以外，海洋资源也是人类未来一个重要的目标，当然，海洋资源开发要讲究成本。

中国到底是不是一个海洋国家？从地理条件来说，是。但是也应该承认，在历史上，长期以来，海洋对中国所起的作用并不大。今天，我们要做海洋强国，就必须扬长避短，充分利用好我们周边的海域，吸取历史上的经验教训，才能够真正使海洋建设、蓝色经济成为中国梦的一部分，成为复兴之路上的一个重要环节。

海洋文化与未来发展

海洋占地球表层面积的 71%，是人类重要的生存空间。随着陆地资源渐趋不足，人类在未来对海洋的依赖性会更大。中国拥有约 18000 千米的陆地海岸线和约 14000 千米的岛屿岸线，总长超过 32000 千米。中国管辖的海洋，包括领海和专属经济区，共约 470 万平方千米。海洋对中国的未来至关重要，海洋文化在中华文明中应该有相应的地位。

一、什么是海洋文化

迄今为止，人类社会对"文化"有数以百计的定义，对"海洋文化"也是如此。

我认为，恩格斯对马克思主义唯物史观的概括，应该是我们定义"文化"的理论根据。恩格斯在马克思墓前的演说中指出："马克思发现了人类历史的发展规律，即历来为繁芜丛杂的意识形态所掩盖着的一个简单事实：人们首先必须吃、喝、住、穿，然后才能从事政治、科学、艺术、宗教等等；所以，直接的物质的生活资料的生产，从而一个民族或一个时代的一定的经济发展阶段，便构成为基础，人们的国家设施、法的观点、艺术以至宗教观念，就是从这个基础上发展起来的，因而，也必须由这个基础来解释，而不是像过去那样做得相反。"

所以，"文化"就是一个特定的人类群体，在一个特定的时间和空间范围内，在长期的生活、生产、生存过程中形成的生活和生产方式、行为规范、价值观念、意识形态、崇拜信仰等，以及由此产生的物质和精神产品。就一个较大的人类群体、一个较长的时间、一个较广的空间而言，也可将由此产生的物质和精神财富的总和称为文明。

那么,"海洋文化"就是在"海洋"这个特定的空间产生的文化。也就是说,产生海洋文化的物质基础是具体的海洋,包括海洋中的一切产物和海洋本身。一般来说,海洋文化形成后会存在于滨海及近海区域,也会随着特定的人或物的流动,传播到其他区域,甚至到远离海洋的内陆。但无论如何,海洋文化的源头和直接产生地只能是海洋。一个较大的人类群体,在一个较长的时间,以海洋为主产生的物质和精神财富的总和可以称为海洋文明。

海洋本身不会自然产生文化或文明,至今人类尚未进入或很少涉足的海洋不存在任何文化,就像地球上从未有人类活动的荒原空地一样。只有人与海洋发生关系,利用海洋提供的物质条件,才可能产生文化和文明。

海洋中的物质绝大多数产生得比人类早,从某种程度上说,人类还是海洋的产物。人类的不同阶段,不同的生产力,利用海洋产物的能力不同。直到今天,人类能够利用的海洋物质还是其中极少的部分。对中国先民而言,海洋只有鱼盐之利。盐虽然是人的生活必需品,但需求量有限,只能随人口数量的增长而按比例增加。在出产岩盐、井盐的地方,即使离海不远,海盐也可能被替代。至于获取,在食物冷冻链形成之前,对海鱼和其他海产品的利用率很低,一般限于海滨、近海地区和岛屿,参与和影响的人口数量有限。工业化以后,人类对海洋资源有了更广泛的需求,利用能力也不断提高。工业用盐、石油、天然气等得到开采,发展成为对人类举足轻重的产业;未来还可能扩大到锰结核、可燃冰等物资的开采和利用;一旦可控核聚变成功,海水就是人类取之不尽、用之不竭的能量源泉。随着海水淡化成本的不断降低,海水已经成为一些缺水地区的主要水源。海水养殖为人类按需提供鱼类和海产。海洋的波浪、潮汐、温差已被用于发电,或当作能源。食物冷冻链、渔业加工船、远洋和深海捕捞技术使人类收获更多、质量更高的海产品,海洋有望成为人类未来主要的动物蛋白来源。

海洋作为一种载体,使人类获得"舟楫之利"。人类能否充分利用海洋作为交通运输的载体,交通工具和航海技术的进步是前提:从独木舟到小木船、桨划船、帆船、机器动力船、核动力船,从小客船到大型客船、远洋客船、豪华游艇、大型邮船,从小货船到散货船、滚装船、集装箱船、大型超大型集装箱船、油船、液化天然气船、各种特种运输船和工程船,从凭经验航海到指南针导航、灯塔航标引航、"牵星过洋"、雷达导航、自动驾驶、卫星导航,从木战船到火攻船、炮船、各类水面战舰、潜艇、航母、核动力潜艇。海洋航行曾经是地中海沿岸、跨洋、洲际人流的主要途径,至今还承担着全球外贸货物 70% 以上的运量。

但是,人类对海洋的利用程度更取决于自己的需求和意愿,并非住在海边就必定要靠海为生,必须到海上航行。维京人生活的地方靠近北极圈,天气寒冷,近半年日照时间很短,无法靠农业生产生存,很难积累财富,想要积累财富靠的是他们航程所及劫掠的对象——修道院、城堡、城市。生存的需求和致富的欲望又促使维京人不断改进航海工具,提高航海能力,将航程和活动范围扩大到地中海、里海和北美洲,纯粹的劫掠演变为战争入侵和占领,劫掠偷盗又增加了交换贸易,延续数百年的海盗与海上活动形成了影响深远的维京文化。

处于滨海的长江三角洲从秦汉以降气候变得温暖湿润,有充足的可耕地和丰富的淡水鱼类水产,除了食盐外对海洋毫无依赖。春秋时吴国曾利用海洋的"舟楫之便"将军队运往山东半岛,但以后再无这样的需要,所以已经具有的造船能力和航海技术因长期无用武之地而荒废失传。在当时人的知识范围之内或技术条件之下,海外没有任何具有吸引力又能够到达的目标,也不存在来自海外的威胁,自然不必祈求海神的庇佑。倒是境内的长江水面开阔、波涛汹涌,被旅人视为畏途,因而伍子胥被当成保护神受到祭祀。到了南宋,江南已被称为人间天堂,文化发达,却与海洋文化无缘。

二、不同的海洋产生不同的海洋文化

地球上的海洋处于不同的地带,沿海地区有不同地形地貌,有不同的自然和人文环境,依托海洋产生的文化自然也千差万别。

现在讲海洋文化、海洋意识、海洋观念、海权学说,往往会以欧洲学者的论述为准,但欧洲学者大多以地中海为标准,而地中海是海洋中一个特例。

地中海是一个几乎完全封闭的内陆海。地中海中有众多大大小小的半岛和岛屿,海岸线曲折,随处都有天然的港湾港口,在任何地方都能到达不太远的彼岸。地中海处于北温带,气候温暖,全年不冻,没有热带风暴。在没有机器动力和导航设备的古代,在地中海的航行是最安全高效的。地中海沿岸往往受山岭、沙漠的阻挡,陆路交通困难,航海是最便捷甚或唯一的选择。地中海沿岸平原不大，可耕地有限，多数地方是山地、沙漠，内向发展没有空间，只能依靠海洋或向海外发展。而地中海周围集中了人类发达的古代文明，古巴比伦、爱琴海、埃及、希腊、罗马、波斯、迦太基，如群星灿烂，交相辉映。无论对哪一种文明，地中海和彼岸都具有强大的吸引力，也是必然的发展空间。对地中海各国而言，海上和海外是它们的利益和希望所在，也是主要的军事威胁所在，所以无不具有强烈的海权意识，将巩固海防和发展海上军事实力置于首位。在地中海地区，海洋等于资源、财富、希望、未来，意味着开放、远见、坚毅、包容。因此，生活在海滨的人有更多的机会接触了解外界，获得新知和机遇，长期积累，形成见多识广、心胸开阔、目光远大的风尚和特色。当各国周围的资源、市场和土地满足不了需要时，当地人很自然运用已有的航海技术向更远的海外探索寻求，从而有了新航路和新大陆的发现，开拓了新的海外市场和殖民地。

地球上找不到第二个地中海，自然不会产生第二个地中海文化。中国的渤海湾与地中海有一定的相似，所以在古代航海相对发达，从山东半岛通过海路到达辽东半岛比走陆路方便，驶往朝鲜半岛和日本也比较便捷。孔子曾说："吾道不行，乘桴浮于海。"证明 2500 多年前，山东人已将向海外寻求发展作为一种谋生或寻求机遇的手段。"乘桴"就能到达海外目的地，说明航海技术已经成熟，航海比较安全。但渤海湾周围和附近没有其他发达的文明和有吸引力的市场、资源、文化，不能形成航海的驱动力和吸引力。孔子只是将"浮于海"当作不得已的选项，实际上最终也没有去海外。只有那些在山东半岛、辽东半岛无法生存的难民、灾民、贫民才不得不出海避难或谋生。齐国对海洋的需求只是"鱼盐之利"，而这些在近海或滩涂就能获得，自然没有必要进入远海深海。由于一直没有来自海上的军事威胁，尽管齐国具有与诸侯争霸的实力，却没有必要加强海上的防御和建立海军，也不可能产生什么海权意识。中国的土地和资源足以支撑整个农业经济，供养众多人口，直到 20 世纪初，一直以天朝大国、"地大物博"自居，认为"天朝无所不有，无须仰赖外人"，而外界都是蛮荒之地，都是未开化的蛮夷，所以一直缺乏对外探索的兴趣和动力，更不会利用航海进行探险、扩张、殖民。

与地中海周围区域以地中海为中心完全不同，中国以陆地为天下，以中原为"天下之中"，以"四海"为边缘，文明程度与离"天下之中"的距离成反比，"海澨"（海滨）与"山陬"（深山）同样被视为最贫困落后的地方，天涯海角意味着穷途末路、生存空间的边缘和尽头。古代中国滨海的居民，绝大多数人从来没有出过海，也没有接受过来自海外的见闻和知识，享受过一件海外商品，更没有见过一个海外来客，甚至连外乡人都没有见到过一个，怎么可能形成见多识广、心胸开阔、目光远大的风尚和特色？

三、不同时代有不同的海洋文化

产生海洋文化的物质基础是具体的海洋，包括海洋中的一切产物和海洋本身；这一基础会随着时间的变化而变化。而与这一基础发生关系而形成海洋文化的人，也是随着时间不断更新的。因此，不同时代有不同的海洋文化，以往的海洋文化有的已不复存在，有的已失去存在的价值，有的已是传统文化，而未来的海洋文化有待形成和建设。

例如，在没有现代化导航设备、没有天气预报、没有机器动力船的条件下，海上航行风险最大，船毁、货损、人亡的概率极高。人们完全不可能有自信，只能祈求神灵的庇佑和解救，所以普遍存在海神崇拜和信仰，产生了丰富的海洋文化和相应的礼仪、记录、诗歌、音乐、舞蹈和各种艺术品。在西方的海船上，船首或船尾必定会竖一尊海神（一般都是女神）像。我在智利聂鲁达故居曾见到他收藏的数百具形态各异的海神雕像。中国的海船上一般都会供奉观世音菩萨。出海或远航前往往要举行隆重的仪式，预备丰盛的祭品，祈风求潮，求海神降伏暴风狂潮。宋代后福建形成的妈祖崇拜就是普遍祈求海神庇佑的产物，并且随着福建人移殖而传播到台湾。由于台湾靠海谋生的人更多，这种海神文化在台湾愈益光大，长盛不衰。长期依靠罗盘和测量星座位置导航，积累了丰富的"牵星过洋"的经验，形成独特的"更路簿""海路图"。渔民则凭经验探测、把握渔汛，追逐鱼群，区别鱼种，判断海产的丰歉，确定应对方法，口耳相传，世代遵循。

到了今天，完善的导航引航设施、全球卫星导航系统、中长期和即时天气预报得到普遍应用，船舶的安全性、可靠性得到保障，海损、海难的概率已经很低，并且有全覆盖的保险。渔船普遍用上了灯光、声纳、围网、机钓、冷冻链、加工船，还建立了大规模工业化养殖、深海养殖。传统的海洋文化已经失去了继续存在的物质条件和精神基础，谁还会为航海安全祈求海神？谁还会在航海时查"更路簿"、捕鱼时只采用祖传经验？就是宗教徒、妈祖的信徒，他们会不根据导航，不听天气预报，不使用现代化设备

海洋文化与未来发展

吗？海神像及各种祭祀仪式，航海中各种传统活动已经变成博物馆中的展品和非物质文化遗产，甚至一种娱乐活动。难道我们还要发展这样的海洋文化？即使想发展也没有可能，除非全面倒退到古代的物质条件。

又如，古代航海和海事风险最大，生活条件最差，环境最孤独，对航海者的体质和心理要求最高，由此产生的记录航海者经历、反映他们情感心态的文学、艺术作品有鲜明的特色和强烈的感染力。公元 97 年，汉朝西域都护班超派出的使者甘英到达条支海滨（今波斯湾），准备渡海去大秦（罗马帝国）。安息国的船员对他说："海面非常辽阔，遇到顺风也要三个月时间才能渡过；如果遇到逆风就得两年，所以入海的人要备足三年的粮食。而且在海上航行很容易患思乡病，经常有人死在海上。"就此吓退了甘英。那个一辈子准时点燃灯塔的守塔人在退休的前一夜，因为读了一篇思乡的小说而失职。航海家的传记、探险家的记录激发了多少青年"乘长风破万里浪"，向往"直挂云帆济沧海"，甚至不惜以海洋为生命的归宿。但今天，民航早已取代长途海上航行，用作旅游的豪华邮轮已成浮动的五星级酒店和娱乐场所。那年我乘俄罗斯的"50 年胜利号"核动力破冰船到达北极点，只感受到新奇和舒适。就是经常长期远航的海员，一般也能有正常的休假，在船上随时可与家人联系，近年来还普遍使用卫星传输和即时视频。海上勘探和采集油气都用了大型钻井平台，生活设施齐全，在陆上建有生活基地，往返有直升机接送。大多数灯塔已成为旅游景观或文物，少数还在使用的早已自动化、智能化，守塔人这个职业已不复存在。今天的海上探险活动，一般也都用上了现代化装备，并且有完善的救援措施。除非写成新闻报道，或创作出科幻小说，有关的记录和报道能有一些人看就不错了，怎么可能像以往的作品那样震撼人心？

所以今天我们要谈建设和发展海洋文化，首先要了解未来海洋文化存在的物质条件和精神基础是什么，才能作出理性的判断，确定可行的目标。

海上丝绸之路和海洋利益共同体

　　我国提出"一带一路"倡议到现在（2020 年），关于"一带"已经有不少研究、论证、方案，也有很多措施；但是关于"一路"，也就是 21 世纪海上丝绸之路，我们好像缺少具体的举措，而且大家都觉得这个概念还比较模糊。我想主要是有两个方面的原因：一个是我们并没有真正了解历史上海上丝绸之路的具体内容；第二个，我们关于海洋的很多观念并不符合我们面临的实际。

　　首先我们讲海洋。现在流行这么一种观念，认为海洋是人类文明的高级阶段，一度要把我们中国古代的文明看成黄色文明，把西方、欧美的文明看成海洋文明、蓝色文明，好像黄色文明代表了落后，海洋文明、蓝色文明代表了先进。其实这里我们忽略了一个问题。西方的海洋观念是在什么情况下，在什么地理背景下形成的呢？在地中海、环地中海地带，形成了一个海洋观念。但是，在地中海、环地中海地带形成的海洋观念，适不适合全球，适不适合中国，是不是能够放之四海而皆准？当然不是，地中海是一个非常特殊的海洋，也就是说它在地球上是一个比较特殊的个案。是否有普遍性呢？我们可以作个比较。

　　地中海及其沿岸地区有什么特征呢？首先，地中海是一个基本封闭的内海，周围都是陆地，封闭的，有两个很小的口子，一个是西面的直布罗陀海峡，一个在东面的土耳其那里，博斯普鲁斯海峡和达达尼尔海峡。除了这些海峡，当然还要加上人工开挖的苏伊士运河，它就是一个封闭的海，这是它第一个特点。第二个特点，地中海中间有众多岛屿、半岛和海湾。意大利亚平宁半岛就伸到地中海中间，还有巴尔干半岛、西西里岛、克里特岛、马耳他岛、科西嘉岛，还有希腊周围那些岛，星罗棋布，形成了很多天然的海湾。这两个特点在古代非常重要，甚至是决定性的。我们知道工业化以前，还没有机器动力的船，也没有导航设备，在这么一个封闭的内海，而且中间又有那么多半岛、岛屿、海湾可以过渡，可以停泊，比较安全，就是出了什么事故，船还是可以就近靠岸或者到达彼岸，而且实际上在地中海航行没有必要从这头走到那头。为什么古代在地中海的航行那么发达，那是因为有这些条件。其他地方有这个条件吗？你看我们中国尽管有那么长的海岸线，有几个地方有这样的条件？你从上海出去就是太平洋，事实证明在工业化以前，在大航海以前，人类是没有办法自如来往于太平洋，来往于那些大海大洋的。唯一的一个地方就是渤海湾，相对比较接近这样的条件。

地中海还有第三个、第四个特点，也是其他海洋所不具备的。海上航线的绝对距离不远，可以通过一个个岛、半岛过渡。地中海周围是发达的多元的文明，群星灿烂。古巴比伦，两河流域的文明，那是人类很灿烂的文明。古埃及、希腊、罗马、小亚细亚，可以说人类古代发达的文明很多都集中在地中海的周围。我们讲的四大文明之一的古印度文明，印度主要的人种是雅利安人，从欧洲过来的，它的文明早期都是希腊过来的。只有美洲的玛雅文明，还有我们中国的中华文明，现在还没有找到直接从地中海那边传过来的证据，但是其他文明都集中在地中海周围，交相辉映，相互影响。这个特点是世界上其他任何海洋周围都没有的。

地中海周围经济文化发达的地方都集中在沿海，像埃及，它主要集中在尼罗河三角洲。我曾经从直布罗陀海峡沿着海岸一直到埃及，我们发现稍微往内陆一点的地方就是沙漠，就是荒原，城市、橄榄树、农庄，都集中在地中海的沿岸。欧洲也是这样，像意大利、希腊，内陆往往就是山、高原、丘陵，少量平原基本上集中在沿海。

这些条件决定了在地中海沿岸线周围形成了一个非常发达的经济文化地带，这些地方沿海到内陆距离不是很远，所以这个发达地带也可以影响到内陆。当时海上交通绝对是最方便的，比如从埃及到希腊、罗马，如果在陆地上走，不知道什么时候到得了，甚至根本不可能，在海上就很方便。不同的文明，不同的民族，不同的国家，无论是文明地进行交流，还是野蛮地进行战争征服，是经商还是掠夺，都可以通过海洋，海洋提供了最便利的条件。

地中海是一个独立的海洋单元，以它为基地，与其他海洋的文明基本上是隔绝的。在大航海以前，欧洲的航行主要在地中海里。阿拉伯人、波斯人中世纪已经航海到亚洲来，而地中海文明基本上就在自己的小环境里。欧洲的海洋观，就是在地中海这样一个特殊的地理背景下面形成的。所以他们认为海洋代表了文明，代表了希望，代表了财富，代表了开放。黑格尔认为，海边的人一般都心胸开阔、目光远大，马克思也赞成这个观点。这个海是指什么海呢？地中海。如果是中国的海，在古代，海边哪里接触得到外来文明呢？连外地人都见不到，那里的人能够心胸开阔吗，能够目光远大吗？地中海给周围的人提供的条件，是其他地方的海洋没有的。我前面讲到中国唯一跟地中海有点相像的就是渤海湾，辽东和山东之间距离很近，有一定的封闭性。但是渤海湾周围有没有发达的文明呢？有没有对中国这一边的人产生吸引力呢？没有。长期以来在渤海湾，我们中国这一边是文明比较发达的地方，但是那一边呢？出了渤海湾，朝鲜半岛，如果再远一点到日本，长期总体上不如中国发达，所以中国对他们有吸引力，他们对中国这边没有什么吸引力。而地中海周围互相之间的吸引力是全方位的。

　　今天硬是把西方人在地中海这样特殊环境里形成的海洋观，随便用到世界各地，用到我们中国来，这是讲不通的。在地图上看看就更明白。把中国跟它对比，在周朝的时候，比较发达的地方是集中在黄河中下游地区。而沿海呢？并没有什么太发达的文化或者比较强大的诸侯国。至于海外呢？虽然中国海岸线很长，但是在当时航海可及的条件下，最多到日本，到朝鲜，再远呢？除非是偶然的。我们现在有些人老是说中国几千年前到了美洲，但到目前为止没有找到很确切的证据。有的人说一万多年以前就有中国人通过白令海峡，那时白令海峡结冰，人可以步行通过。一万多年前，我们五千年文明产生了吗？这有什么意义呢？属于中国的文明史吗？一点关系都没有。而且这样的条件，以后白令海峡的冰化了也就不存在了。就算几千年前到了美洲，请问这些人回来过吗？这叫交流吗？实际上中国的海岸线在大航海以前，在人类具备现代航海技术和条件以前，对远的地方是起不了作用的。

　　在中国周围能够相对自由往来的地方，有没有超过中国水平的发达文明呢？或者中国人有什么理由必须要去这些地方呢？没有。一直到相应的大航海时代，到明朝中期的时候，还没有大的改变。明朝中期，中国对外交流比较有影响的事，就是有西方传教士来了，包括利玛窦，带进来一些新的知识，跟中国不同的文化。以前包括佛教在内的外来文化都是通过陆路进来的，而他们是从海上过来的。其实当时还不是跨越大洋，是沿着海岸线航行，先到澳门，从澳门再进入中国内地。在明治维新以前，日本、朝鲜对中国并不是有吸引力的。总而言之我们可以看到，认识海洋、海洋观念，一定要从具体的背景出发，不能硬套西方流行的海洋观念，也不能把工业化以后、大航海以后现代的海洋观念随便用在古代。

中国的历史，中国的古代文化，为什么是内聚性发展呢？西方人比较早地产生海洋观念，但中国的观念一直是以中国为中心，天圆地方这样一个概念。历史上曾经出现的对所在空间的认识即所谓盖天说和浑天说，基础都是认为天圆地方。浑天说是比较先进的，就认为整个地球跟周围的结构像个鸡蛋，蛋黄浮在那里，周围被水汽包围，可是这个说法没有进一步发展下去。而占压倒优势的还是认为上面是天，下面是地，海洋在地的周围，地是被海洋包围起来的，所以到了海边就是天涯了。为什么认为地是方的呢？中国人很早就有了方位感，定下来东南西北四方。既然有四方，地肯定是方的，否则为什么从东可以过渡到南，怎么过渡呢？肯定是方的。

因为有了这样的观念，中国的最高统治者长期认为自己就是天下的最高统治者，有句话"普天之下，莫非王土"，所有的土都是王的。秦始皇开始叫皇帝，普天之下都是皇帝的。在这个观念下面，对境外那些地方，不是说你不该是皇帝的，而是说你们太野蛮落后，还不配皇帝管你们。这个观念长期影响了中国对外界的认识，认为中国自己是处于天下的中心，最发达的地方，在华夏的各族就属于"夏"，而周围的人都是"夷"。这个观念从孔子的时代就很强调，强调"夷夏之辨"，要分清楚是"夏"还是"夷"；"夏""夷"不是两个平等的种族，一个文明，一个野蛮，这条界限必须分清。以后"华夏"概念扩大到所有华夏各族，包括被汉化了的非华夏族，"夷"的概念也扩大到中国以外绝大多数民族。当初英国、法国、美国侵略中国，进入中国的时候，尽管一再被他们打败，但是观念上这些人还都是"夷"。第二次鸦片战争清朝又被打败了，与英国、法国签订的条约中居然还有这么一条：今后不能称英国、法国为英夷、法夷，要称大英国、大法国，对方称清朝为大清国，大家平等。正是因为清朝尽管一再被打败，但是观念上还认为对方落后野蛮，属于"夷"。在国内也是这样，少数民族是"夷"，要等到他们开化了，进步了，才能够承认他们也是"华"的一部分。这个观念长期存在，与所处的地理环境有关，与地中海环境不能比。如果"华夏"比较早地就能够面对总体上与自己不相上下的文明，或者面对多元的外来文明，这个观念恐怕不一定能够长期延续下来。

古代中国人把海洋看成土地的边缘、尽头，不是像地中海周围人到了海边就看到了希望、财富，而是到了海边就是穷途末路，完了。天涯海角，我们现在讲得很浪漫，在古代的意思就是走到边缘了，尽头了，当然不是好事。而陆地呢？陆地是中心，四海之内，天下之中，这才是最发达、最文明的地方。

海洋有什么用呢？在中国古代，特别是工业化以前，海洋对中国人来讲只是鱼盐之利，海里产盐，可以捕鱼，就这两样而已。这两样当然有它的局限性，盐虽然非常重要，是人不可或缺的，但是盐的需要量如果不考虑工业用盐，只作为生活用品的话，它是一个常数，基本上与人口数量成正比的，不可能也没有必要超量生产。那鱼呢？在还没有形成食物冷冻链的条件时，利用价值很低。以前我们在上海，咸鱼、海里的鱼都是最便宜的，一到差不多现在这个季节，上海菜场里到了下午，小黄鱼一毛钱、五分钱买一大堆，因为再不卖掉就臭了。古代更是这样，有个俗语讲，入芝兰之室久而不闻其香，入鲍鱼之肆久而不闻其臭。鲍鱼是臭鱼的代表。《史记》记载，秦始皇是死在旅途的，当时为了安全，要保密，加紧往咸阳赶，回到首都才能公布消息。因为天气热，他的尸体发臭了。怎么继续保密呢？随行的大臣下令，每一辆车带上一筐咸鱼，咸鱼的臭味与尸体臭味混杂在一起。可见当时的咸鱼散发出尸臭味很正常，这样的鱼有多少利用价值？

中国古代对海洋不重视，是很正常的。海洋有什么用？第一，中国不需要远航，不能够远航；第二，海洋能提供的不过是鱼盐之利，而自己处于天下之中，有比较发达的农业，"天朝无所不有，无须仰赖外人"。在农业社会，中国的土地的确能够生产出养活自己人口的粮食和基本的物资。再加上传统的儒家文化提倡一种比较简单的生活，要讲艰苦朴素，以农为本，商业为末。这样就长期形成这种观念，天朝什么都有，不需要依靠外人。而且也不看重"奇技淫巧"，把工艺、技术，还有新的发明、科学，当作奇奇怪怪的小玩意，并不见得有利于人的身心健康，都不稀罕。这并不是归咎于哪一个人，而是在这样的环境下，属于很正常的一种因果关系。中国的历史文化长期是内聚性发展的，譬如说佛教是外来的，好多物质的、精神的是外来的，但是主要是通过陆路来，而不是通过海上。不会因为有这些就提高人们对海洋的需求度，或者对海洋的重视。

我们比较了两种海洋观念，比较了中国与地中海周围那些民族、国家、文化、历史的背景以后，我们再来看人类与海洋究竟是什么关系。海洋对人类究竟有什么意义。我想无非是这几个方面。第一，是作为资源的海洋。刚才说中国古代认为海洋只有鱼盐之利，其实西方也一样，日本、朝鲜都一样，因为在工业化以前，海洋中人类所需要的资源还不能直接利用，都是工业化以后才能利用的。工业化以前只有鱼盐之利，北欧这些国家、地中海周围国家，当时能利用的也不过是鱼盐之利。但是工业化以后，到了现代，可以利用的东西就很多了。比如说同样是盐，以前只利用食盐，实际上工业用盐好多是从海水中获得的。到了近代，海底下的石油、天然气都能开采了，而且越采越深。现在人类在探索，中国已经在做试验，海洋有很多金属结核，未来好多金属可以从海洋中提炼，因为水把陆地上的金属成分长年累月带到海里，在海里富集结晶，这是今后可以利用的。当然陆地上也有，但是海洋里更多。最近这几年我国宣布在海上找到了可燃冰。而且就在广州附近的海上找到了比较有开采价值的可燃冰。现在科学家有个估计，地球上很多贵金属，将来几乎都可以在海里找到。一方面是长年累月水把陆地上这些东西带到海里，另一方面海洋占了地球面积的大部分，很多资源还埋在海底下。

这些资源怎么利用呢？已经找到了锰结核，为什么现在不利用它呢？这取决于成本。比如海洋的石油、天然气，到现在为止，开采的成本比在陆地上高得多。另外，勘探的过程要靠风险投资，现有的技术还不能百分之百有把握，风险很大，投入很高。所以工业化以后对海洋的利用虽然已经不限于鱼盐之利，但取决于成本。如果海上能够获得的资源陆地上也有，成本比它低，那么就没有必要先利用海上的，除非为了特殊的原因，比如出于战略考虑。

第二，是作为航运介质的海洋，这一点起的作用更大、更多。地中海早期的发达靠什么呢？不是鱼盐之利，也不是提前获得了海洋资源，而是通过海洋运载船舶，海洋只是一种介质、媒介。就像今天陆上运输离不开道路一样，海上就是海洋。这取决于航海的目的、工具和代价。我们今天讲海上丝绸之路，主要的原因就是因为今天海运还是最便宜的。到现在为止，全世界贸易的货物，70%以上是通过海运的。现在集装箱船越造越大，就是因为成本低。但如果你没有航海的需要，没有海运的需要，海洋这个优势对你来讲就没有任何意义。中国古代需要外贸吗？"天朝无所不有，无须仰赖外人"，当然就不需要海洋。对于阿拉伯人、波斯人、东南亚国家的人，需要到中国来贸易，海洋就是必不可少的宝贵资源。

有人老是批评中国古代不重视海防，不守卫海洋。中国古代本身没有海外来的威胁，搞什么海防？西方为什么特别重视海防？它有来自海上的威胁。譬如布匿战争，腓尼基人跟罗马隔着海打仗，最后罗马人跨过地中海把它灭了，在这个过程中双方当然要进行海防。中国历史上到了明朝时候才开始受到日本海上的威胁，而且明朝中期那些"倭寇"，其实垂本上不是日本人打进来，而是明朝的武装走私集团雇佣了日本人来对付自己的政府。现在我们看到沿海的古代军事设施，就是明朝才开始建的。如果说海上根本没有威胁，造什么炮台？西方国家重视航海，有它具体的目的。谁也不会做亏本买卖，航海能带来财富，能够便利贸易，才会发展。为什么航海？无论是军事上的、经济上的，都要有一个正当的目的，还要看航海的工具、航海的代价。现在我们有一些特殊用途的船，造价很高，但它是有价值的。譬如我们现在用的天然气，以前都是通过管道进来，但是管道建设成本很高，而且管道有它的局限性。现在采用液化天然气，体积小了，通过特殊的船运输，这种船造价高，技术也比较复杂。为什么要采用这种方式？取决于工具和代价的性价比，算下来还是合算的。我们从航运的角度看海洋，不应该是盲目的。有些地方处在内陆，海运对它来讲并不便宜，就不要赶这个"时髦"。从第二个目的来讲，就是要从实际需求出发，讲到底无非是在航海的目的，以及拥有的工具、付出的代价中，找到一个平衡点。

我们今天讲"一带一路"，到底货物该走陆路，还是该走海路？不要因为重视什么，就不顾自己的实际情况。明明在沿海，或者离海不远，或者算下来海运成本比陆路便宜得多，却非要舍近求远，舍廉就贵，一定要走陆路，一定要走欧亚班列。我知道好多列车现在都在亏本。相反，海运的价格这几年一直在降，因为相对饱和。从海洋的航运角度讲，当然要尽量利用它好的性价比。这方面专家都在预测，未来海运在整个物流中间的比重还会提高，也就是说将来更多的货物要走海上。而且从生态环境来讲，海运更加绿色，更加环保，有更多的发展余地。相反，陆上、航空，再要提高效率很困难，成本只会越来越高。比如说，如果环保这条线收紧、碳排放限紧的话——欧洲不是提出进入的飞机要收碳税了吗？——海上的优势还会长期存在。至于说到把海运作为军事目的，也要从实际出发，讲到底还是一个成本与收益的关系。有些军事手段在陆上发展更容易或者更有效，那就没有必要一定要改到海上。海上、陆上、空中，各有自己的优势，各有自已适用的范围。

第三个海洋功能，是作为文化传播的海洋。这个功能可以说是随着人流而改变的，到了现代社会，作用越来越小，今天海洋对文化传播基本上已没有作用了。我们一讲到建设海上丝绸之路，有些专家就提出要利用海上丝绸之路传播文化，我不知道他们有没有基本的常识。文化主要是通过人传播的，特殊情况下可以通过物，现在还要通过海运吗？当初在还没有其他传播手段时，跨国之间只能通过海上联系，海上的确是传播文化的主要途径，有的甚至是唯一的途径，因为人没有办法不通过海上到那里去。传播文化的是人，不是海洋。海洋的作用还是我前面讲的作用，不过是一个航运的介质，一个媒体，是因为人必须通过海上交流。民国时还没有跨洋的民航，中国到美国去留学的人，都是坐轮船走的，他们离得开海洋吗？离不开。历史上文化的传播好多也通过海上，但这不是说文化本身，而是说那些传播文化的人通过海上。像当年到中国来的传教士，大多数都是海上来的。陆上来的也有，但是少数。佛教传入中国有一条路线也是海上。民国时上海引领中国时尚，美国有什么新的电影，英国有什么新的时尚，一个月以后就到上海了。为什么要一个月？因为那时候还没有民用航空，而是通过海上，无论是演员、书报杂志，或者一张唱片、一盘电影胶片，都要通过海上运来。像一些岛国，文化传播不通过海上人怎么进去？但是到了航空越来越发达时，长距离的人员交流基本上都通过飞机，或者通过陆上的汽车、火车。有了电视、电影，特别是现在有了互联网，海洋对文化传播基本上已经没有作用了。

今天中国与外界进行文化交流，有几个人是坐着船走的？除非比较近的距离，或特殊情况。我们承认历史上海洋对文化传播还是起过很大作用，但是不要忘记，这也不是海洋本身或航海工具起的作用，而是利用它们的人。我们今天来看 21 世纪海上丝绸之路，就应该从这三个方面来看它的作用。

大家一定记得，国家三个部委发布推动共建"一带一路"的愿景与行动时，曾经说陆上是建设丝绸之路经济带，海上是建设 21 世纪海上丝绸之路，福建是它的出发地。看了这个提法，我就很怀疑，为什么要从福建出发呢？难道福建是最合适的地方吗？

海上丝绸之路该怎么建？到底是不是限定一个出发地，或者重点出发地？根据前面我讲的这些，我想现在可以更加明白了。海上丝绸之路主要

的作用就在前面我讲的第二条，不过是利用海洋航行，海上丝绸之路主要是航运，满足物流。从这个角度讲，我们今天讲海上丝绸之路并没有什么太直接的含义，简单一句话就是发展航运。而且它也有自己特定的适用范围，如果海运性价比比陆运高，就用海运。如果陆运，或者空运性价比比它高，就用陆运、空运，就是这么一个简单的事情。

历史上中国对海洋、航海没有什么需求，现在我们讲大航海前最发达的几个例子。唐朝、宋朝、元朝时的泉州，有多少国家的船？船这么多，请问是中国主动出去，还是人家来的？我们查了史料，像唐朝后期，广州城里外国商人就超过十万，这个比例比今天广州的非洲人高得多，而且他们已经形成自己的社区。干什么的？做买卖，他们得利，通过海上。中国有没有人出去？整个唐朝查不到什么人主动跑到海外去做买卖，因为唐朝没有这个需求。扬州、泉州的阿拉伯人、波斯人都是来做买卖的，因为做买卖才长期待下来，待下来以后还是做买卖。唐朝长安城里做买卖的人，就是来自今天的费尔干纳盆地，今天哈萨克斯坦、乌兹别克斯坦那一带的人，因为他们陆路来方便。宋朝为了增加财政收入，容许百姓在海上贸易，但是严格规定只限于国内，基本是沿海的贸易，不是什么外贸，因为认为没有必要做外贸，所以限制。元朝有一个短时间曾经开放过真正的外贸，为什么元朝会这样做呢？蒙古人除了建元朝以外，还建了其他四大汗国，统治者都是叔侄、堂兄弟，都是一个家族的，与今天中亚、西亚、东欧这些地方来往的话，海上方便。在自己的族群，友好政权之间做买卖，才有可能开放外贸，但时间不是很长。

其实，我们现在讲的海上丝绸之路在中国古代根本没有这个概念，海上丝绸之路的概念是在 20 世纪 80 年代首先由日本学者提出的。如果一定要以什么物品为主来命名的话，也不应该简单叫丝绸之路，还应该叫瓷器之路、茶叶之路。日本曾经提出要重建海上丝绸之路，是自己有这个需求。到了 20 世纪六七十年代，日本经济已经很发达，但是日本的主要资源，包括石油、天然气，包括工业化所需要的 90% 以上的资源，都来自海外，都要通过海运，所以要借助历史上这个概念。我们现在讲的海上丝绸之路，首先是在日本专家学者重视下，通过联合国教科文组织，组织了考察团，从波斯湾沿着印度洋一路过来，最后到了泉州，认定泉州是古代海上丝绸之路的出发地。这个过程很清楚，你到泉州去，那个地方还竖了一块碑，当时参加的专家学者都签了名，里面好几个是日本人。联合国教科文组织有一段时间是日本人担任总干事,陆上、海上丝绸之路的申遗都是联合国教科文组织大力推动倡导的。所不同的是,他们认为应该由沿海的这些国家一起申遗,不是中国单独申遗,因为他们认为海上丝绸之路主要部分不在中国,中国不过是出发地,也是个终点。但是我们到现在还在自娱自乐,认为中国古代多发达,好像海上丝绸之路完全是我们主动开辟的。

国家的中华文明探源工程已经公布了初步结论,其中有一条,中国古代的小麦、黄牛、绵羊、青铜都是外来的,都是差不多四千年前从两河流域传播过来的。古巴比伦制成的青铜比我们早,青铜是从那里传过来的。要说有一条丝绸之路,不是四五千年前中国人有这个需求,而是外界要来推销这些商品,要传播,通过贸易、传播获得利益,是他们首先主动往东扩展的。我们以前讲张骞通西域,不是说张骞开通了到西域的路,而是张骞因为要执行外交、军事、政治使命,要到那边去。张骞去了回来,把西域的情况报告给汉武帝,汉武帝才产生了向西扩张的愿望,以后汉朝势力才扩展出去,而不是说张骞修了路。从一个细节就看清楚,张骞第一次出使西域时带了一个匈奴人,干什么?当向导。张骞带了 100 多个人,有没有筑路工?没有,因为不需要筑路,路早就存在了,否则哪需要什么向导呢?张骞是依靠向导,利用现成的路,经过匈奴又到了今天的中亚、西亚,今天的阿富汗和伊朗一带。我们不能夸大古代的开放发达。人的开放观念不是天然的,而是环境造成的,无论是海上、陆上,古代中国没有这样一个开放的观念。

正因为这样,我认为我们今天讲海上之路也好,讲未来也好,实际上应该是一个利益共同体的概念,怎么样通过海上丝绸之路形成一个利益共同体。如果做到这一点了,那么海上丝绸之路建设才算是成功。从这个角度讲,我们应该从海洋的资源出发,合作研究,共享成果,共同开发,协商互利。海上丝绸之路如果只是航运,不过就是起到一个介质、媒体、物流的作用。如果真正形成利益共同体的话,主要就是一个海洋的资源怎么利用的问题。现在还可以加上一个,海洋的环境怎么样共同保护,这也是一个利益共同体基本的需求。

讲到建设利益共同体,就要处理好几个关系。海洋资源的利用,如果只是科学技术上面,那没有问题。大家合作研究,但是关键涉及利益。现在海上的一些油气资源,包括海洋的渔业资源,之所以没有办法有效利用,就是因为存在利益之争,包括具体的经济利益,也包括国家利益。只要有国家，总是国家利益至上，没有哪一个国家首先考虑别国利益的，总是要追求国家利益的最大化。我们设身处地想想，如果对方国家领导人主动考虑你，那对方就是卖国了。所以国家跟国家之间出现利益之争，这很正常，而且是个永恒的主题，除非国家消亡了。国家消亡了，还有地域之争，也是出于利益。

对待利益之争最好的办法，就是协调好国家利益最大化与利益共享，这就是国家提出的利益共同体的概念。中国面临的海洋，如果要建设利益共同体的话，不是科学技术上的难题，而是利益。正是在这一带，利益共同体的建设有很大的障碍。一个是领土之争，比如钓鱼岛，科学家早就预测这一带可能有很大的油气田，现在主权都有争议。关于领土领海主权，我们跟南中国海这些周边国家，如越南、菲律宾都有争议，跟文莱、马来西亚、印度尼西亚也有争议。在有争议的情况下，很多事情就不能做了。比如，我们当初跟越南和菲律宾初步达成一个协议，就是大家联合开发。大家知道，邓小平在接见菲律宾总统阿基诺夫人时提出：搁置争议，共同开发。一方面我们坚决维护国家的主权，国家主权是不能放的；但是另一方面是怎么掌握这个度，在主权争议没有解决的情况下，有没有可能合作。

北海油田发现以后，也曾经面临这个问题。离北海油田最近的几个国家，英国、荷兰、丹麦、挪威，北海并没有明确划定领海、公海，也有争议。最后他们达成的协议是共同开发，合理分配利益。挪威本来是北欧最穷的国家，因为从北海油田的开发中获得了它这一份利益，成为世界上人均最富的国家，长期都是每年人均收入八万美元。如果当初争议下去，或者诉诸武力，或者没有办法结成利益共同体而不开发，有这个结果吗？有人说开发完了怎么办，开发完了还有什么争议呢？更没有争议了。海洋建设利益共同体，这个问题是一定要处理好的。两种倾向都要防止。一种倾向就是有人出卖国家利益。但是另外一个极端，讲国家利益最大化，超出了合适的度。利都让你得了，对方怎么会跟你合作呢？但是如果没有这样的利益共同体，不达到一个平衡，很多海洋资源是没有办法利用的。我们还是应该认真学习邓小平处理这些问题的基本思路，他的出发点，还有他睿智地掌握着这个度。要知道，我们现在享有的成果，已经是能够争取到的比较好的结果。我们的最终目标是要建设人类命运共同体，如果没有共同的利益，怎么会有共同的命运呢？

应该承认，像地中海周围那些地区，一些岛屿，一些海洋工业比较发达

海上丝绸之路和海洋利益共同体

267

的地方，或者滨海地区，以及受海洋影响为主的地区，存在一种海洋文化。在某一种文化中，海洋的因素起着重要的甚至是决定性的作用，这种文化可以称为海洋文化。现在讲海上丝绸之路的文化交流，不是说仅仅通过人利用海上的交通路线去传播我们的文化，或者简单的人际文化交流，而是在发展海上丝绸之路过程中，去认识、领略真正的海洋文化，或者通过海上丝绸之路传播我们的海洋文化。我们的海洋文化不是指古代，而是指今天。比如上海跟内地比起来，在海洋文化上面当然有自己的特色，但还不是很强，因为长期以来海洋并不是上海文化中的主要因素。对海洋文化的交流与传播，我们不应一味强调自己的，而应该像习近平总书记所讲的"文明互鉴"，像费孝通先生生前所讲的"各美其美，美人之美"。比如太平洋上的一些岛国，那里的文化应该属于海洋文化，是不是就认为它只是代表一些落后的，或者我们接受不了的文化呢？对我们传统文化中海洋文化方面的一些优势，我们要有自信，是各美其美。作为一种文化交流传播，还要美人之美，不同的文明不存在绝对的先进落后，更没有本质上的优劣，而是各有特点。未来我们还是要秉持这样的原则，不同的文明之间应该互相欣赏，互相借鉴。

在这样的前提下，我们有可能对未来的海洋提出这样的愿景：未来的海洋、海上丝绸之路、海洋文化，应该是合作、友谊、和平，应该是人类命运共同体的基础，就是海洋利益共同体。

正确认识古代的海上丝绸之路，认识不同国家、不同民族、不同地区的海洋观念，从历史事实出发，作出正确的评价。未来通过21世纪海上丝绸之路的建设，逐步与周边、与世界各国结成利益共同体，将海洋文明提升到更高的阶段，未来的海洋有可能成为合作、友谊、和平的海洋，能为人类命运共同体的建设作出更大的贡献。

江河流淌看中国

海洋与上海

我注意到，现今研究海洋或关心海洋的人，往往不大注意综合性地考虑问题。比如懂科学技术的人往往专注于航海科学技术层面的剖析，从事文化研究的人则侧重于海洋文化方面的探究。其实，无论是自然、科学、技术，还是人文、社会，这都是一个整体，所以我试图从整体上为大家认识海洋、认识上海与海洋的关系，提供一点个人见解。

一、海洋的地理属性

海洋意味着什么呢？我想它首先是地球表层的一部分，因而从这个角度讲，我们需要关注的是海陆变迁。

海洋在地球上究竟占多大面积？比率是多少？事实上，这并非固定不变的数字，即便今天海陆的变迁也还在随时发生。例如上海附近原为海洋的区域现在正有部分变成陆地。从浦东坐飞机起飞时可以看到，沿海外围有些地区刚成陆，其成陆淤积仍在海平面一米线以下，而浦东机场的一号、二号跑道等很多地方都是围垦的结果，并且这个过程仍在持续。但是另一方面，虽然现在已进行人工控制，但上海亦在不断发生海侵、海蚀，这就造成已经形成的陆地重新沦为海洋。比如现今距上海陆地十余千米的大、小金山，现在都是海上岛屿，而在宋代的时候它们还与陆地相连，那时上面有庙有泉，相关的诗篇亦留存于世。世界上诸多沿海地区都在发生海陆变迁，我们今天讲海洋占地球表面的百分之几，并不意味着之前之后都是如此。除此之外，海平面也不断发生变化。比如上海附近舟山群岛一带，在最近的地质年代里，海平面大概有一百多米的变化；而现在的台湾海峡，在地质年代曾为陆地。除陆地沉降和海床本身沉降的影响外，海陆变迁还受海平面升降及海侵、海蚀的影响。

除海岸变化外，海洋内部也在不断发生变化。地质运动如海底火山爆发、地震、海啸，还有珊瑚虫类生物运动所形成的礁盘等，都是地球表层尤其是海洋变化的一部分。所以，在有些岛屿消失的同时，一些新的岛屿又形成了。比如日本处心积虑妄图使之成为岛的冲之鸟礁，本身就是火山爆发所形成的。如今日本致力于人为扩大该岛，希望它由礁变岛，那么岛周围就可以成为其领海和大陆架，总共可有40多万平方千米。其实除去人为作用，冲之鸟礁本身也会自然发生变化，只是速度相当慢。如果我们长期观察地球表层的卫星遥感照片，就可以精确地测算出海陆变迁和海上的变迁。基于此，我首先表达的是海洋作为地球表层的一部分这样一个概念。

二、海洋的资源功用

对于人类而言，海洋意味着资源。

海洋的资源体现在哪里？首先就是海水。海水是在陆地河流汇聚、冰雪融化流入、大气层降水以及地质变化过程中形成的。在海水资源当中，古人最早知道的是盐。以中国为例，尽管有内陆盐存在，如山西运城盐池的盐、四川的岩盐等，但被大量采用的还是海盐。近代的徽商、晋商之所以能够致富，其根本的手段就是盐的垄断，如淮盐（苏北一带的盐）和长芦盐（渤海湾一带的盐）。中国古人讲到海，就想到鱼盐之利，可见盐的重要价值。

但盐只是较为外显的海洋资源。随着科学技术的发展，海水所含有的大量金属、非金属物质被发现。虽然从密度而言，其含量不高，提取的成本也不低，但分布广泛。目前部分金属及非金属物质已经从海水里分离出来，并且物化。另外还有可燃气体包含在海水里，比如现在大家感兴趣的可燃冰，中国南海数处地方都有，有人认为其将来或许会成为可替代使用的新能源。科学家预言，随着我们对海洋了解的深入，我们会发现海水本身可能包含所有人类已知的各种物质，而陆地上的物质已经被人类大量消耗，所以海水里面含有的元素可能更多。

还有海水里的生物，即山珍海味里的"海味"，包括一些如今在大陆上已经鲜见的海生物、动物及各种藻类。海洋里包含从高等到低等的各种物种，比如大家所熟知的最庞大的鲸，还有各种藻类及习性各异的各种鱼类，其中有些我们尚不了解，故而至今尚未利用。海洋生物或许是人类未来获取动植物蛋白最重要的来源。我到南极的时候就了解到，南极周围的海洋里面富有磷虾。磷虾的量非常大，科学家通过计算认为，即使每年捕捞磷虾一亿吨，也不会影响它正常的繁衍更替，而一亿吨磷虾所含有的蛋白基本可以满足现有的人类对动物蛋白的需要。当然现在仍有很多问题未能解决，比如磷虾出水即腐烂，外面的鳞亦很难去除，后续加工仍存在问题。

海洋资源还包括海洋本身所蕴含的能量，比如可以发电的海上潮汐波浪。由于地球引力作用，海洋不同地点都有潮汐现象。潮汐累积的能量巨大，当这种运动出现异常的时候，就会出现海啸、风暴潮等海洋灾害。海洋水的温度本身也是一种能量，这种能量的释放往往跟大气相互作用，正常情况下形成季风，异常情况下则形成台风等。我国中东部大部分地区都受太平洋气压变化的影响，所以我们称中国这一带为季风气候区。这种季风气候的特点往往不稳定，或涝或旱：如每年梅雨季节冷热空气在江淮一带正常交汇，这一带则形成梅雨；但有时会反常，像今年（2012 年）业已在广东形成暴雨，一般情况下，北方就可能发生旱情，但若冷热空气交汇于北方，则南方大旱。所以陆地旱涝之因并不在本地，而在于太平洋上气压的变化；太平洋气压的变化，其实就是空气跟其下的海水温度变化相互作用产生的结果。所以这几年我们经常提及的厄尔尼诺现象、拉尼娜现象，实际上都是海水温度的变化跟空气相互作用造成的。

海温能量还表现为洋流本身的暖流和寒流之分。由于洋流周围温度不同，这就使洋流周围很多鱼类和水生物集中，如墨西哥暖流一带就是极好的渔场，鱼类都向此靠拢，并随洋流而运动。所以，好的渔场都跟洋流有关。中国没有很好的渔场，也跟洋流有关，所以只能进行深海捕捞和远海捕捞。

气候亦如此，中国受季风气候的影响，所以中国所有的大城市气候与世界同纬度城市相比，往往冬天愈冷，而夏天愈热。如哈尔滨冬天极冷，而相似纬度的伦敦（实际上伦敦还要靠北）冬天只有 0 摄氏度左右，最多在零下 5 摄氏度左右。英国之所以没有严寒，就是因为洋流的影响。再比如俄罗斯的摩尔曼斯克，让人难以置信的是，这个在北极圈内的港口冬季竟然不冻，这也是受暖流的影响。所以俄国的北方舰队就以其为母港，驻扎此地。

洋流还跟航运有关，特别是在古代没有机械动力及导航设备的情况下，船往往只能跟着洋流走。之前有些人不理解，认为中国古人很早就可以从海路至日本，那一峡之隔的台湾岛无法抵达吗？其实这恰恰跟风和洋流有关。明清时期到日本和琉球，往往不是自中国北方出发，而是自宁波，后来是自福建福州地区出发，其原因就是可以借助洋流和风的作用抵达琉球和日本。鉴真和尚当初从扬州去日本，东渡数次未能成功，原因就在于没利用好风和洋流，有一次还被吹到海南岛。而台湾海峡恰恰不易过去，如果自厦门或福州出发，船上风帆顺着洋流行进会完全漂移错方向。今天我们虽然有机械动力的轮船及科学技术克服洋流逆作用，但如果了解利用洋流，则可以节省能源和时间。当然，现在还有些洋流我们没有办法改变影响，比如厄尔尼诺现象和拉尼娜现象等，作用小时可能不会引起注意，而作用大时则影响整个北半球。

海洋资源还必然包括海底、海床和大陆架及其资源，其中大家最感兴趣的就是天然气、石油，还有其他金属矿藏。现在有些国家的近海铁矿已经在开发。中国的大陆架，基本上都是黄河、长江冲积物堆积起来的。现在争夺海洋主权时，其中重要的一点即是大陆架的归属权。东海大陆架主要的物质来自中国大陆，因此，从资源而言中国是有优先权的。中国现在跟日本对海洋经济专属区存在争议，因为中国和日本之间最窄的地方不足400海里，也就不可能各自都享有200海里的经济专属区。日本强调中心线原则，而中国认为东海大陆架既然主要来自中国大江大河冲积物的堆积，加上中国的大陆架外面跟日本之间有一条冲绳深槽，这就意味着天然界线的存在，所以应该首先确保中国应享有的经济专属区，剩余的才能划归日本。这就是双方的分歧。我个人认为，如何确切地了解、解释大陆架的形成过程，是将来争夺海洋资源的重要依据。

近海海底还有地下淡水，将来这也是一个很重要的资源。另外还有海水淡化问题。现在很多地方海水淡化的成本已经低于从其他地方运输淡水的成本，像中国的渤海湾周围现在也在发展海水淡化，甚至有人提出利用内蒙古丰富的煤炭资源进行渤海湾的海水淡化，从而解决当地缺水的问题。当然这个方案很大胆，棘手问题也很多，但是从发展的趋势讲也不是不可能的。再比如90%冰层都为淡水冰的南极，有人设想用巨轮将南极的冰山拖至海湾，即使途中融化，还是比用海水淡化节约。也有人进一步设想，每年海上的结冰都少盐或者无盐，那么这些冰可不可以加以利用？这些都是未来发展的可能。

我刚刚讲的还仅是个大概，仅提及目前我们能够看到的海洋资源，以此作为海洋乃人类重要资源的表述。

三、海洋是人类交往的载体

海洋既是生物洄游的路线，也是人类文明交往的载体，同时还包含有害的物质，也是敌人入侵的路线。所以，海洋只是起到载体的作用，而载体本身是没有性质可言的。鱼类可以通过这个载体游过，病菌、传染病也可以借海传递；从海上来的人可以是友好的，也可以是敌对的。界定其作用的因素并非海洋本身，而是利用海洋的人，或者利用这个载体的自然界。而这一点，则是现在研究海洋、研究海洋文化的人，有意或者无意忽略甚至误解的。

有些观点认为，海洋之滨的人往往心胸开阔、思想开放，但实情果真如此吗？勿论远古，当下海边之人，是否有这样的特点？答案并不是肯定的。实际上在中国如此漫长的海岸线边生活的人，很多思想相当保守。那么沿海城市和文化是不是本身就具有开放特征呢？世界上任何一个国家和地区是不是都是依靠海洋来开放的呢？答案并非如此！那为何很多人会持有这个错误观念呢？之前有个在中国影响甚广的电视纪录片《河殇》，当中谈及海洋是蓝色文明，中国是黄色文明，而未来一定是蓝色文明的，中国之所以落后就是因为历史上的黄色文明太发达了。当然，这个纪录片有隐喻和政论的性质。那么避开其政治成分，仅就其学术部分而论，此观点到底对不对？显然是不对的。因为它把以海洋为载体所造就的某些特殊历史和特殊文化进行了普遍化。

西方学者所讲的海洋，往往指的是地中海，而地中海是海洋作为载体的一个特例。地中海之所以在区域发展中发挥了巨大作用，是由其特殊的地理环境决定的。地中海基本为内海，除直布罗陀海峡、博斯普鲁斯海峡、达达尼尔海峡等海峡外，周围皆为陆地。如果封锁几个出口，地中海就成为一个大的内海，部分海岸到对面的距离极近，大的风暴也被阻挡在外面，所以地中海上的航行相对比较安全。更重要的是，地中海周围是人类文明的重要发源地——古巴比伦文明、古埃及文明，以及小亚细亚文明和希腊文明，如群星般璀璨。文明的经商、交流很容易，不文明的侵略、海盗活动也很容易。所以对地中海沿岸的人来说，异质的文明就在周围，海洋就意味

海洋与上海

着开放、财富、胜利，当然也催生战争和防范。在埃及的神庙里，既可以看到古埃及的神像，也能看到罗马和希腊的建筑。这些不同的文明主要是通过海上来的。

在电影中常有这样的情节：一座城市的物资消耗殆尽，居民已经绝望，这时一艘满载物资的船舶驶到，满城欢呼。为什么？因为财富和希望已至。当此地的人生活窘迫之时，他们往往会坐船出去冒险或贸易。所以地中海周围不是哪个国家单独具有航海技能和航海人物，而是普遍存在。

我曾到利比亚的昔兰尼古城。昔兰尼有个阿波罗泉，其记载讲到海的对面是希腊。希腊人因为居住地之北都是山，于是在宙斯神的指引下往南寻找出路，自南面渡海。第一次到昔兰尼时未能找到水源，只好折回。后来随着当地人口越来越密集，生活愈发困难，于是在神的指引下希腊人再度来到昔兰尼，找到阿波罗泉，之后在此建立了昔兰尼城。建城之后，大批的希腊移民迁徙至此，在此地建立了全世界第二大的宙斯神庙。所以对希腊人而言，海洋就意味着新的生存之地和新的希望。希腊人在那里生活，建了很多墓地。此后希腊衰落，罗马人随之而来，在可用的地域条件下，罗马人搬掉希腊人墓中的尸体，将墓穴占为己有。直到二战时期，这些墓穴还作为飞机轰炸时的避难所使用。在利比亚的大莱布提斯城海边，我看到一块还未来得及劈开使用的巨大大理石胚料。这些石料自罗马运来，依靠的是海运交通的便利；而北非沿岸大量的斗兽场、露天剧场和神庙等古罗马建筑，其石料也基本是从海对面运来的。

除了两河流域外，阿拉伯人的聚居之地平原甚少。环地中海部分地方的沙漠已经接近海岸。在无处发展的情况下，他们只能面向海洋。所以阿拉伯人的航海技术很发达，可以航行至中国。在阿拉伯兴起的时候，欧洲很多地方已经发达起来了，所以阿拉伯人就只能往东非发展。我在东非肯尼亚的拉木岛上，看到的全是讲阿拉伯语的阿拉伯人。阿拉伯人往东航海即到达中国，所以唐宋之时，泉州、广州已有很多阿拉伯人航海来此经商贸易乃至定居，并在广州形成所谓的"番坊"，作为外国人的社区；在泉州，现在还能看到很多写着阿拉伯文、波斯文的墓碑。所以，海洋对他们而言就是一个载体。

那么这是否具有普遍意义呢？以中国而言，秦时已经统治了全部海岸线。汉武帝时，北面的海岸线可囊括朝鲜半岛上今首尔南面沿海，南面则包括今天越南的胡志明市一带，然而那时沿海一带并未表现出开放特点。

中国沿海较为接近地中海地理环境的只有环渤海地带，所以当年山东半岛居民到朝鲜和日本都较为容易。但令人遗憾的是，其时朝鲜半岛和日本的文明还不如中国大陆先进，所以对环渤海地带的人们吸引力不大，前往朝鲜半岛和日本至多只是作为避难场所和流放地，或者是寻找未知的蓬莱仙岛、不老药产地等神仙场所，于是出现了徐福东渡之事。当然，徐福本人不一定真的到达了日本，但是当时有大陆居民移居到日本是不争的事实，所以徐福墓地在日本不止一处。但毫无疑问的是，环渤海地带绝不可能像地中海附近那么富有吸引力，所以孔子说"吾道不行，乘桴浮于海"。对孔子而言，这是不得已而为之的行为，与如今为了发财主动出海的行为截然不同。

除环渤海地带以外，中国沿海其他地方并不能赋予人开放探险的勇气和精神。江浙沿海在唐宋时已很发达，但并没有促成更多的海外活动。相对而言福建跟希腊较相似：多山少地，农业规模不大；内河交通不发达，平原盆地之间也往往有高山阻隔，因此来往最方便的方式便是航海；且福建多海湾、海岛，近邻浙江、江西等地多商人，这都促发了福建人较为外向的性格。然而可惜之处在于，福建周边没有环地中海那样发达的文明。福建对面的台湾岛在清初还盛传有吃人的"生番"，所以清朝在开发台湾岛西部之后，严禁老百姓进"番人区"。正因为海外没有能吸引人的异质文明或更先进的文明，所以中国沿海的人并不能天然具有开放的思想，海洋也不能成为文明的来源。

那么中国的外来文明从哪里来？以传统时代而论，基本上不是海洋舶来。比如佛教，其主流是从印度、尼泊尔，然后经青藏高原传入中原腹地，或者经缅甸传入云南等地；或者自印度、巴基斯坦，过天山，经河西走廊传入我国。海路传入也有可能，但并不能持续。比如上海龙华寺，据说有从海上漂浮过来的一尊佛像，胡道静先生考证可能是用一种火山岩雕塑而成，但这只是偶然现象，佛教主流还是从内陆印度传来。中国今天很多的乐器、音乐和舞蹈都是从西域传来，唐朝内陆是主要的开放地区。所以汉唐之时，中国最开放的地方并不是东部沿海。在这种情况下，东部沿海的人不可能具有思想开放、善于接受新事物的特点。从这种角度而言，海洋本身只是一个载体。

以上海为例，上海一直面向广阔的海洋，但为什么直到改革开放之时海洋才发挥作用？其主要原因就是人和环境发生了变化。所谓载体，不一

海洋与上海

定载来的都是好的，例如海盗。当世界各地的人类交往逐渐频繁，很多疾病也随着海洋上的船只而传播开来，所以现在海外进口的物资在港口海关都要进行检验检疫。海洋本身就是一个载体，至于如何利用载体，通过这个载体要传播什么，那是人类的事情。

四、海洋文化与上海

什么是海洋文化？不是有海就有海洋文化，离开了人类活动，文化就无从谈起。现在往往很多东西都被称为文化，但是文化不是物，人跟物发生关系才会产生文化。比如喝茶，茶叶长在深山里并不是文化；简单的制茶、制茶具也不叫文化。但是人去喝茶，人利用茶作为交际的工具，人把茶具作为欣赏的物品，这才是文化。所以我对海洋文化的理解，就是人类利用海洋的生产方式和生活方式。

马克思讲得很清楚，人类在满足了衣食住行的需求之后才可能发展文化。我们说的海洋文化，是指人跟海洋发生关系后形成的生产方式和生活方式。在此基础上再形成的一些习惯、规范、意识、思想、理论和信仰，可以称之为海洋文化。正因为我们对海洋的利用或者与海洋打交道的方式不同，所以才产生了不同的海洋文化。我刚才讲到地中海沿岸的海洋文化极为发达，海洋是其生产生活的重要方面，也是其政治活动的重要方面，比如海盗和海战。北欧部分地区受极夜影响，无法从事其他的生产方式，所以促生了发达的海盗文化。

除海洋的常规交往载体功能所产生的文化外，与军事有关的航海、舰艇文化也是海洋文化的一部分。有些国家对海洋非常重视，将其作为希望和未来所在；中国则在相当长的历史时期内忽视海洋，将其视为陆地的尽头。如苏东坡到了三亚，谓之"天涯"，实际意思是穷途末路。如今我们不会再有这样的看法，沿海地区已成为开放的前沿，这是与以往截然不同的文化认知。而这种认知的不同，正是源于对海洋利用方式的不同。然而即便如此，我们与真正的海洋性国家相比还有差距。我在新西兰的奥克兰看到，周末大批居民扬帆出海，或驾舟阖家而出，成群结队，上海和中国的其他海滨城市中有这样的景象吗？

从地理上讲，现今的上海地区包含一片古老的陆地。青浦、松江一带有一道略高于周边陆地的冈身，其西是古老的陆地（如广富林、福泉山等都在其中），其东的陆地则是新形成的，今天的上海即由这两部分构成，而海陆变迁对上海的形成起到很大的作用。时至今日，上海依然有涨有塌，如果加以合理利用，那么都可以转化为优势：淤涨有利于陆地的扩张，而冲刷则有利于优良深水港的形成和保持。长江沿岸港口的变迁与淤积冲刷不无关系：中华人民共和国成立后镇江港不停淤积，人工除淤也无济于事，镇江港口不断迁移；南通港受冲刷影响，港区愈深愈阔。上海之所以建港外高桥等地，跟冲刷条件不无关系。

就上海的发展轨迹而言，其最初是河港城市，而非真正意义上的海港城市。上海最早的现代码头在十六铺，中华人民共和国成立后因为万吨海轮进出困难，集装箱码头便移建至吴淞口一带，上海则依靠黄浦江深长及便利的河港优势逐渐发展起来。所以，并非有海洋就有海洋文化，也并非有海洋就必定有发达的海洋文明。我们研究海洋文化时要将它跟当地人的生产、生活联系起来。

总而言之，我对海洋的认识概括起来讲：第一，是地球表层的一部分；第二，海洋意味着资源；第三，海洋本身是载体；第四，是形成海洋文化的地理基础。海洋与上海的关系以及个人对上海的认识也可以从这几个方面来理解。

上海的名称是怎样来的呢？据谭其骧教授和一些学者考证，上海的得名是因为该地最早的聚落产生在上海浦，故而得名于这条称为浦的河。当时这一带有两条河，一条为上海浦，另一条是下海浦。取名字总要图吉利，当然要用上海，不会用下海。上海沿海区域有一个由海变陆的过程，它是最近两三千年从海上由冲积平原逐步形成的，但不是指如今的上海市区。1958 年之前的上海市只有很小的一块区域，连如今的外环线都没有包括全；我们今天讲的 6000 多平方千米的上海，是包括崇明岛在内的大上海。1958 年，中央将江苏省松江专区所属的十个县统统划入上海。上海的发展经历了由河港到海港、内贸转为外贸，从相对开放到真正开放的过程。

很多人认为上海海关是鸦片战争的结果，是帝国主义侵略的产物，其实不然。清朝就有江海关存在，主管从浙江乍浦到江苏云台山（今连云港）沿岸贸易，设在上海。清朝尤其是中前期主要发展内贸，限制外贸。沙船主如沙船世家上海郁家主要跑沿海，不跑远洋，这也符合沙船本身适于航行近海的特点。上海本为松江县的属县，为何江海关设上海而不设松江，甚至在清朝时期上海开埠之前，苏松太道这一监察主管也选择设于上海？

海洋与上海

其实，决定因素是黄浦江、苏州河水系的形成。

　　吴淞江又称淞江、松江，是上海地区一条古老的河道，也是太湖水入海的主要通道，近代称为苏州河。上海地区地势平缓，水流过后容易泥沙淤积，导致河道变窄。唐朝曾记载河宽二十一里，而后渐缩至九里、七里，甚至到最窄之处的三里，以致水流滞而不泄，故而吴淞江需不时疏浚。著名清官海瑞就曾疏浚过吴淞江。明朝对黄浦江整治过后，黄浦江变得又深又阔，适宜海轮通航，下游成为吴淞江新的出海口，十六铺也因之发展起来。吴淞江下游逐渐湮没。苏州河和黄浦江上游就成为上海连接广大腹地长江三角洲的优良水道。待形成规模水系后，上海水运优势凸显出来，以致并非府城的上海可以有胜于松江的条件，遂使江海关、苏松太道得以设在上海。顺黄浦江、苏州河而上，可顺利抵达江苏省的苏州府、松江府、常州府等地，以及浙江的嘉兴府、湖州府、杭州府，都可借此联系起来。上海的腹地是近千年中国经济、文化最发达的地方。

　　1843 年上海开埠，外贸日益兴盛，逐渐取代内贸。江南的蚕丝等物身价大为提高。浙江湖州的南浔镇在近代出了大量富人，主要就是靠外贸丝绸致富。另外如猪鬃、桐油的大量出口，带动了长江三角洲乃至整个长江流域的经济发展，而这些都是依靠长江流域和黄浦江、苏州河水系的水运得以实现。这是中国沿海其他地区所没有的优良港口和广阔腹地的强劲互动优势。

　　这也带动了上海成为人才交往的中心，一方面大批外来移民定居上海，另一方面腹地的大批人员通过上海走向世界，或从世界各国迁入或回归。近代的青年留学日本、法国，如邓小平等都是从上海走的。更早一点，清朝江浙一带和全国的大部分留学生，也都是从上海出发，到日本、英国、美国及其他地方留学。尽管鸦片战争前广州是唯一的合法的对外开放港口，但大量外国人进入中国，多取道上海。正因为上海有位于中国南北之中、江海之汇的有利地位，其作用才能充分发挥，内贸、外贸可以同时得到很好的发展。即便今天欧亚大陆桥已打开，新疆的很多物资还是自上海出口。

五、海洋与上海的未来

　　大家可能会问，既然上海有如此优越的海洋条件，那为何在历史时期长久得不到开发？其实归根到底，海洋只是个载体，需要人对其加以利用。

如今沿长江口如南通等地，甚至中国台湾的高雄、韩国仁川等地都在竞争航运中心的地位。从技术方面而言，如今的上海洋山港完全可以建成国际最好的深水港，可以容纳更大的船，得到更充分的发展。但洋山港的建设成本比较高，中间需要经过 27 千米的桥，而六车道的桥也未必够用。所以此桥的通运能力，一定程度上决定了港口的吞吐量。洋山港所在地现属浙江省，当中还有管理及利益分配的问题，这是值得注意的。而从商人的角度讲，吸引其走洋山港一线的诱因是相对更低的运输成本。

提及如今的上海和上海海洋文化，需要注意在开放与否的问题上，海洋的载体作用已经不再是决定性的。特别是物资以外的开放——人员开放、文化开放，这些已经不再主要依靠海洋载体，而是通过其他新的媒体，如互联网等进行开放交流。如果说当初地中海沿岸的人获得外来信息的主要途径是通过海洋，那么今天，即便海岛之人对信息的获得，其主要途径也已不再是海洋，而是互联网，人员的往来则多靠航空，所以不能夸大海洋在当今的作用。

对于物资尤其是大型物资的输送而言，海洋运输依然是主体，但需注意运输物资的类型，以更好地发挥上海的优势。比如一般的大宗物资不是很急，可用海运；贵一点的，像海鲜都会空运。所以即使对物资的运送，海洋作为载体的作用也在减少。同时要注意，就国情而言，政策、法规对经济的发展会起很大作用，沿海并不具有天然的开放优势。

所以不要忘记，沿海只是提供了相对有利的环境条件，而真正要使其在今后的开放和发展中发挥作用，除了我们传统所讲的港口和腹地关系，当地人的素质及其经济运作的环境是非常重要的。对我们国家而言，就是要有支持性政策。所以我觉得这样来认识上海就会看到，今天的沿海跟历史时期沿海城市、沿海地区相比，一部分海洋因素还在起作用，一部分在今天已不再起作用。所以我一再对沿海的城市、沿海的人说，不要以为本身本地具有天然优势，这些优势现在并不一定都存在了。所以，希望我们能全面理解海洋，全面认识海洋对上海未来发展的有利因素和不利因素。

泉州：海洋与世界 [1]

　　从地理环境的角度看，我国福建和希腊半岛是非常相似的。首先，这个地方多山少地，所以陆上的交通相当不便。第二个特点，河流非常短促，内河运输的条件不良。比如福建最大的河流闽江，它的流域很狭窄，流速比较快，很多地方河水湍急，如果是溯流而上，不利于航行。希腊耕地面积很有限，初级资源也不充足，所以希腊半岛内向的发展余地不大。福建与内地在地理上有山岭阻隔，与内地存在着民族与文化上的差异。福建在东汉以前很少发现有华夏文化传播的影响，比如文字的史料前期比较少。应该承认，福建当地的土著跟内地有比较大的差异。还有，福建跟希腊半岛一样，岸线长，天然港湾、半岛、岛屿多，航海的条件非常优越。

　　但是福建、希腊有什么不同？最大的不同，希腊是面临地中海的，而福建是面临太平洋的。在古代航程可及的条件下，希腊很快很便利地就能与外界发生联系与交流，而且在希腊外界，不远处就有不同的文化、不同的民族吸引着他们。而福建就不具备这个条件，当时福建附近的这些岛屿，包括台湾岛在内，发展都远远落后；在遥远的地方，包括东南亚、太平洋中的岛屿，在古代的条件下，往往是出于偶然性才会发生联系。福建这个条件跟希腊就完全不同。

　　所以，同样的环境，因为外部条件、人文条件的差异，希腊很快由希腊半岛联系到、发展到海上，进而扩大到波斯、北非，而福建长期缺少这样的条件。

1　2023 年 12 月 26 日，由泉州市文化广电和旅游局、澎湃新闻联合主办 "'我爱泉州'世遗之城创意传播榜发布暨'何以泉州'文化丝泉沙龙分享会"，本文为作者在分享会上的主题演讲。

江河流淌看中国

尽管今天的史料里面找不到直接的有关福建古代航海的证据，但是间接的史料我们还是可以发现的。比如《后汉书》卷85《东夷列传》：

会稽海外有东鳀人，分为二十余国。又有夷洲及澶洲。传言秦始皇遣方士徐福将童男女数千人入海，求蓬莱神仙不得，徐福畏诛不敢还，遂止此洲，世世相承，有数万家。人民时至会稽市。会稽东冶县人有入海行遭风，流移至澶洲者。所在绝远，不可往来。

这一条材料，讲到东鳀人，讲到澶州，讲到徐福将童男女数千人入海。后面讲到海岛上这些人，"时至会稽市"，就是经常到会稽来做买卖。这会稽是什么地方？东汉以前的会稽是包括今天的福建的，只是因为福建设立的行政机构比较少，所以大家往往就忽略了。这里面讲到了"会稽东冶县人有入海行遭风，流移至澶洲者。所在绝远，不可往来"，实际上就是指浙江南部跟福建，有人出于偶然的原因到了澶洲，而且讲到非常遥远，所以澶洲不一定就只限于台湾岛，我认为可能还包括更远的一些岛屿。实际上，从它的地理条件分析以及从这条材料看，我们可以说在福建古代，的确已经存在航海以及在海上探寻外界这样的活动。

为什么古代的中文史料不见记载？因为汉武帝取消了东瓯和闽越（粤）——以今天的温州为中心和以福州为中心的当地人的政权，把当地聚居的人口迁到了江淮之间，并且取消了原来已经设立的行政机构。我们发现在两汉之际，也就是西汉末年到东汉初年这一段时间里，当时中原人自会稽由海路迁到交趾（今天的越南北方），但是他们的结论是沿途看不到汉朝这些地方，那么这里的一切就不可能在史书上记载。尽管主流人士否定这是汉地，但实际上包括今天的广东、海南，包括越南的北方。

直到公元83年（东汉建初八年），"交趾七郡贡献转运，皆从东冶泛海而至，风波艰阻，沉溺相系"。当时交趾的七个郡，他们贡献给朝廷的物资都是沿海一路上去的。后来，当地地方官修通了翻越南岭的峤道（山路），才改成由陆路运输。所以我觉得这是很明显的证据，证明当时沿海的这一条运输路线是东汉前期官方的主要交通线。

另一个间接的证据是，412年高僧法显返回青岛，他首先到狮子国，也就是今天的斯里兰卡，在那里搭上商船，船航行到了今天的印度尼西亚这一带，再从这里北上。正常情况下，他应该是到达广州的，但这个船最后到了青州的长广郡，也就是今天的青岛崂山一带。既然存在这样一条路线，我们可以肯定，当时的商船航线是从南亚、东南亚通向中国；我们也可以推测商船在中国沿海停靠并不止一个长广郡，应该也包括今天的广东、福建、浙江沿海。

但是使这条海上交通线成为一条主要的航线，以至形成我们后人所产生的"海上丝绸之路"概念的契机，还是755年安史之乱。因为安史之乱，陆上的交通线断绝了，但是那些阿拉伯、波斯的商人，他们是以商业、以长途贸易作为他们主要获取财富的方式，是利益来源，甚至是他们的一种生存手段。他们为了维持这样一个产业，维持他们的生命线，就不得不转到海上。转到海上以后，他们很快就发现，海上交通运输的优越性是陆地无法替代的。

首先运量大、成本低。阿拉伯、波斯商人意外地发现了一个商机。因为当时的船本身是木结构的，它自重轻、重心不稳，所以在海上航行必须在舱底放上石头，就是压舱石，以增加稳定性；或者在水密舱放上水，也是起到压舱作用。他们到了福建，到了中国以后，发现本地的日用瓷器非常便宜，所以就改成用日用瓷器代替压舱石，这就增加了运量；而这些瓷器又是商品，中间转运东南亚或者运回阿拉伯，可以获得巨额利润。光这一项，就增加了他们海上运输的利润。所以安史之乱平息，即使陆路重新开通，他们也没有转回陆路。

现在很多人误解，认为丝绸之路一直存在到近代，其实在安史之乱以后，这条道路已经不用了。现在西方人讲的此后的"丝绸之路"，只是指新疆到中亚之间的道路，不再是指从中国的古都长安、洛阳通过撒马尔罕连接西方的这条路。

这条航路转到海上，并不是转到泉州、转到福建，一开始都是延续着传统的海上交通线。我昨天（2023年12月25日）再次参观海上交通史博物馆时进行了比较，比如北海的博物馆，它里面的展品有很多是2000年以前的，包括罗马的、早期波斯的，比如玻璃之类，但这里早期是没有这些东西的。

在唐朝，当时海上交通和外贸重要的地方是扬州，是广州，是明州（今天的宁波），然后才是泉州。但是到了唐朝末年，广州遇到了一个重大灾难，黄巢的军队把在那里聚集的十万阿拉伯、波斯商人杀了。而在这以前，广州已经形成了以这些海上来的商人为主的社区，被称为番坊，里面的长官被称为番长，也就是外国人。唐末五代扬州也经历了重大战乱，明州一带也不安定。泉州由于当地的割据政权一贯是保境安民、服从朝廷，所以得到了很好的发展机遇。从唐朝后期开始，海上交通和外贸的重心逐渐转移到了泉州，所以我们现在看泉州发展主要还是从唐朝后期开始的。

同样的地理条件，它要有天时，还要有人和的因素。所以泉州获得的机遇，不仅是长期远离战乱；另一方面，到了唐朝后期，随着南方与福建的经济、商业、手工业的发展，瓷器、茶叶、丝绸等是重要的出口物资，福建有商品上的优势。另外，福建有优质的木材可供造船、修船，还有充足的人力资源。

总的来讲，泉州的发展包括"海上丝路"，在大多数情况下是被动的，不是主动的。比较主动的阶段，一个是在宋代。比如1087年（宋朝元祐二年）泉州设立市舶司，从法律上讲，宋朝开放的贸易主要还是沿海，而不是对外。当时法律明确规定海上的贸易不能包括日本、朝鲜，更不能包括北方的契丹辽国；如果跟朝鲜、跟日本贸易，是要经过特殊批准的。客观上讲，宋朝政府在一定程度上是支持开发海上贸易的，这个立场是以前没有的。最开放的时代是元代。元朝不仅基本上全部放开了对外贸易，而且地方政府还可以用今天的贷款形式支持外贸。当然最重要的背景就是蒙古人除了建元朝以外，成吉思汗的子孙还建了四大汗国，疆域一直到东欧，包括阿拉伯，甚至扩大到北非的一部分区域。所以，元朝应该是中国历史上真正的对外贸易、海上交通的黄金时代。可惜这个时间是比较短的。虽然时间短，但给我们人类留下了宝贵的财富。

各位一定知道元青花瓷，今天世界上真正的青花瓷是非常宝贵的，它的产品屈指可数。元青花瓷的发展离不开颜料，原料来自今天的阿富汗和伊朗东部，含金属钴的青金石。在海上贸易之前，青金石要运到中国很困难，到有了海上贸易以后，大量优质的青金石运到了元朝，中国生产出了最高质量的青花瓷。现在世界上青花瓷艺术品保存最多的地方在哪里？第一是在土耳其伊斯坦布尔老皇宫博物馆。我去看过两次，第一次看它们是集中的，第二次去看已经分散到各个馆，比如说原来的餐厅，原来的客厅，那是非常精美的青花瓷。第二个地方，在伊朗首都德黑兰的伊朗国家博物馆，那里面是集中的，你可以看到很多大件，而且非常精美。为什么出现这个结果？因为青花瓷在元朝基本上是专门生产的出口产品，主要是外销的，再加上海上丝绸之路，把这些珍贵的产品都运出去了。我想，这可以是当时外贸繁荣非常好的例子，主要就是通过海上丝路。

这条丝绸之路怎么会衰落呢？首先是阿拉伯本身航海的衰落。进入大航海时代，主要是欧洲的几个国家：荷兰、葡萄牙、西班牙，以及英国。同时，明朝从朱元璋开始，朱元璋表面的理由是要防范倭寇，另外他一直认为他原来的对手像张士诚、方国珍的残余势力跑到了海上，还有一个他还没有公开表达，就是要加强对国民的控制，所以曾经实行海禁，地方官严格执行。当时有说法，"片板不许下海"，非常严格。

但是我前面分析的地理条件以及泉州与福建的实际情况，大家可以想象这禁得住吗？禁不住的。所以民间贸易、民间的航海从来没有停过。但是因为这属于违法，属于走私，受到官方的镇压，所以这些人被称为海寇、海盗。

地方官员了解地方的情况，也了解民间生存的需求，再加上明朝的制度，地方官员合法的收入非常低，他们的合法收入不仅不能够使自己过体面的生活，甚至连办公费用都不够，相当一部分办公费是自筹的。所以在这种情况下，泉州跟福建的地方官实际上一直是支持或者默许民间贸易的，包括当时要打击的那些海寇。但是一旦受到朝廷的压力，他们也就不得不采取措施，往往是把他们驱逐走。所以，这样一些大的民间贸易或者走私集团，不得不在海外建立自己的基地。

比如郑成功的父亲郑芝龙在日本建了基地，又在台湾岛北港建了基地；像以前的汪直，还有那些有名的所谓海寇，他们有的就在沿海的岛上建立自己的基地。民间贸易实际上从来没有停止过。但是应该承认，在这样一种国内统治者的打击下，他们没有可能直接从事远洋贸易，所以包括郑芝龙这些人在内，他们基本上的贸易范围就是以马尼拉为一线，再往欧洲，实际上都是被荷兰、西班牙、葡萄牙以及以后的英国垄断——著名的东印度公司一度就是荷兰人垄断的——这里面我们看不到中国或者福建商人的活动。

到了清康熙年间，为了封锁沿海地区，限制郑氏政权的活动，也为了切断他们与大陆的联系，就实行"迁海"，规定从辽东半岛到雷州半岛，所有沿海居民要内迁。在执行中，下面层层加码，所以有的地方甚至造成了一百多里的沿海无人区。因为是配合军队、配合地方政府的，对民间贸易的确造成了很大的打击。

到了清朝，它原来四个正常的通商口岸，到乾隆年间几乎全部关闭，只留下广州一口通商。鸦片战争后,清朝才在帝国主义压力下,将原来的口岸恢复,并增加新的口岸。

这样,我们可以看出泉州与这条海上丝绸之路的关系。我们不得不承认,它主要还是在外界的推动下形成的。

我曾经讲过唐朝的情况。我们现在都说唐朝很开放,但是严格讲唐朝是开而不放,唐朝对外文化的影响是传而不播。这怎么解释?当时唐朝的首都长安的确集中了很多外族、外国人。我们看泉州,海交馆里那么多证据,证明当时中国的门、泉州的门是打开的,但是放了没有?泉州人、福建人到了阿拉伯,到了波斯,到了欧洲没有?我们到现在为止找得到这样的例子吗?宋元有关泉州开放的三件史料里面,《云麓漫钞》和《诸蕃志》的作者从来没有离开过宋朝,是根据外来内容由他们记录的;只有汪大渊是自己出去的,但他说得很清楚,是搭乘外国的商船。比如周达观写《岛夷志略》,他倒是自己出去的,但他是元朝派出的使者。唐朝我们现在能够找到的有名有姓的到了外国的,屈指可数。一个是杜环,怛罗斯之战的俘虏,他之所以能够留下一千多个字的《经行记》,也是各种偶然因素。第一,他被俘以后没有被杀掉;第二,他是有文化的,能够把经历记下来;第三,他很幸运被阿拉伯人放回来了;第四,他回来以后又很幸运,他的堂叔父杜佑是当朝宰相,正在编《通典》,把他的文章收在里面了。要是其中缺少一个因素,唐朝就没有一个人会留下到了外国的确切记录。

从这个角度讲,我们可以看看泉州到福建,历史上有没有自主的开放意识,以及自主开放的条件?

看今天和未来,泉州又一次非常幸运,联合国教科文组织在 1991 年组织了一次"海丝之旅",认定泉州是海上丝绸之路出发地。但泉州真正得到的开放机遇,是改革开放。中国的改革开放,使我们不仅在实际上跟世界重新联系起来,而且我们从政府到民众的观念都有了重大改变。

泉州最新的机遇,当然是中国的"一带一路"倡议。"一带一路"倡议最早是说"一带"就是丝绸之路经济带,"一路"就是 21 世纪海上丝绸之路。当时提出来的口号,以及国家的有关文件里面明确讲了福建是 21 世纪海上丝绸之路出发地。

对泉州、福建的"海上丝绸之路"的未来到底怎么去理解?我们到底怎么来做?历史上这条"海上丝绸之路"不是我们泉州或者福建主动的,而是客观的结果,今天我们是主动还是等着外界来主动?历史上的海上丝绸之路主要是经济交流，文化上也是我们开放接收人家的。我们今天看这些刺桐城的遗址，看这些阿拉伯人、波斯人，看伊斯兰教、基督教、印度教、摩尼教留下来的遗址，很明显不是我们华夏的传统文化，而是外来的，后来它们融入了本地文化。

今天我们要保护文化遗产，我们要走向世界，我们到底怎么样在保持我们中华文明主体的情况下融合其他文化？今天在泉州、在福建、在中国，我们既面临着前所未有的机遇，又要有充分准备，我们也面临着前人没有遇到过的挑战。

让中华民族在开放中保持和扩大活力

为纪念郑和航海600周年，我写过几篇文章，参加过多次会议，但在这一天到来时，我又有了几点感想。

作为纪念活动，600周年自然是百年一遇的好日子。但就研究而言，599年与601年本身不会有什么区别，关键还看是否有新的成果。

1990年，我作为中国史学代表团的一员去马德里参加第21届国际历史科学大会，这次会议的主题之一就是纪念哥伦布发现美洲500周年。在近年来召开的世界性的学术会议中，包括历史学、地理学等方面，还没有听说将郑和下西洋作为主题的；在我出席的一些会议中，与会者知道有郑和其人其事的也屈指可数。这当然与长期流行的西方中心主义有关，但平心而论，到目前为止，我们对郑和航海的事实和影响，都还缺乏相应的了解和研究。同时我们也应该承认，根据现有的研究结果，郑和航海对世界历史进程的影响，的确还不如哥伦布发现新大陆。

研究是纪念的前提，而史料是研究的基础，只有充分发掘出与郑和航海有直接或间接关系的史料和证据，才能尽可能全面准确地复原郑和航海的事实，而不是像目前有些人那样完全凭想象塑造出一个郑和来。在间接证据方面，还包括运用现代科学技术对以往的记载加以验证，去伪存真。例如，对郑和"宝船"的真实性和具体尺寸的可靠性长期争议不决，如果能够按等大或一定比例仿制一条"宝船"，沿着当年的航线重驶一次，很多问题就能迎刃而解。

两年前（2003年），我曾经到过肯尼亚的拉姆岛，附近的小岛就是盛传发现郑和船员后裔的地方。但据我向当地博物馆馆长了解，还拿不出确切的证据，郑和船队在东非的活动也没有留下任何遗物和遗迹。

郑和航海并不是为了在海外建立殖民地或留驻军队，也不是为了从外国掠夺奴隶和财富，所以他和部属的活动主要是在船上，登陆后只限于临时留驻，没有留下遗址遗物是完全正常的。如果这里有郑和筑的城堡，那里有郑和经营过的港口，那倒与西方殖民主义者没有什么区别了。

至于说，小岛上某村有郑和随行船员的后裔，其实已是流传多年的一种传说，只是随着寻访者的增加而越来越具体。遗憾的是，稍有价值的证据始终人云亦云。例如馆长告诉我，据说当地墓葬上曾经有中文字，有的民居上有中国特色的装饰，但连他也没有亲眼见到，只是听说而已。不过随着对郑和航海纪念的升温，原来还是可能的事居然成了事实。近日一位肯尼亚少女来到中国，媒体居然直接称之为郑和随行船员的后人。不管出于多么良好的愿望，这样不严肃的态度都是不可取的，也不利于在民众中普及历史和科学知识，确立郑和航海的正确形象。

拉姆岛处于阿拉伯与东非之间的航路上，离东亚大港蒙巴萨（有关郑和的史料中称为慢八撒）不远。15世纪前后，大批阿拉伯海船来往于此，至今岛上的居民还是以阿拉伯人为主。既然阿拉伯人长期保持着与中国东南沿海的航线，同时又与东非之间频繁往返，与阿拉伯有密切关系的回族人郑和就没有理由不利用这些现存的航线，中国船员或商人随同阿拉伯人来到拉姆岛一带也在情理之中。所以，即使那些人确实是中国人的后裔，目前也无法肯定他们是否与郑和船队有关。其实要证实这些人是否中国人后裔，完全可以通过DNA进行检测，可惜有些人已经匆匆忙忙弄假成真。

2001年元旦，我在南极长城站迎接新千年的曙光。长城站所在的乔治王岛，是由英国海军部派遣的人员于1820年发现并命名的。在我们附近有俄罗斯的别林斯高晋考察站，是为了纪念俄国的探险家法捷伊·法捷耶维奇·别林斯高晋。他率领900吨的东方号和500吨的和平号先后四次穿越南极圈，于1821年发现了两个岛屿，分别命名为彼得一世岛和亚历山大一世地。1820年是清朝嘉庆二十五年，1821年是道光元年，正是两位皇帝交替之际，也是"乾嘉盛世"的终点。尽管如此，清朝的国力还没有衰落到造不出不足千吨的木帆船，而是由于郑和航海的流风早已烟消云散，当时的中国人对西方在海洋和南极的竞争一无所知，几乎没有一点海洋意识。

感慨之余，我想起了几天前对俄罗斯南极考察站站长的采访。他告诉我，20世纪90年代以前，他们考察站收到的寄自国内的圣诞和新年贺卡多得要用筐装，"可是现在，几乎没有"。他最伤心的还不是近年来经费和设备的捉襟见肘，而是俄罗斯民族南极意识的衰退。

我们应该承认这样的事实：作为一个主要以大陆农业为经济基础的国家，中国历来缺乏海洋意识，郑和航海是绝无仅有的伟大事件。正因为如此，纪念郑和的一个重要目的，应该是培植全民特别是青少年的海洋意识，要让郑和的事迹家喻户晓，人尽皆知。这不是为了陶醉于昔日的辉煌，而是要着眼于未来的世界。

郑和是回族，他的先世来自中国境外。元朝接纳了大量来自西亚、中亚和欧洲的移民，其中一部分逐渐形成回族。郑和的观念和知识与其民族、家族的传统不无关系，他的祖父和父亲都到过伊斯兰教的圣地麦加，他与阿拉伯人有着天然的联系。但中国的土地和文化养育了郑和，他是中华民族的骄傲，并未因他的外来血统而有丝毫影响。

实际上，中华民族在形成和发展的漫长岁月里，已经吸收了大量其他民族的成分，包括大批来自境外的移民，郑和家族既非第一，也不是最后。今天我们纪念郑和，就是要把中国的门开得更大，让中华民族在开放中保持和扩大活力，孕育更多的郑和。

从历史地理认识郑和航海的意义 [1]

从 1405 年（明朝永乐三年）起，由郑和率领的庞大船队进行了人类历史上规模空前的七次航海，历时 28 年，遍及亚洲和东非 30 多个国家和地区，充分显示了当时中国已达到的科学技术水平和经济实力，进一步加强了中国与外界的联系，产生了巨大的影响。

600 年过去了，世界和中国都已发生了翻天覆地的变化，并且逐渐连成一体。当年郑和探寻的航路早已成为各国之间来往频繁的航路，他到达的国家和地区都已成为世界大家庭的一员。尽管他与随行人员们早已是历史陈迹，但他们对人类的影响会永久存在，并且已经超越了中国、亚洲和东非的范围。

无论对中国还是对世界，郑和航海都不是一个孤立的、偶然的事件，而是政治、经济、文化、科学技术发展的必然产物。我们今天纪念郑和航海，也正是为了从中汲取人类共同的智慧。

一、郑和航海是中国航海事业和科学技术长期发展，特别是宋元以来航海发展的必然结果，也是对外开放、中外交流的必然产物

至迟在春秋时期，中国的沿海航行就已经相当普遍，并广泛用于军事和民事。公元前 3 世纪，成熟的航线已扩大到朝鲜、日本及周边的岛屿。

成书于公元 1 世纪的《汉书·地理志》记载了由中国南部通往东南亚、

1 自 2004 年初至 2005 年，笔者参加了多次纪念郑和航海 600 周年的学术讨论会，在会上与报刊发表过多篇论文和评论，现将主要观点和内容汇为本文。

南亚的航线：

> 自日南障塞、徐闻、合浦船行可五月，有都元国；又船行可四月，有邑卢没国；又船行可二十余日，有谌离国；步行可十余日，有夫甘都卢国。自夫甘都卢国船行可二月余，有黄支国，民俗略与珠崖相类。其州广大，户口多，多异物，自武帝以来皆献见。……平帝元始中，王莽辅政，欲耀威德，厚遗黄支王，令遣使献生犀牛。自黄支船行可八月，到皮宗；船行可二月，到日南、象林界。黄支之南，有己程不国，汉之译使自此还矣。

这段文字可以看成当时南方对外航线的总结。尽管对其中一些地名的今地目前还有不同看法，但可以肯定的是，覆盖东南亚和南亚大部分地区的航线已经纳入汉朝的控制之中，并且已由官方派遣"译使"，具有语言沟通能力。

魏晋南北朝期间，海上交通是联系中国与南亚、西亚的重要途径。412年（东晋义熙八年），高僧法显由今印度搭乘商船回国。此船载客200人，按正常情况可在50天内到达广州。隋、唐、宋、元时期，中国与朝鲜、日本、东南亚、南亚、西亚间频繁的航海活动，不仅密切了相互间的联系和交往，也使中国的航海技术日益发达。中国人对海外的了解逐渐深入，官方和民间都积累了丰富的航海知识和经验。如随高仙芝西征而于怛罗斯（今哈萨克斯坦的江布尔）被俘的杜环，于宝应初（762年）搭乘商船由大食（今阿拉伯半岛）回到广州，说明在西亚与中国间已有稳定的航线。元朝与蒙古四大汗国的并存，促进了中国与外界的海上交通。除了见于《元史》《新元史》外，这一时期还留下了《大德南海志》《真腊风土记》和《岛夷志略》等重要专著。其中汪大渊所著《岛夷志略》涉及的国家和地区达220多个，远远超过了宋朝的《岭外代答》和《诸蕃志》等书。这固然与作者前后两下东西洋、游踪广远有关，也得益于当时发达的航海业和中外之间的广泛交往。

正是长期积累的航海经验、技术和大批无名的航海家的存在，郑和的船队才能在短时间内启航，并能持续多次。就是郑和本人，也充分体现了中外交流的结果。郑和是回族，是外来移民的后裔，本人出生于云南。他的祖父和父亲都到过伊斯兰教的圣地麦加，因此他不但从小有机会了解阿拉伯地区和境外的知识，还具有汉族传统文化中所缺乏的外向观念。从这一意义上说，处于这样一个时代的郑和成为一位伟大的航海家并不是偶然的。

郑和航海固然是中国航海史上的一次重大飞跃，却是建立在长期、稳固的发展基础上的。

二、郑和航海是明朝初年国力强盛的集中表现

据《明史》等记载，郑和首次下西洋时，"将士卒二万七千八百余人，多赍金币。造大舶，修四十四丈、广十八丈者六十二"。对郑和航海的规模，历来并无疑问，这充分显示了明初的国力。哥伦布、麦哲伦等率领的船队根本无法望郑和之项背，这完全取决于中国与其他国家整体实力的对比。

从金元之际到明初，中国的北方天灾人祸不断，但南方受影响较小，并且一直得到开发和发展。元代，中国的南北人口之比达到了空前绝后的程度，南方的人口超过了总人口的 80%。在元末的战乱中，朱元璋正是凭借南方的人力和物力作为消灭北方的元朝和其他割据势力的基础。明朝初年，南方不仅提供了全国多数的粮食和物资，也是移民的主要输出地。到1393 年（洪武二十六年），全国人口已经恢复到 7000 万以上。在一个基本自给自足的农业社会，这意味着粮食和主要生活物资的产量也已达到了相应的高度，这就为郑和航海准备了充足的物质基础。

明初丰富的人力资源中还包含着一批训练有素的船工水手。据《明实录》卷 70 记载，1371 年（洪武四年），征调"方国珍旧部"与沿海贫户"充船户者，凡一十一万一千七百三十人，隶各卫为军"。可以肯定，当时明朝军队中从事航海的人员应在 11 万人以上，而散在民间的船户也不在少数。所以，郑和要征集上万名船工，仅从军队中就能办到。即使连续出动，也能保证船的正常替补和轮换。从如此多的船工也可以推断，相应的其他人员如船舶的制造、维修、补给也相当充足。

所以，尽管七次航海耗费了巨大的物资和财富，但明初的经济和社会并未受到明显影响。与此同时，明朝正新建北京的皇宫，迁都北京，纂修《永乐大典》，出兵安南，明成祖多次亲征鞑靼、瓦剌，治理黄河水患。这些项目都要耗费巨资，或动员大量兵力和人员，这说明当时的经济相当发达，积累相当丰富。

三、郑和航海的成就对中国历史具有相当深远的影响

由于此后明朝实行海禁，也由于郑和航海的档案被毁，影响了后人对郑和航海意义和影响的认识。

关于郑和航海档案的下落，最具体的叙述见于《殊域周咨录》：

成化间，有中贵迎合上意者，举永乐故事以告，诏索郑和出使水程。兵部尚书项忠命吏入库检旧案不得，盖先为车驾郎中刘大夏所匿。忠诘吏，复令入检三日，终莫能得，大夏秘不言。会台谏论止其事，忠诘吏谓"库中案卷宁能失去？"大夏在旁对曰："三保下西洋费钱粮数十万，军民死且万计，纵得奇宝而回，于国家何益？此特一弊政，大臣所当切谏者也。旧案虽存，亦当毁之以拔其根，尚何追究其无哉！"忠竦然听之。

《明史·项忠传》和《刘大夏传》均未提及此事。但《刘大夏传》称："成化初，……乃除职方主事，再迁郎中。明习兵事，曹中宿弊尽革。所奏复多当上意，尚书倚之若左右手。汪直好边功，以安南黎灏败于老挝，欲乘间取之。言于帝，索永乐间讨安南故牍。大夏匿弗予，密告尚书余子俊曰：'兵衅一开，西南立糜烂矣。'子俊悟，事得寝。"或许因此将毁坏郑和航海档案一事附会在他身上。《殊域周咨录》成书于 1574 年（万历二年），已在郑和最后一次航海的 100 多年后。作者严从简虽曾供职行人司，此说显然并无确切证据，或许即因刘大夏有此事迹而加以附会。但这种说法也反映了到明朝后期，由于长期受到官方海禁政策的影响，舆论对郑和航海评价的转变。因此，到目前为止，郑和下西洋的档案是否被刘大夏销毁只能存疑，但这些档案到明朝后期已不复存在当是事实，而真正的原因，只能归咎于明朝对外政策和航海管理的改变。

原始档案的散佚影响了后人对郑和航海全过程的了解和研究，一些重要的数据也因此而变得无法查考。但随着郑和随从的回忆和民间的记载不断问世，郑和七次下西洋的业绩还是得以流传。

马欢的《瀛涯胜览》（一卷），其序作于 1416 年（永乐十四年），当时下西洋的壮举还在进行；而当该书于 1451 年（景泰二年）完成时，离最后一次下西洋才 20 多年。更重要的是，马欢亲历了第四次、第六次和第七次下西洋，并担任翻译，此书的重要性不言而喻。

费信《星槎胜览》（二卷），成书于 1436 年（正统元年），离最后一次下西洋才几年。作者于永乐、宣德年间曾四次随郑和下西洋，也是以亲身经历为基础的记载。

巩珍《西洋番国志》（一卷），成书于 1434 年（宣德九年）。作者曾于宣德五年以随员身份随船队通使西洋，往返三年，历 20 多国，所记大多为自己的见闻。

郑和时所用航海图的原本虽早已失传，但在茅元仪《武备志》中收录了《自宝船厂开船从龙江关出水直抵外国诸番图》（俗称《郑和航海图》）。该图起自南京，最远至东非的慢八撒（今肯尼亚蒙巴萨），绘有沿途的海域、岛屿、港口、居民点、礁石、浅滩等，列出自太仓至忽鲁谟斯针路 56 线，自忽鲁谟斯回太仓针路 53 线。所录约 500 个地名，其中外国地名约 300 个，约为《岛夷志略》所录外国地名的三倍。所附《过洋牵星图》四幅，提供了当时的船队如何利用天文导航的实例，具有相当高的科学价值。

黄省曾《西洋朝贡典录》（三卷），成书于 1520 年（正德十五年）。此书虽属编集，但郑和航海所用《针位》原本已佚，因此书收录而得以保存。

张燮《东西洋考》（十二卷），成书于 1617 年（万历四十五年）。作者虽已远离郑和时代，但他"间采于邸报所抄传，与故老所传述，下及估客舟人，亦多借资"，作了大量调查考察。特别是书中《舟师考》（一卷），详细记载了航海技术、天文地理和海洋科学知识，是对郑和船队、民间航海和沿海舟师丰富的经验和知识的概括，从中可以看出郑和航海的基础和影响。

严从简《殊域周咨录》（二十四卷），成书于 1574 年（万历二年）。作者曾任行人司行人，有条件查阅和使用行人司等机构的档案和资料，其中不少史料为《瀛涯胜览》《星槎胜览》所不载。

此外，还有慎懋赏《海国广记》（不分卷）、郑晓《皇明四夷考》（二卷）、茅瑞徵《皇明象胥录》（八卷）、罗曰聚《咸宾录》（八卷）、杨一葵《裔乘》（八卷）等书。至于流传于民间的各国海图、针路图更不计其数，直到近代还有发现。

官方政策的改变并不意味着郑和航海的影响已经消失，实际上，终明一代，民间航海从未停止，并且不断发展。如福建的走私贸易一直是当地主要产业，并且是地方财政的重要来源。"倭寇"其实是以中国人为首、为主的武装走私集团，而颜思齐、郑芝龙等"海盗"集团与日本等海外各地有广泛的贸易关系。海外对中国的了解，包括此后西方航海家、传教士、殖民者对中国的兴趣，无疑也得益于郑和航海留下的影响，只是由于记载缺乏，难以复原。

四、客观认识郑和航海的局限

用今天的眼光看，郑和航海的目的显得片面甚至可笑。特别是从物质利益衡量，明朝既未获得任何有价值的回报，也没有增加属国和势力范围，更没有建立殖民地。但这一结果却符合中国历史发展的趋势和当时的现实需要。

从明朝的实际出发，郑和航海的目的本来就只是宣扬国威，以此保障本国的安全。当时明朝直接统治的领土已大致恢复到汉唐的郡县部分，足以养活它的 7000 万人口，并且有很大余地，完全没有必要向外扩张。而且，经过郑和航海，并没有发现海外存在着对明朝的威胁，即使从战略上考虑，也没有必要以攻为守，或采取先发制人的措施。明朝的海防着眼于守卫本土，符合实际形势。

中国传统的夷夏之别和以中原为核心的天下观，决定了统治者和士大夫都不可能形成客观的世界观念。另一方面，在外部世界对中国还不具有明显的优势时，在中国人对外界尚未充分了解时，这种传统观念是无法动摇的，所以不能想象明朝的统治者会将郑和航海当成对外开放的措施，也不能想象会随着郑和航海的进行而改变。

像明朝这样一个大国要对外发挥积极作用，采取行动宣扬国威，是完全正常的。郑和的船队主要由船员和文职人员构成，军队的数量不多，主要用于礼仪和自卫。不得已动武时也相当节制，并且没有在外国留驻军队，或建立军事基地，更没有趁机建立殖民地，是值得称道的和平外交。

郑和航海期间实行的政策也符合沿途各国的实际。这些国家和地区当时还处在相当落后的状况，并不具备与中国建立经常性的、大规模的贸易或交流的条件。郑和船队在经停地点如东非、西亚等未留下遗址遗迹，正说明其目的不是侵略和扩张，不愿也不必在经停地兴建经营。这种与西方殖民主义者截然不同的做法，正是郑和和明朝人爱好和平、光明磊落的表现。

但是凡事都有度，宣扬国威同样如此。一个国家政府的收入总是有限的，在保证经常性开支的前提下，能够用于特殊、临时、额外开支的钱不可能很多，偶尔增加可以动用积累，一旦成为经常性的开支就必定会影响其他正常项目，除非能找到新的财源。郑和远航每次都要组织庞大的船队，筹备维持这支船队正常航行所需的人员和物资，配备两万多人在海上长期生存的物资，携带无数显示明朝富足的商品和赠送各国的礼品。20世纪80年代，我国出动5000多人赴南太平洋观测导弹发射，已经是和平时期最大的海上动员；赴南极设立长城站时，也只动用了数百名海军。相比之下，我们可以明白，当初动用两万多人远航的花费是何等巨大！何况一而再，再而三，平均每四年就有一次！与此同时，明朝政府还要为建造北京的宫殿和城市、迁都北京、打击元朝残余势力筹集经费。要是根据国家利益和民众的需求来排出轻重缓急，下西洋显然不会排在首位。即使首次下西洋能排上首位，也不可能次次都如此。

明朝以前，中国历代具有一定影响的地域范围是今天的东北亚、东南亚和南亚。但是真正来往比较密切的，还是朝鲜半岛、日本列岛、中南（印度支那）半岛。唐宋以降，阿拉伯商人频繁往返，有的还在中国长期居留，但双方从未建立官方联系，中国人很少参与阿拉伯的贸易，或者进入阿拉伯地区。就是在明朝影响所及的范围内，人员和物资的来往也很有限。所以如果仅仅是为了宣扬国威，明朝并没有必要将航程扩大到传统的影响范围之外。以科学考察、贸易殖民为目的，自然越远越好，但到达一个以往完全不了解的地方，在可以预见的未来也没有来往的可能，一旦有事则鞭长莫及，起不到什么宣扬"国威"的作用。即使对方知道了你的"国威"，又能怎么样？

贸易要讲平等互利，今天已是常识，但郑和时代中国人却没有这样的概念。首先，中国从皇帝到臣民都相信"天朝无所不有，无须仰赖外人"。而且实际上，要维持一个农业社会，养活当时大约7000万人口，中国自己出产的粮食和物资也绰绰有余。而朝鲜、越南、缅甸、老挝、琉球等属国和日本等邻国，的确不如中国富强，尽管其中有些国家已深受中华文明影响。至于更远的其他国家，在明朝人的眼中还是不懂天朝礼仪的"蛮夷"和茹毛饮血的"生番"。一方面自己并没有需要，另一方面对方又比自己贫穷落后，以为人家都有求于自己，所以就只有"朝贡"，而不会有真正的贸易。

所谓"朝贡"，必须有对方向中国称臣的前提，即承认政治上从属于中国，其君主的地位低于中国皇帝，只相当于中国的臣子。所以对方只有向中国"进贡"或"纳贡"的义务，没有讨价还价的权利。"贡"什么，"贡"多少，用什么方式，从什么地方，来多少人，可以停留多久，都得由中国方面决定。选择"贡品"也不是根据双方国民的需求和实际产量，而是出于中国皇帝或主管官员（有时甚至是具体经办人员）的爱好，或者只是为了维持传统。但另一方面，中国是天朝大国，对小国、臣下、"蛮夷"自然要"薄来厚往"，"赐"的物品一定要比对方"贡"的更多、更好、更值钱、更体面。"赐"物中虽然也有对方的确需要的商品物资，但另一部分却是贵而无当的礼品，中国方面花不少钱，对方带回去却没有什么用。除非对方有眼光保留到今天，才能成为珍贵文物。

郑和进行的就是这类"朝贡贸易"，带出去的是金银财宝、古玩文物、丝绸、茶叶、瓷器，带回来的或由各国使者随后"进贡"的，却是对普通百姓毫无用处或者根本无权享用的福鹿（长颈鹿）、狮子、珍珠、宝石、沉香、苏木、胡椒等。有的长期储存在国库备用，有的还得花钱供养，如要在冬天相当寒冷的北京饲养原产于东非的福鹿，政府的开支和编制都要增加。"朝贡贸易"的规模越大，民众的负担越重，政府的开支越紧。宣德年间曾一度无法开支官员的俸禄，只能将国库积存的苏木等折价代币。

这就不难理解，在抵制郑和远航的同时，明朝的民间势力却在为打破官方的海禁令而一次次抗争，甚至不惜雇佣日本武士，打着"倭寇"的旗号坚持武装走私。从明朝中叶开始，从境外传入中国的新作物——玉米、红薯、土豆、花生迅速传播，成为开发南方山区和养活亿万人口的物质基础。

五、实事求是地开展郑和航海史的研究，准确认识郑和航海的历史意义

由于史料不足和以往研究中的某些片面性，对郑和到达的范围、船队规模和涉及的科学技术问题等方面尚待深入研究。但无论如何，应采取实事求是的态度，切忌片面夸大郑和航海的成就。郑和航海固然是中国人的光荣，但也是全人类的成就。郑和属于中国，也属于世界。应该看到，郑和早已引起了世界学术界、科技界、航海界的重视，一般来说并不存在蓄意贬低其成就、歪曲其历史贡献的现象，因此对不同意见不应随意作政治化、情绪化的判断。同时，必须坚持严肃的科学态度和学术规范，不能把可能性当成必然性，对标新立异的说法不能轻信。

郑和船队中最大的"宝船"究竟有多大？史料中的说法是，长四十四丈

四尺，阔十八丈，可容一千人。多数人认为这些数据准确，因而深信不疑。有人还根据其他间接的记载和自己的理解，复原出了宝船的样式。但怀疑者却对宝船究竟有没有那么大、船的长宽比例是否可行提出疑问。有一位船舶力学权威专家更从科学技术角度指出，这样大尺寸的木结构船，又是这样的长宽比例，是不可能用于海上远航的。争论已存在多年，由于现存的文字记载过于简略，间接的资料又不具说服力，显然无法得出令人信服的结论。

文物遗存或许可以提供一些证据，如南京龙江船厂遗址中的船坞长约 300 米，宽约 30 米，水深约 1 米。1974 年，南京定淮门附近出土一个长 2.65 米的大铜锚，南京博物馆、福建泉州海外交通史博物馆、广州博物馆都藏有大铜锚或大铁锚。1957 年在宝船厂遗址还发现过一根长达 11.07 米的巨型舵杆，从它的长度和结构分析，安装的舵叶高度超过 6 米。有人分析，安装如此巨大船舵的船舶长度应在四十八丈至五十六丈之间，比郑和最大的"宝船"还大。随同郑和下西洋的巩珍在《西洋番国志》中称："其所乘宝舟，体势巍然，巨无与比，蓬、帆、锚、舵非二三百人莫能举动。"与这些庞然大物可以印证。但这些发现还没有从根本上解决问题，因为这些铜锚铁锚还无法证明就是郑和船队留下的遗物，巩珍的说法也不是精确的数据，推算船舶长度的舵杆与船长的比例关系也不是反对者所能接受的。

办法是有的，比较可行的是进行考古实验。以往人们对埃及金字塔就有种种疑问，认为数千年前仅仅凭借简单的工具，要将重达数十吨的花岗石提升到一二百米高度，再堆砌整齐，是不可思议的。有人还提出，金字塔是外星人的杰作。但实验考古的结果证明，这是完全可行的。国内在研究古代悬棺葬时，也采用在现场用实物按原始方法复原的办法，结果同样具有说服力。

所以，国内已有不少人提出，按这一尺寸和比例造一条"宝船"试一下。一般说来，现在的技术、材料、工艺、制作不会低于当时的水平，如果这样造出来的船还是达不到远航的要求，就可以否定传统的说法。反之，则提供了一个决定性的证据。如果一时不能按等大复原，也可按一定比例缩小，根据仿真原理进行测试。当然，效果会差些，说服力也会小些。但迄今为止，虽然不时听到这样的计划，却一直没有成果发表。如果在纪念郑和 600 周年之际还不行动，更待何时？

与航海有关的疑问在考古实验中也能找到答案。例如，哥伦布、麦哲伦、达·伽马在远航中都无法消除船员因长期吃不到新鲜蔬菜而产生的影响，大批船员患败血症，甚至因此丧生。有人推测，郑和船队由于在船上生产豆芽，使新鲜蔬菜不断，成功地避免了败血症。这样的推测自然找不到确切的史料根据，但如果用复原的宝船循原航路航行，让船员在相似的时间和环境中做试验，结果必定胜过文字依据。同样，通过这样的"仿真"航行，也能复原当时远航中的导航、调度、联络、维修、补给、供水、医疗等状况。

两年前（2003年），我在肯尼亚的拉姆岛访问过当地博物馆馆长等人士，从现有资料看，该岛附近小岛上存在郑和船员后裔的说法还缺乏可靠的证据，目前所见的报道既包含着不少推理的成分，也不乏作者诱导的结果。而且，即使存在中国人的后裔，由于这一带的岛屿正处于阿拉伯人经常性的航线上，岛上的居民中有大量阿拉伯移民的后代，所以这些人究竟是随郑和航海而去，还是由阿拉伯商人带入，何时开始在该岛定居，也还值得作深入调查和研究。为了使纪念活动更热闹，有的地方竟将一位东非少女请来，轻率地称为郑和船员的后人。其实只要作一次DNA检测，至少能确定她是否具有中国血统。可惜连这一简单而必要的手续都不做，就弄假成真了。

如上所述，即使今天在东非找不到任何遗迹和遗物，也无损于郑和航海的伟大意义和深远影响。

宝船远航

——郑和究竟为何下西洋

郑和为什么要下西洋，按照《明史·郑和传》的说法："成祖疑惠帝亡海外，欲踪迹之，且欲耀兵异域，示中国富强。"

第一个目的是寻找建文帝朱允炆的下落，实际是毫无根据的。据成书最早的明朝官方史书《成祖实录》记载，朱允炆是在燕王朱棣（成祖）的军队进入京师（今南京）后，在宫中自焚。但民间一直有他削发为僧、从地道中逃脱的传说，并逐渐演变为完整的故事，清初谷应泰作《明史纪事本末》，其中的《建文逊国》一卷有详细记述。但建文帝流亡海外的说法，此前并无线索，以情理度之亦不可能。建文帝生于洪武十年（1377年），一直未离开宫禁，建文四年（1402年）被推翻时才25岁，毫无社会经验，更无海外关系，在没有可靠的外力支持下怎么可能逃亡海外？如果朱棣真的怀疑他未死，必定会立即大规模搜捕，何至于在官私史料中一无所录，连谷应泰也编不出什么具体情节？退一步说，即使有建文帝逃亡海外的传闻，却没有任何对国内造成威胁的迹象，对朱棣而言，让建文帝终老海外不是更好的解决办法吗？再说，如果建文帝真流落海外，秘密寻访或许会有所得，如此兴师动众，岂不是预先警告他继续远遁吗？

至于第二个目的"耀兵异域，示中国富强"，这是历来帝王用事海外的普遍心态，只是从来没有哪位皇帝会花费如此大的人力物力财力，接连六次（第七次是其孙宣德帝所为）下西洋，并且越驶越远，到了此前从未到过的东非。首次下西洋距永乐帝篡夺皇位成功不过三年，而且在永乐二年已经派宦官马彬使爪哇、苏门答腊，李兴使暹罗，尹庆使满剌加、柯枝等国，

如此急迫，显然还有其特殊目的。

要说"耀兵"，总得与军事形势有点关系。当时在军事上与明朝稍有关系的（实际还谈不上威胁）无非蒙古（鞑靼）、安南（越南）、日本，永乐帝都已分别处置，于永乐三年（1405年）至五年郑和、王景弘的首次下西洋经过的却是占城、爪哇、旧港、苏门答腊、南巫里、古里，是经今越南南部至印度尼西亚群岛，或许还到了锡兰（今斯里兰卡）。而永乐五年至七年的第二次下西洋到了锡兰，航线与第一次大致相同，显然也与军事无关。

近年有学者提出，郑和下西洋或许是永乐帝军事大战略的一部分，是为了联络西亚，对付蒙古。此话貌似有理，实际却经不起推敲。如果当年汉武帝派张骞出使前对西域的地形还全然不知，那么到明朝初年，明朝对蒙古、西域的地理已经了如指掌。从成吉思汗西征到元朝与蒙古四大汗国形成，亚欧大陆已连成一体，元朝与西域之间的交通往来已相当频繁。永乐帝难道还不知道，如要从战略上牵制或包抄蒙古，西域（今新疆和中亚）才是关键，何必舍近求远，绕那么大的圈子？离蒙古越来越远，根本沾不了边。

明朝当然要考虑制约、防范蒙古，所以在洪武二十九年（1396年）已经派陈诚往西域撒里畏兀儿（今青海省西北），建安定卫、曲先卫、阿端卫。永乐十一年（1413年），永乐帝诏令中官李达护送帖木儿国王沙哈鲁派遣的使者回国，随行人员中有典书记陈诚，回国后撰成《西域行程记》《西域番国志》，进呈御览。永乐十四年，陈诚护送哈烈、撒马尔罕、俺都淮等国朝贡使臣回国。永乐十六年，陈诚护送哈烈沙哈鲁、撒马尔罕兀鲁伯派遣的朝贡使阿尔都沙回国。如果永乐帝真要为了对付蒙古而实施什么外交甚至军事战略，已经有足够的机会。而且在郑和前三次下西洋采取的有限的军事行动，都是针对沿途或当地的敌对势力，从未离岸深入。从第四次开始，已经没有任何军事行动。

那么郑和究竟为什么下西洋呢？这要从永乐帝朱棣夺取政权后的形势分析。

洪武三十一年（1398年）闰五月明太祖朱元璋去世，帝位传给了皇太孙朱允炆（建文帝）。建文元年（1399年）七月，朱元璋第四子燕王朱棣在北平（今北京）举兵"靖难"，至四年六月兵临京师（今南京），建文帝于宫中自焚，朱棣入城即位。尽管朱棣顺利夺取政权，但如何取得合法性成了最大的难题。因此，他立即以威逼利诱等手段争取建文帝的重臣、文学博士方孝孺的合作，为他起草登极诏书，企图将自己的篡权行为解释为周公在兄长周武王死后辅佐侄儿成王。方孝孺严词拒绝，被灭十族（九族加朋友弟子）。接着朱棣宣布革除建文年号，称洪武三十五年，取消了建文帝的合法性；以第二年为永乐元年，表明自己直接继承太祖皇帝。永乐九年下诏重修《太祖实录》，据吴晗考证，这次和以后的重修，目的都是为了篡改有关史料，证明太祖皇帝生前早已属意于这位四皇子，因而取代建文帝完全合法。

尽管朱棣在这方面不遗余力，显然收效有限。如永乐元年曾下令"禁亵渎帝王之词曲"，限五日送官烧毁，"敢有收藏者，全家杀了"。这些词曲亵渎的对象如系历代帝王，大可不必在即位伊始就如此厉禁。朱元璋时实行严刑峻法，不大可能再有亵渎他的词曲流传，最大的可能就是民间因同情建文帝而流传亵渎了朱棣的词曲。朱棣的内心始终是空虚的、恐惧的，因为天下人都知道建文帝合法继承皇位又被他以武力推翻的过程。尽管他可以销毁证据，篡改史实，但这三年多的历史空白是无法填补的。

历代帝王往往通过发现"祥瑞"，编造图谶，证明自己是"天命所归"。但这主要用以起事开国，或篡夺之前。朱棣是事后弥补，即使能骗后人，却骗不了当世人。所以他不得不乞灵于另一途径，制造梯航毕集、重译贡献、万国来朝的盛况，向天下臣民证明自己才是膺天运、继大统的真命天子。这才是朱棣派郑和率领史无前例的庞大船队、两万多士兵，"多赍金币"，"以次遍历诸番国"的目的。

果然，郑和的船队返回时，"诸国使者随（郑）和朝见"，还带回大批各国的"贡品"，尽管提供的"回赐"远高于这些物品的市价。有的国家还专门派遣使者，如永乐五年，满剌加使者来朝；六年，浡泥（今文莱）国王麻那惹加那携家属、陪臣150多人来朝，两月后病逝于南京。但这丝毫未减弱扩大"万国来朝"影响的效果。浡泥国王一行在福建登陆后，一路受到沿途州县隆重接待，到南京后皇帝多次赐宴，死后以王礼葬于安德门石子岗，并寻找入中国籍的西南夷人为国王守墓，每年春秋两季由专人祭扫。永乐九年，满剌加国王拜里米苏剌率妻子、陪臣等540多人来朝。永乐十五年苏禄国（今菲律宾西南）东王、西王、峒王携家眷、官员共340多人来朝，从福建泉州登岸后，沿途受到隆重接待，又派专使在应天府（南京）宴请接风、陪同北上，到北京后朱棣亲自款待。使团留京近一月，三王辞归，又派专人护送。至德州时东王病殁，建陵隆重安葬。

郑和带回来的"贡品"中如果有见于古籍记载的"瑞兽",或者中国从未见过的珍禽异兽,其作用更非同寻常。如永乐十七年郑和第五次远航返回,带回的贡品中有阿丹国所贡麒麟,木骨都束(今摩加迪沙)所贡福鹿(长颈鹿),足证圣天子的声威无远弗届,也证明大明已是千古未有的太平盛世,一向声教不及的远人才会贡献如此珍贵的瑞兽。皇家画师奉命绘图记载,文武百官观赏后恭呈颂扬诗文。

这些活动直接和间接的影响遍及明朝各地,一定程度上抵消了民间对朱棣的负面影响,增强了政权的合法性,也使朱棣自我陶醉。正因为如此,郑和的船队才会一次又一次出发,并且越驶越远,直到东非。

这也证明了郑和的船队曾经到达南极洲、美洲的所谓新发现纯属无稽之谈。既然郑和远航的目的是号召和组织"万国来朝",是为了扩展大明的声威,他的目的地自然是有人有国的地方,实际上他正是循着阿拉伯人已经开辟的航路和积累的知识,由近及远,一个国一个国地拓展的。他不需要也不可能去一个事先一无所知或已经知道没有人的地方,或者远涉重洋去发现新大陆。这与以探寻新航路、殖民地,以土地、资源、人口为目的的西方殖民者、探险家、航海家是完全不同的。

由于郑和下西洋的档案在宣德年间就被全部销毁,这样的推测已经找不到直接的文献根据,但还是可以找到间接的证据。

宣德六年(1431年),郑和第七次下西洋出发时,分别在浏河天妃宫(在今江苏太仓市浏河镇东北)和长乐天妃行宫(在今福建福州市长乐区西)立了《通番事迹碑》和《天妃灵应之记碑》。前者立在当地天妃行宫的墙壁中,湮没无存,但在明人钱谷所辑《吴都文粹续集》卷二十八《道观》中录有碑文。后者至今保存在长乐区的吴航小学内,碑文内容与《吴都文粹续集》所录大同小异。摘录相关内容如下:

> 皇明混一海宇,超三代而轶汉唐,际天极地,罔不臣妾。其西域之西,迤北以北,固远矣,而程途可计,若海外诸番,实为遐壤,皆捧珍执赞,重译来朝。皇上嘉其忠诚,命和等统率官校旗军数万人,乘巨舶百余艘,赍币往赉之。所以宣德化而柔远人也。自永乐三年奉使西洋,迨今七次,所历番国,由占城国、爪哇国、三佛齐国、暹罗国,直逾南天竺锡兰山国、古里国、柯枝国,抵于西域忽鲁谟斯国、阿丹国、木骨都束国,大小凡三十余国,涉沧溟十万余里。观夫海洋洪涛接天,巨浪如山;视诸夷域,迥隔于烟雾缥

渺之间。而我之云帆高张，昼夜星驰，涉彼狂澜，若履通衢者，诚荷朝廷威福之致，尤赖天妃之神护佑之德也。

……

一 永乐三年统领舟师至古里等国。时海寇陈祖义聚众三佛齐国，劫掠番商，亦来犯我舟师，即有神兵阴助，一鼓而殄灭之。至五年回。

一 永乐五年统领舟师往爪哇、古里、柯枝、暹罗等国，番王各以珍宝珍禽异兽贡献。至七年回还。

一 永乐七年统领舟师往前各国，道经锡兰山国，其王亚烈苦奈儿负固不恭，谋害舟师，赖神显应知觉，遂生擒其王，于九年归献。寻蒙恩宥，俾归本国。

一 永乐十一年统领舟师往忽鲁谟斯等国。其苏门答剌国有伪王苏斡剌寇侵本国，其王宰奴里阿比丁遗使赴阙陈诉，就率官兵剿捕。赖神默助，生擒伪王，至十三年迴献。是年满剌加国王亲率妻子朝贡。

一 永乐十五年统领舟师往西域。其忽鲁谟斯国进狮子、金钱豹、大西马。阿丹国进麒麟，番名祖剌法，并长角马哈兽。木骨都束国进花福鹿并狮子。卜剌哇国进千里骆驼并驼鸡。爪哇、古里国进縻里羔兽。若乃藏山隐海之灵物，沉沙栖陆之伟宝，莫不争先呈献。或遣王男，或遣王叔王弟，赍捧金叶表文朝贡。

一 永乐十九年统领舟师，遣忽鲁谟斯等国使臣久侍京师者悉还本国。其各国王益修职贡，视前有加。

一 宣德六年仍统舟师往诸番国，开读赏赐，驻泊兹港，等候朔风开洋……

由于碑文是向天妃呈报并感激、祈求庇佑的，自然不敢编造，所以除了有些用词难免夸张外，其余内容应属实。可见下西洋的主要目的是"宣德化而柔远人"，特别是第五次下西洋，取得"藏山隐海之灵物，沉沙栖陆之伟宝，莫不争先呈献"的成就，导致"或遣王男，或遣王叔、王弟赍捧金叶表文朝贡"，这才是永乐帝所求。当然，碑文不会也不可能点破永乐帝的最终目的——增强、稳定他通过篡夺获取的皇权的政治合法性。

而碑文记录下西洋途中的军事行动时，都强调其被动性，事非得已，并都是适可而止，对敌对分子宽大处理，完全看不到对"耀兵"的渲染。

这些都使我对自己"郑和为什么下西洋"的推断更有把握。

评《1421：中国发现世界》

——兼论真实史料的重要性

在纪念郑和航海 600 周年之际，英国加文·孟席斯《1421：中国发现世界》一书的中译本由京华出版社出版，媒体上的介绍和评论颇多，作者和此书再度成为热点。

记得 2002 年此书在伦敦首发当天，我接受过一位记者的电话采访。当时我谈了两点看法。一是此书的结论能否成立，关键是看作者能拿出什么证据；二是即使作者的结论（如郑和船队首先到达美洲）成立，也不会改写哥伦布"发现"美洲的历史。因为历史学家所谓"发现"，并不是指一般的到达，而是指到达后引起的有影响的变化。所以，仅仅证明郑和到过那里，是不足以推翻哥伦布"发现"论的。现在翻阅中译本后，我的看法没有改变。第二点看法不涉及这本书本身。本文着重谈第一点。

一

要评价这本书，首先评价者和读者都要端正自己的态度。纪念要选择时间，如 100 整年，但学术研究不应也不会受到时间的影响，599 年与 601 年没有什么不同。纪念要着眼当前、面向未来，要古为今用、有所取舍，学术评价只能尊重历史事实，讲究全面准确。纪念要考虑民族感情、政治导向和国家利益，复原历史真相时只能站在人类的共同立场上，不偏不倚。因此，这本书中译本的出版可以作为纪念郑和航海 600 周年的活动之一，但对此书的评价不能受到这一因素和其他现实因素的影响。如果因为要纪念郑和，或者要使纪念活动热闹顺利，就一定要肯定这本书，或者不能批评这本书，这不是正确的态度。

我很钦佩孟席斯丰富的想象力和执着的追求，如果用于写一部科幻小说或历史小说，或许能取得成功。但如果从严肃的历史著作的标准来看，我只能遗憾地说，作者是从错误的假设出发，采用了不可靠的或并不存在的证据，又通过非正常的推导过程，得出了离奇的结论。

简单地说，作者首先发现了一些绘制于15世纪前期至16世纪前期的海图或地图，而他肯定这些地图反映的地图知识是当时欧洲人尚未掌握的，一些地名是欧洲人没有到过的，因而他推断只有郑和的船队才具备到达这些地方并精确绘制到地图上的可能；然后，他用各方面的证据加以证实，最后得出郑和船队曾航行于全世界，包括非洲、美洲、南极洲和北极的结论。可见，支持作者的基础极其脆弱，因为只要其中一项被否定，或不能成立，结论就变得毫无意义。

据作者在该书引言中介绍，他的研究来源于收藏在明尼苏达大学贝尔图书馆的早期地图和海图，特别是其中一幅据称绘制于1424年、有着一位威尼斯制图学家祖阿尼·匹兹加诺（Zuane Pizzigano）的签名。但对于这样重要的证据，翻遍全书，竟然找不到一张完整的照片；191页前的一页彩照显然只选取了一部分，而且模糊不清，对该图的质地、尺寸、内容和收藏过程毫无说明。作者称收藏者托马斯·菲利普斯爵士是一位富有的英国收藏家，出生于18世纪晚期，"但他的那些藏品事实上一直不为人所知，直到半个世纪前才被再次发现"。那么，是谁鉴定这幅地图绘制于1424年，谁能确定这个签名是真的呢？如果是出于某位测绘学权威，或是地图史学界的一致意见，就得说明依据和出处。如果是作者自己鉴定的，就更应该列出证据和理由，但全书都没有交代。对其他作为依据的那几幅地图或海图也同样如此。在这种情况下，谁能相信"这份地图的年代的来源和确实性是无可怀疑的"？要知道，如果这些地图的真实性和确定性稍有问题，全书就成了空中楼阁。

即使作者对这些地图制作年代的判断没有错误，他由此作出的推断也过于片面和武断。他认为图上标识了一些当时欧洲人没到过的地方，"根据我们已经接受的历史知识，欧洲人在七十年后才去那儿探险"，所以只有郑和船队的航行和发现才能填补这一空白。依此类推，他将反映在那些地图上的全部地理知识，包括非洲、大洋洲、南极洲、美洲等都归功于郑和船队。

首先，他的前提就相当危险，既然目前对郑和航海还有不少未解之谜，那么对欧洲人的探险和地理发现也未必都已了解，肯定欧洲人不可能自己掌握这些地理知识的理由并不充分。

　　其次，欧洲人难道只能从郑和船队获得地理知识吗？15世纪初期或此前的地理发现或航海知识难道只有中国一个来源吗？实际上，在相当长一段时间里，阿拉伯人的航海技术和实践领先于中国，至少不在中国之下。特别是在印度洋和由阿拉伯半岛至中国的航线，基本是由阿拉伯人垄断的。唐朝随高仙芝西征而于怛罗斯（今哈萨克斯坦江布尔）之战中被俘的杜环，于宝应初（762年）搭乘商船由大食（今阿拉伯半岛）回到广州，说明在西亚与中国之间已有稳定的航线。唐朝的广州已出现由阿拉伯人聚居的"番坊"，宋朝的泉州已成为阿拉伯移民集中、富有阿拉伯文化特色的城市。阿拉伯裔移民蒲寿庚（一说占城人）拥有大量海船，在泉州担任南宋的提举市舶（相当于海关关长兼港务局长）达30年。元朝与蒙古四大汗国的并存，使中国与阿拉伯的联系更加频繁，也通过阿拉伯人获得了大量地理知识和航海经验。元人汪大渊所著《岛夷志略》涉及的国家和地区多达220多个，远远超过此前宋朝的《岭外代答》和《诸蕃志》等书，而汪大渊就有搭乘海船两下东西洋的经历。

　　就是郑和的远航，也明显得益于阿拉伯人的航海经验。郑和本身是回族，其先世系蒙元时由境外迁入。他的祖父和父亲都到过伊斯兰教的圣地麦加，他从小就有机会了解阿拉伯地区的知识。目前所知郑和船队在印度洋的航线和到达之处，都没有超过阿拉伯人的范围，如果不利用阿拉伯人的航海经验倒是不可思议的。近来引人注目的肯尼亚拉木岛，正处于阿拉伯半岛进入东非海岸的中转站，至今还聚居着阿拉伯人，他们的迁入远在郑和之前。2003年5月我曾在岛上考察，亲身感受了浓厚的阿拉伯文化。郑和船队到过的木骨都沙（今摩加迪沙）和慢八撒（今蒙巴萨）都在此前阿拉伯人已经开辟的航线之内。

　　日本地图史家海野一隆早已指出："正如蒙古人统治亚欧时刺激了东西文化的交流一样，伊斯兰的地图学也对周围地区产生过不小的影响，当然包括对东方的影响。""至于世界地图之传入中国，从《混一疆理历代国都之图》和《大明混一图》等的出现可见一斑。该两图均继承了元朝李泽民《声教广被图》（约一二三〇年，已佚）的谱系。此外，从《元经世大典地理图》的内容来看，当时画有经纬线的地域图无疑已经传入中国。元朝接受伊斯兰地图学影响的主要是属于统治阶层的蒙古人、色目人，还不能从根本上动摇以'大地平坦说'为前提的中国传统的地图学。元朝朱思本的《舆地图》仍无视欧洲和非洲的存在，就说明了这一点。"可见，蒙元时中国的地图上之所以能出现非洲，中国人的地理知识之所以能超过以往，正是得益于阿拉伯地理知识和地图的传入。而朱思本地图和中国传统地图的局限，也是没有及时学习和吸取这类新知识所致。

海野一隆还指出："因为郑和（约一三七一——一四三四）本人即为伊斯兰教徒，因而明初的《郑和航海图》里，也是以伊斯兰式的'指'来表示纬度值的。十五世纪初，在北京曾出现过阿里·伊斯塔库里《诸国道里记》（波斯语）的抄本，内含色彩鲜艳的地图。一六一六年刊《陕西四镇图说》一书中则收载有中亚、西亚的地图（《西域图略》），无疑是伊斯兰地图的翻译和摘要。"所以，不仅郑和本人及其率领的船队，就是到 17 世纪初的晚明时代，中国人对中亚、西亚和阿拉伯的地理知识基本上还是来自阿拉伯人。

《大明混一图》和明朝初年的地图上出现非洲，当然是反映了阿拉伯人的地理知识。如果这上面描绘了好望角，也只能是阿拉伯人航海的成就，一定要归功于郑和实在是因果倒置。我不明白，自称对航海史和地图测绘史作过充分了解的孟席斯为什么竟无视阿拉伯人的航海和地图测绘成就，丝毫不考虑其成就和影响？如果说这是出于某种不便言明的原因的话，下面的推论就使人百思不得其解：连作者本人也承认《大明混一图》绘制于 1402 年，比郑和首航早了三年，怎么可能用来证明郑和的航程包括好望角和非洲在内呢？要说这一发现来自郑和，连最简单的逻辑都不讲，岂非荒谬？

当然，作者也列举了大量事例。但稍加分析和追究，却都无法成立，或者毫无根据。这类例子，几乎是本书的全部，只能姑举数例：

浏河天妃宫中的《通番事迹碑》原碑虽埋，但明人钱谷所编《吴都文粹续集》录有原文，其中有"抵于西域忽鲁谟斯等三十余国"。而福建长乐天妃行宫中的《天妃灵应之记碑》原碑还在，上面刻着"抵于西域忽鲁谟斯国、阿丹国、木骨都束国，大小凡三十余国"。但作者硬要说"三十"是"三千"之误。如果当时真要刻上"千"字，即使事后发现误刻为"十"，也不难将"十"字改为"千"字。反之，如果已经将"十"误刻为"千"，倒不容易改正。即使改了，也会留下痕迹。现在两处的碑文都作"十"字，就可说明此字绝无错误。

作者一度认为佛得角一块碑上的铭文是"中世纪的中国文字"，但据西安碑林的专家鉴定并非汉字，后印度专家认为"看起来像"15世纪前通用于喀拉拉邦马拉雅拉姆语。这最多只能证明印度人到过那里，但作者却将这作为郑和船队到达的证据，理由是船队的翻译来自喀拉拉邦，所以使用了自己的文字。这条理由完全是作者自己的推测，没有任何证据。

作者断定郑和从美洲将玉米带回中国，"中国的记载说，郑和将军带回一些'有着特别大穗的谷物'"。但根据注释，这句话是出自戴闻达（J. J. L. Duvendak）于1949年出版的《中国人对非洲的发现》（*China's Discovery of Africa*）。从书名看就有些文不对题，而无论如何，这不是"中国的记载"的原始出处。实际上，有关玉米传入中国的论著相当多，作者完全可以引用更权威可信的说法。可惜这些论著中并没有郑和将玉米带回中国的证据，所以只能找那种毫无史料价值的第二手甚至第三手材料。

作者认为罗德岛上的石塔也是郑和船队造的，"就我个人的看法，塔的窗户设计和安放位置接近于宋代的灯塔。这些灯塔是用来导航进入华南福建省刺桐（泉州）港口的中国和阿拉伯的贸易船队"。但从附图上我们可以看到，石塔明显带有阿拉伯风格，却看不出中国宋代的影子。作者承认，如果能对该塔黏合石块的"泥浆"作一次分析，就能断定是否用了中国的糯米，据说被当局拒绝。既然如此，怎么能将石塔列为证据呢？

最后还必须指出，作者认为"只有中国船队能在欧洲人之前发现新世界"，理由之一是"中国要求郑和去完成这项工作"，这是作者没有从整体上了解中国的历史和郑和航海的目的所致。以往认为郑和的主要使命是寻找失踪的建文帝，多数学者已予否定，而认为是为了宣扬国威、扩大邦交，也有贸易方面的需求。这两方面的使命都限于已知的范围和现实的可能，无论如何，明朝统治者与郑和个人都不会超越当时中国的天下观，去探求什么新世界，因为明朝既不乏土地，也不缺财富，更没想过打破"天圆地方"的平面地理观念。

当然，作为一种想象或探索，此书或许能给研究者提供一些线索。此书的标新立异也会引起读者的兴趣和好奇心，一时畅销也在情理之中。

或许有人会说，孟席斯的书充分肯定了郑和航海的伟大贡献，有利于激发中国人的民族自豪感，有利于爱国主义教育。但无论他们与作者出于多么良好的愿望，离开了历史事实，这一切都只是虚幻的泡影，只能是对民族自豪感和爱国主义的嘲弄。

二

本来，对受过历史学基本训练的人来说，要评价和鉴别这本书并不困难，所以在英国和其他国家，历史学界和学术界几乎都是反对意见，多数人毫无兴趣，认为它不值得评价。但我发现，在中国，充分肯定、高度评价这本书的人中也不乏学过历史的人，这就不能不使我惊奇和遗憾。当然，其中必定有人是出于学术以外的原因，这不在本文讨论的范围之内。如果从学术角度看，我想还是一个老问题，即如何对待史料。

近年来，不时可以见到一些"新发现""新观点"，有的相当耸人听闻，却能不胫而走，甚至洛阳纸贵。特别是其中某些出于外国人，而又被某些人认为对中国有利的新说，更是身价百倍。因为国人一直相信"华夷之辨""非我族类，其心必异"，现在既然连洋人都认为是这样，那就确定无疑了。其实稍仔细看一下就不难发现，这类新说或者是对已有史料的误读曲解，或者根本没有史料根据。

有些人很注意学术规范，但不能仅仅看形式。从形式上看，这类论著往往做得很规范，像孟席斯的书就有很多注释，引经据典，给人史料非常丰富的感觉。还有的书引用的材料中有各种外语，着实镇住了多数读者，因为谁也不能掌握那么多种语言，一时也找不到那么多语种的著作。但是，真正的或者最重要的学术规范，还得看形式后面的实质，而最基本的一条还是史料是否过硬，证据是否充足。如 1999 年出版的《光明之城》曾经被有些人当作重大发现，但从史料的角度看，这本书却毫无价值。

根据李学勤先生为此书写的导读，此书属来历不明，除了那位编译者之外，没有任何证据。"编译者大卫·塞尔本是有许多作品的学者，生于伦敦，从小学习希腊文、拉丁文，在牛津大学攻读法学，成绩优异。他曾在美国芝加哥大学和印度新德里'发展中社会研究中心'工作，并于牛津的拉斯金学院任教达 20 年，现居于意大利中部的古城乌尔比诺（Urbino）。"我们对塞尔本先生的学者身份和语言、法学、社会学方面的学识当然不应怀疑，但他对书中涉及的中国历史、哲学、社会、文化究竟了解多少？对书中出现的黄帝、皋陶、汉武帝、司马迁、王莽、汉明帝、老子、孔子、曾子、孟子、杨朱、韩非、杜甫、李白、王安石、朱熹、陈亮等，加上他自己承认还有许多辨识不出的原名，他到底译对了多少？在没有办法作任何核对、没有任何其他人参与的情况下，我们凭什么相信他？如果现在发表的文本根本就是译者的误读或误译，我们却将它当成信史，去纠正或推翻现有的历史，岂非铸成大错？

更大的问题是，世界上只有译者塞尔本先生一个人可以证明原书的存在，《光明之城》的写本至今还只存在于他的描述之中。"据说，他是在1990年，从一个造访他在乌尔比诺的家的客人那里，初次获知这一写本的存在的。那年12月，他在马尔凯大区某地的藏家手里，见到了这部写本。此后，塞尔本用了几个月的时间，说服藏家，允许他在藏家本人监督下检视和试读。直到1991年9月，经过长时间讨论与公布写本有关的种种问题之后，塞尔本终于能在藏家房子里仔细研译这部写本。塞尔本对藏家的姓名和地址讳莫如深。他说，这是出于藏家和他的约定，因此写本的来源和所有权都不清楚。书中没有写本的照片，也没有完整成段的原文……写本如何流传下来，不能完全知道……关于《光明之城》写本为什么长期秘藏，是没有人知道的问题，塞尔本以为是由于写本的宗教内涵。"

当然我们不应该怀疑塞尔本先生的道德，不能随便怀疑他作假，但是我们不得不质疑这一神秘而漫长的过程。从"作者"雅各1290年"写"下这些东西，到塞尔本见到它们，中间长达700年，谁能保证没有篡改或作伪？写本如何、何时到了藏家之手？藏家是什么身份？谁能保证写本到藏家之前不被篡改，或者不是假货？谁能保证藏家本人不是作伪者？现存的写本究竟是不是700年前的原物？如果不是，这个写本产生于何时？这些都是无法回答的问题，我们只能相信塞尔本一个人。即使我们完全相信塞尔本的人格，也无法轻易相信他的学术判断力。君子可欺之以方，要是他被藏家或什么人蒙骗了呢？哪怕有第二个人能够看一下写本原件，能够多少证明一下塞尔本的说法，可惜连这也没有。冒如此大的风险来承认这本书的史料价值，值得吗？应该吗？

而且，即使根据塞尔本的说法，藏家的隐秘也是没有理由的。如果说是出于宗教的原因，如今早已消除。如果真有不便公开的原因，为什么经不起塞尔本的劝诱？如果是有道义上的原因，现在岂非已经违背？如果这个写本是用不光彩的手段获得的，现在也已经为世人所知。如果是为了钱，更只要直截了当提出来就可以了。再说，来源不能说，全文不能公布，代表性的照片或一段原文总能公布吧！世界拍卖的不少宝物都没有公布藏家的姓名和来源，但从来没有不让别人看到原物的，更不用说应该先公布照片或详细的说明。如果全世界的学者都一致抵制这本书，或许还能迫使塞尔本或藏家披露真相，可惜大家太天真了，先让塞尔本获得了充分的效益，这方面的压力已经有限。

要是此事发生在中国，一位并非历史专业的学者出版了一本从未见于著录的 700 年前的史书稿本，他对书的来源和收藏者秘而不宣，也不发表任何原文和照片，历史学界会接受吗？我们会承认这本书的史料价值吗？我肯定不会。历史学研究一条最基本的原则，就是史料必须可靠，尽可能有第一手的来源。难道洋学者就可以不遵守学术规范？记得在国内出现"新发现的《孙子兵法》"一类伪作时，学术界的态度都相当明确，我希望对来自外国的"新发现"也应该用同样的标准、同样的态度。

要是这本书的内容是否定马可波罗的记载，是描述泉州如何荒凉黑暗，说泉州人如何保守落后，中国学者是否还会有那么大的热情？其实，我们的态度应该是同样的，而且对这样一类渲染"光明"的书更要特别谨慎。这些年，我们常看到一个什么发现将中国历史或发明提前多少年的报道——事后却往往不知所终——却从来没有见过某一发现将中国的历史或发明推迟了多少年。如果真有这样的事，其实也是历史研究的重要成绩。这种现象反映了我们对中国历史一种不健康的心态，我希望这种心态不要影响到对《光明之城》的评价。

或许有人担心，这样做会不会冤枉了塞尔本先生。我以为不会，因为我们只是不相信、不采用这本书，只是迫使他拿出证据来，这完全是正常的学术规范的要求。或许有人认为，这本书里有不少新鲜的内容，不用太可惜。但出处不可靠的史料，越是新鲜问题越大。再说，如果是仅见于这本书的内容，充其量只能是个孤证，还是需要有其他史料印证，暂时不采用不会造成什么影响。中国历史研究能做的工作很多，何必急于从这样一本来历不明的书中找史料呢？

这些意见，我在 2002 年就发表过，塞尔本一直没有拿出新的证据来，也没有进一步公布这篇文稿的来源，近来似乎不再有人谈《光明之城》了。不过这些并不重要，我还是这样的看法，什么时候证实了这篇文稿的真实性，它才具有史料价值，才能用于历史研究。

现代人的创造力加上某些人出于种种目的的伪造，不时会有一些耸人听闻、难以置信的新闻和旧闻公布，这是完全可以预料的。但作为历史学者，必须守住一条底线——一切证据必须来自可靠的史料。

编后记

蒙上海教育出版社厚爱，将我相关文章选编成这本《江河流淌看中国》。

编者希望增强这本小册子的整体性，不仅对这些文章作了精心分类和排列，还特意将几篇论述性的文章合编为"导言"。其中主要为两篇：一篇是我 2004 年 9 月 25 日在黄河水利委员会召开的"首届河流伦理研讨会"上所作演讲的记录稿《河流孕育了人类文明，人类应该延续河流的生命》，另一篇是拙著《黄河与中华文明》（中华书局 2020 年出版）中的引言《河流与人类文明》。

书中所辑文章，最早的发表于 20 世纪 90 年代，最近的一篇报告于 2023 年 12 月 26 日，尚未发表。编入本书时，按不同主题和该主题的逻辑关系大致作了编排，因而一般不注明撰写或发表的时间和出处。但个别文章的论述和观点有一定时效，则注明撰写或发表的信息，以便读者了解相关背景。如《共同迎接长江文明的第三次崛起》发表于 1997 年 12 月，而《黄河长江交相辉映，中华文明永葆青春》一文是 2023 年 9 月 12 日在重庆举办的"长江文明论坛"上的发言，相距 26 年，面对不同的形势，我的认识和观点自然应该与时俱进。又如，在"海洋"一组文章中，早的撰写于 20 世纪末，最近的改定不到一周。有关郑和下西洋原因的几篇也撰写于不同年代，记录了我的探究逐步深入的过程，就没有必要专门标明发表时间。

由于一些同一主题的文章撰写于不同时间，适应不同的需要，难免会有局部的相似或重复。但如果将相似或重复部分全部删除，就无法显示其原貌，往往无法连贯。因此，选编时尽量避免或对个别完全相同的内容加以处理外，一般就不予删除，请读者谅解。

葛剑雄
2025 年元旦

图书在版编目（CIP）数据

江河流淌看中国 / 葛剑雄著. -- 上海：上海教育
出版社，2025.8. -- ISBN 978-7-5720-3458-9

Ⅰ. K928.42

中国国家版本馆CIP数据核字第202531YU90号

策　　划　韩建民　董龙凯
责任编辑　储德天
封面设计　陆　弦

江河流淌看中国
葛剑雄　著

出版发行　上海教育出版社有限公司
官　　网　www.seph.com.cn
地　　址　上海市闵行区号景路159弄C座
邮　　编　201101
印　　刷　上海盛通时代印刷有限公司
开　　本　700×1000　1/16　印张 20　插页 5
字　　数　328 千字
版　　次　2025年8月第1版
印　　次　2025年8月第1次印刷
书　　号　ISBN 978-7-5720-3458-9/K·0039
定　　价　128.00 元

如发现质量问题，读者可向本社调换　电话：021-64373213